荔园清声集

深圳大学新闻传播学研究生
论|文|选

王晓华 主编

中国社会科学出版社

图书在版编目（CIP）数据

荔园清声集：深圳大学新闻传播学研究生论文选/王晓华主编.—北京：中国社会科学出版社，2019.12
ISBN 978 – 7 – 5203 – 5670 – 1

Ⅰ.①荔… Ⅱ.①王… Ⅲ.①新闻学—传播学—文集
Ⅳ.①G210 – 53

中国版本图书馆 CIP 数据核字（2019）第 252801 号

出 版 人	赵剑英
责任编辑	戴玉龙
责任校对	李　成
责任印制	王　超

出　　版	中国社会科学出版社
社　　址	北京鼓楼西大街甲 158 号
邮　　编	100720
网　　址	http：//www.csspw.cn
发 行 部	010 – 84083685
门 市 部	010 – 84029450
经　　销	新华书店及其他书店

印　　刷	北京明恒达印务有限公司
装　　订	廊坊市广阳区广增装订厂
版　　次	2019 年 12 月第 1 版
印　　次	2019 年 12 月第 1 次印刷

开　　本	710×1000　1/16
印　　张	22.25
插　　页	2
字　　数	366 千字
定　　价	99.00 元

凡购买中国社会科学出版社图书，如有质量问题请与本社营销中心联系调换
电话：010 – 84083683

序　　言

　　研究生教育是培养高层次专门人才的主要途径，也是体现高等院校教学质量、科研水平的重要标志。深圳大学传播学院的新闻传播学科目前下设新闻学、传播学、广告学和传媒经济、视觉传播与文化创意产业共四个二级学科方向。其研究生教育经过十多年的发展，已取得了一定的成就。

　　一直以来学院在研究生培养过程中强调创新、奋进。一方面，特别强调过程培养，学生不仅接受单一导师的指导，更要接受学院二级学科导师组的集体指导，其硕士学位论文须经开题、预答辩、盲审、答辩，经历反复修改与磨砺，以达到培养和提高学生的学术能力的目的；另一方面，鼓励学生积极习作，撰写学年论文进行研讨，导师们点拨，并举行学术报告会让师生相互砥砺、切磋，免去了当下研究生必须发表论文之难；同时学院也支持学生走出去参加各类学术会议，宣读自己的论文，开阔学术视野。这些培养一以贯之，故有所积。

　　这本编著汇聚了近年来研究生的各种习作。它们或为学年论文，或为会议论文，或为省级优秀学位论文，最后多以第一作者身份公开发表。全书分为新闻学、广告学、传播学、文化学四编，共28篇，共计20多万字。这些论文反映出学子们对本专业的学术热点及发展趋势潜心研究、锐意开拓的钻研精神，是学生们在学术上不断探索、刻苦钻研的成果。它们尽管还不是非常成熟，但在研究视角、研究方法、原始资料的搜集与整理方面，都闪耀着学子们一些星星点点的"思想的光辉"，故汇编成册以兹奖掖。

　　唐李商隐《寄韩冬郎兼长之员外》云："桐花万里丹山路，雏凤清于老凤声。"这些莘莘学子的学术之路才刚刚开始，本书是他们的初创。希冀他们能有如雏凤，超越导师，启迪后学，故名"荔园清声集"，是为序。

黄春平

2017 年 6 月

目　录

第一编　传播学

第二编　广告学

第三编　新闻学

第四编　文化学

第一编

传　播　学

新媒体赋权

——对深圳工伤工人的研究

◎ 尚莹莹　罗雅莉

【摘要】本文主要采取参与观察法和深度访谈法，对深圳的工伤工人的新媒体使用习惯、与NGO的互动以及工伤经历进行质化研究，试图探寻网络新媒体在工伤工人的"赋权"过程中所扮演的角色。研究表明，工伤工人使用的网络新媒体平台比较单一，信息获取的效果受到网络可信度和地域差异的限制，运用新媒体作为维权武器的个案比较罕见。新媒体多数情况下在自我情绪表达，相同经历的群体内寻求心灵依靠，NGO成员开展宣传和知识普及工作等领域发挥作用。在帮助工伤工人影响他人行动、改善社会政治经济地位的层面，新媒体的作用依然有待继续研究。

【关键词】工伤工人　赋权　NGO　新媒体

一　引言

网络新媒体在中国人的生活中扮演着越来越不可忽视的角色。2013年1月CNNIC发布的第31次中国互联网络发展状况统计报告显示，截至2012年12月底，我国网民规模达5.64亿，互联网普及率为42.1%。其中，我国网民中农村人口占比为27.6%，规模达到1.56亿。[①] 即时通信、社交媒体、搜索引擎这些使用率名列前茅的互联网工具对于身处这个时代的中国老百姓而言已经不再陌生，尤其对于年青一代网民而言，赛博

---

① 《第31次中国互联网络发展状况统计报告》。

空间俨然成为生活的一部分。伴随着智能手机的崛起，移动电话这一黏着性极强的上网工具也在 2012 年中期超越台式机，成为网民接入互联网的第一终端。

有学者认为，在信息社会中，规定权力和财富性质的游戏规则已然改变，传统的权力转换为更为灵活和无形的信息与知识，信息即权力，以"信息"为标志的权力形式已具雏形。① 美国未来学家阿尔文·托夫勒也指出，知识重新分配后，建立在知识上的权力也将重新分配。因此，网民在网络空间拥有的信息传播权必然导致权力的分散化，引发权力发生转移，网民和网络社群也得以自我赋权。如果事实的确如此，那么我们面对网络新媒体带来的新希望实在应该举杯相庆。因为对于处于政治经济下游的人们来说，新媒体的存在，无异于带给他们"弱者的武器"，使他们获得公平和自由的机遇。②

身处改革开放前沿深圳的工伤工人就是这样的"弱者"。深圳作为"世界工厂"，其外来务工人员七成以上从事制造业，他们所在的工厂经营着金属加工、五金锻造、电子产品模具加工、塑料产品生产、制鞋等业务。冲床、铆压机等杀伤力极大的机械随时威胁着他们的肢体，苯、三氯乙烯、正己烷等化学元素和噪声危害极大，使许多人在职业病的困扰下度过余生。广州商学院的谢泽宪教授在 2005 年公布的调查数据显示，珠三角地区每年发生的断指事故达三万件，被机器切断的手指头达 4 万根。③ 当工伤发生之后，伤残农民工的维权道路十分艰难。他们首先遭遇被迫使用假身份证、被迫使用假名住院及在未注册"黑厂"工作带来的工伤认定和伤残评级的困境；而当他们启动维权程序后，又面临厂方和地方政府部门对劳动争议发生时效的利用、对行政复议和行政诉讼的利用及对证据的利用等种种难以逾越的障碍，工人的维权请求要么被驳回，要么只得到极少部分的满足。2012 年全国农民工检测调查报告显示，外出受雇农民工与雇主或单位签订劳动合同的占 43.9%④，仍有五成没有签

① 陈浩、吴世文：《新媒体事件中网络社群的自我赋权——以"华南虎照片事件"为例》，《新闻前哨》2008 年第 12 期，第 41–43 页。

② 丁未：《新媒体赋权理论建构与个案分析以中国稀有血型群体网络自组织为例》，《开放时代》2011 年第 1 期，第 124–145 页。

③ 《流水线上的断指声》，《南方都市报》，2012 年 5 月 28 日。

④ 中国发展门户网：《2012 年全国农民工监测调查报告》，http://cn.chinagate.cn/reports/2013–05/28/content_ 28955679_ 6. htm。

订劳动合同，这些没有劳动关系的工人在发生工伤后将面临责任认定和
权益获取的阻碍。

回归新媒体，我们看到，CNNIC 发布的统计结果显示，职业为农村
外出务工人员的网民已达到 1974 万人，虽然占总体网民的比例很小，但
在数值上已经引起我们的注意。在电子行业发达的深圳，网络产品的生
产者和消费者的角色在许多外来务工人员身上巧妙地融合——他们上班
时在流水线上制作数据线接头、手机内部构件，下班后到网吧或用手机
上网聊天、查询信息、打游戏。发生工伤后，手机上网也是他们中许多
人囿于病床的主要消遣。由此可想，本书试图通过对深圳工伤工人对新
媒体使用情况的分析，探讨新媒体在他们权益获取过程中所扮演的角色。

二　　"赋权"理论综述

"赋权"的概念

我们在这里探讨的"赋权"等同于英文"empowerment"，也被译为
"增权"，起源于 20 世纪六七十年代的西方学界。① "赋权"概念的假设
前提在于：个人或群体拥有的权力是变化和发展的，无权或弱权的地位
状况通过努力是可以改变的。张时飞博士将"增权"概念中的权力概括
为三种：（1）个人权力——得到某人需要的东西的能力（Bandura，
1981）；（2）社会权力——影响其他人如何思考、感受、行动或信任的能
力（Dodd &Gutierrez，1990）；（3）政治权力——在社会系统如家庭、组
织、社区和社会中，影响资源分配的能力（Pinderhughes，1983）。此处
的研究沿用张博士的概括。

"赋权"理论在中国本土的实践

"赋权"概念的运用在中国学界，主要见于对弱势群体和少数族群的
研究。社会转型时期的中国，阶层迅速分化与断裂，公共政策和制度尚
不完善，大众传媒舆论监督经常性缺位，经济政治力量在社会阶层的配

---

① 陈树强：《增权：社会工作理论与实践的新视角》，《社会学研究》2003 年第 5 期，
第 70 - 83 页；谢进川：《试论传播学中的增权研究》，《国际新闻界》2008 年第 4 期，第 33 - 37
页。

比严重失衡，弱势群体的权益亟待保障。学者们多使用田野调查、深度
访谈的质化研究方法展开研究，并涉及采纳动机、自主性的获取、社会
网络构建、情感与身份认同等具体议题，如 Peng、Lin 和丁未、宋晨的研
究①，也有使用抽样问卷调查的量化方式进行研究的，对弱势群体的新媒
体使用及评价情况进行了实证的调查，如周葆华、吕舒宁对上海新生代
农民工的研究。

三　个案分析

　　根据对原始资料的整理和抽象，我们总结出新媒体在工伤工人的生
活中扮演的五种角色——自我表达的媒介、信息获取的工具、情感归属
的港湾、爱心传递的平台、维权行动的武器。需要指出的是，新媒体的
这些功能，大多是和 NGO 交织到一起才发生作用的，下面依次进行叙述。

（一）自我表达的媒介

　　工伤发生之后，身体和心理的双重折磨是最让人难熬的，情绪的宣
泄对伤者来说是很有必要的，有的工人很善于用文字表达自己的感受。

　　"在这天下午快要下班的时候，由于工作的原因，工厂里面那一台 45
吨的冲床机器，把我的左手压得血肉模糊，惨不忍睹，造成左手食指和
小指的手指尖一节被压断，中指和无名指压坏两节半的悲惨局面。回想
起那天晚上的手术过程，就是在鬼门关前流浪，牛头马面，大鬼小卒把
我扔向刀山火海，凌迟车裂，痛不欲生的。最后，这些牛头马面，大鬼
小卒也累了，一脚把我踹出了阴曹地府，还阳于人间。手术过程整整七
个半小时，在手术台的病床上保持一个姿势，背脊骨和左右两边的肋骨
好像断了一般酸痛不堪。"这是 42 岁的江某（网名"命运的智者"）于
2012 年 11 月 30 日发表在自己空间里的日志，当天刚好是他受工伤一周
年。工伤给他留下了残缺不全的左手，使他无法在工厂里找到工作，只
能做艰辛的搬运工糊口。

　　姚某（网名"残小姚"）因为父母离异和父亲产生了矛盾，没有完成

---

　　①　周葆华、吕舒宁：《上海市新生代农民工新媒体使用与评价的实证研究》，《新闻大学》
2011 年第 2 期，第 145 – 150 页。

九年义务教育便辍学，16 岁到深圳打工。在 18 岁生日的第二天，他遭遇了工伤事故，左手食指、中指和无名指都被 25 吨、0.7 秒冲压一次的冲床压碎，得知自己永远失去三根手指后，他选择移植两只脚趾到左手上。群里有人问他为什么愿意让自己受二次伤害，他回答："痛一时总比痛一世强，回家还要开挖掘机。"在医院访谈时，他向我们展示了腿上的钢板，这是他在今年一月份的交通事故后留下的，那场事故导致他鼻子和嘴都渗出鲜血，昏迷了十来天。十月下旬，他腿上的钢板还没取，手指又被夺去。他在自己的说说里这样写道：

> 2013 - 10 - 27　手掌痛得厉害，幻肢又折磨着。唉。
> 2013 - 10 - 28　肢体上的痛无所谓，只是心里的痛……
> 2013 - 10 - 29　如今还有活下去的胆量么？我累了，痛了……

QQ 空间已然成为工友们自我表达的平台，"网络技术的发展为人们开辟了新的表达空间，也拓展了社会交往范围。与传统媒介相比，人们更容易在网上将自己的所见所闻和所想表达出来和传播出去"。① 这是他们选择的一种表达方式，如果面对面的交流，很多时候他们并不愿意敞开心扉，但在这里，他们更倾向于表达自己内心最真实的想法，或愤怒，或自卑，或乐观。

（二）信息获取的工具

在增加个人权力（得到某人需要的东西的能力）层面，新媒体帮助工伤工人获取一定治疗、工伤认定、鉴定和理赔等处理程序的资讯，帮助他们了解工伤的知识。他们主要通过贴吧、搜索引擎和到群里提问的形式实践新媒体的这一功能。

上文提到的姚某在交通事故之后曾经在网上找过律师，并用 QQ 和律师保持联系，进行咨询。工伤后，他在百度工伤吧和残疾人吧发帖，取得了一些互动。经过访谈我们发现，网络新媒体天然的娱乐特性有时对其充分发挥信息获取工具的作用造成了一定程度的阻碍，当我们问及在贴吧发问是否得到回答时，姚某回答"有，但没用"，他和贴吧里的网友

---

① 陈红梅：《网络传播与社会困难群体——"肝胆相照"个案研究》，《新闻大学》2005年第 2 期，第 325 - 339 页。

只是讨论大概能核定几级工伤之后就开始闲聊。

事实上，在没有足够经济支持的情况下，网上的律师们愿意提供的帮助也十分有限。梁某在陷入和厂方的劳资纠纷后，在腾讯微博上进行了广撒网行动，但他的收获也微乎其微。

> 梁某：我在腾讯微博上，搜律师，每个人我都给他发一遍，我都会采纳他的意见。我不管哪个地区的律师，只要有问题，每个人我都复制粘贴。
>
> 问：有人回你吗？
>
> 梁某：有，但是不多，有个龙岗的律师，叫韦某，应该是个主任之类的。我加了他的QQ和微博，他还是在腾讯微博比较活跃的，有时候我就问他，他只是回答工伤的案子不挣钱，所以不接。一般接有钱挣的案子。[1]
>
> 在诸多网络工具中，搜索引擎有时不被工人信赖，这种不信赖源于信源权威性和地域差异，也源于工人自身遭遇的千差万别。
>
> 问：你自己没有在网上搜一些例子什么的？
>
> 刘某：有，有搜过，但是那个引用的话都不是针对我的。
>
> 问：哦，主要是针对性不强，还有一个百度搜来的东西比如说百度知道啊百度问问啊，你相信那些信息吗？信任度怎么样？
>
> 刘某：信任度打个问号。
>
> 问：哦，还是要打个问号，谁都可以回答是吧？
>
> 刘某：一个是谁都可以回答，另一个是地方不同，深圳跟其他地方又有不同点，比如社保和住房公积金这块吧。[2]

（三）情感归属的港湾

"相似的经历和同病相怜的心情，使他们在虚拟空间的交流容易产生心灵的共鸣，形成类似于相濡以沫的情感。网络传播使处于体制边缘的群体有了方便的沟通渠道，加强了群体身份的认同，也为建立新的公共

---

① 摘自2013年12月12日访谈梁某的录音原始资料。
② 摘自2012年12月12日访谈刘某的录音原始资料。

空间提供了可能性"。① 陈红梅在研究"肝胆相照"网络论坛时曾写下这样一段话：通过观察我们发现，网络也提供给了工伤工人群体相似的加强沟通和身份认同的共同空间。从受伤住院接触 NGO 开始，NGO 组织以及每天活跃的 QQ 群陪伴了工伤工人的整个维权过程。通过 QQ 群的互动，他们从未曾谋面的陌生人，变成了结伴维权的朋友。

对工友们来说，在他们最困难最无助的时候，公益组织一直在他们左右。以"小小草"和"手牵手"为中心形成的朋友圈也成了工友们寻求温暖的港湾，工友们通过 QQ 群、QQ 空间表达在 NGO 中的归属感。

刘某是我们采访对象中一名积极的义工，可以说，从他最初接触到"手牵手"开始，他和工伤工友的缘分就开启了。刘某自己也曾受过工伤，他住院期间，"手牵手"工作人员燕娣来探访，在她的推荐下，刘某进入"手牵手"的 QQ 群"深圳萤火虫工伤互助"，开始了他的维权之路。早在受伤之前，刘某就已经注册成宝安义工联的义工，在进入这个 QQ 群之后，得知有很多像他一样需要维权的工人，便义不容辞地加入义工的大家庭中，他说在"伤好了钱还没拿到"的那段时间里，他经常跟随 NGO 的工作人员一起探访各大医院，为他们普及工伤法律知识，义工已经成为他工作之外所有的重心。他也经常在 QQ 空间里表达自己做义工的感受和对"NGO 手牵手"的感情，他听说手牵手被逼迫搬迁的时候曾在 QQ 空间里写道：

"听到'手牵手'的告急，愤愤不平！我们'手牵手'！可爱的家！可爱的人！我们共渡难关！"。

无偿服务的义工为工友们组织各种活动，只为帮助他们走出伤痛的折磨和心理的阴影，而工友们也把"小小草"和"手牵手"当作依靠的港湾。他们通过网络结识守望相助，风雨同舟路上的结伴人，他们对彼此都有着深厚的情感。

（四）爱心传递的平台

"网络传播可以使分散的社会困难群体成员聚集起来，从中获得社会的、心理的支持，不再是孤立的脆弱的个体。在虚拟空间的交流中，他们之间形成了群体的凝聚力。网络传播也开辟了新的公共空间，在这里，

---

① 陈红梅：《网络传播与社会困难群体——"肝胆相照"个案研究》，《新闻大学》2005年第 2 期，第 325 – 339 页。

群体成员可以进行理性的交流，并为争取群体的公共利益而努力。这是网络传播带来的一个令人瞩目的变化。"

在这一个多月的采访调研中，最令人感动的莫过于工友们之间的互帮互助。来自天南海北的他们，有着同样不幸的工伤命运。他们于 QQ 群相识，开启了爱心传递。郭吉是一个乐此不疲地帮助着别人的人，26 岁的他是甘肃武威人，初中还没读完，14 岁就自己出来深圳打工，至今已有 10 多年的打工经历。在出事之前，他几乎没有接触过法律的内容，"当时也是快过年了（1 月 30 号），没事可干，就打点工，刚刚好不到一个月，28 天，机器失灵就出事了，右手中指环指分别少了半截"，在后来的工伤鉴定中，郭吉被鉴定为 10 级伤残。在结识了来公明医院探访的小小草工作人员盘子后，郭吉也开始加入这个大家庭，自己空闲之余都会帮助和他一样被工伤困扰的人。在这个不被信任的时代，他的好心经常被别人视为另有所图，尽管如此，在传递爱心的这条路上他从未停下过脚步。

"自己的医疗期一延再延达 11 个月，因此郭某平时有很多空闲时间，出来打工多年，都在外面，相互帮忙是应该的，只要在 QQ 群里看到有人问问题，能回答的就尽量回答"。

另外一位由工伤工人转为 NGO 工作人员的梁林几乎时刻守在 QQ 上为有需要的网友解惑答疑。这位 19 岁的少年算是在我们所有采访对象中对新媒体使用最多的一位。如果不是听到他的讲述很难想象这个 1994 年出生的男孩已经在工伤路上走了两年。梁林受伤比较严重，冲床失灵导致手掌的骨头被压裂，被评为 6 级伤残。

一个机缘巧合，让梁林从义工变成了"小小草"的工作人员。他在 QQ 群里活跃度最高，也是工友们最信赖的一位，他清楚工伤的每一个步骤。很难想象，1994 年出生的他已经走过工伤事故处理的整个流程，当我们问他为什么去做义工时，他说："我自己遇到的事情太多了，感觉自己没什么经验，如果告诉别人的话，他们就不会走那些弯路，就可以多些时间做一些准备，然后当时我们几个人回答得比较多。"

弱势群体由于缺乏可利用的社会资源，他们很难利用本身的力量为自己争取到应得的权利，也没有信心和能力去改变自身的处境，更没有一个平台和组织可以让他们表达自我需求。新媒体在很大程度上弥补了这一缺陷，以 QQ 为主的社交网络为处于弱势地位的工伤工人们搭建一个虚拟空间，形成虚拟的人际关系网络。在这平台里，他们可以信息共享、畅所欲言，为彼此出谋划策。互联网为他们提供了这样一个认识彼此的机会，让他们从陌生到熟悉，从毫不相识到肝胆相照，QQ 群作为一个平台让工友们的爱心继续传递下去。

（五）维权行动的武器

处在弱势地位的工友们个人资源极其匮乏，仅有的工友关系圈只能一定程度上为他们加油打气，却不能转化为实际的维权行动。"网络传播对社会困难群体的意义是有局限的，只有当困难群体能在较高知识阶层中拥有代言人地位时，他们的利益才有可能在网络上的公共空间中得到表达"。① 梁林就是这样在微博上试图寻找"高知识阶层代言人"，他的微博寻找律师行动，引得厂方注意并最终获得赔偿。19 岁的梁林玩微博的时间最久，和其他工友相比，更懂得如何利用新媒体维护自身权益，因而在我们访谈的诸位工人中也只有梁林的经历称得上利用新媒体获得了社会权力层面（影响其他人如何思考、感受、行动或信任的能力）的"赋权"。因为 QQ 24 小时在线的原因，梁林顺道开通了腾讯微博，他利用腾讯微博搜索功能，专门在微博上搜索身份认证为律师的博主。

"我在腾讯微博上搜律师，每个人我都给他发一遍，我都会采纳他的意见。我不管哪个地区的律师，只要有问题，每个人我复制粘贴直接@人，然后两三百个律师，不管外省的还是……"

"有个龙岗的律师，叫韦峰，应该是个主任之类的。我加了他的 QQ 和微博，他还是在腾讯微博比较活跃的，有时候我就问他，他只是回答工伤的案子不挣钱，所以不接，一般接能赚到钱的"。

梁林的微博艾特律师行动虽然没有得到律师的直接帮助，但意外的是，他的每条微博都被工厂的一位文员看到，并引起了公司的恐慌。

"我们公司的一个文员，主要管工伤的，她加了我 QQ，有时候也会看我微博。我在微博上发了很多，她怕了，她就打电话说你别乱发，你乱发我控告你。"

"她就让我到公司去，她说你怎么在网上发那么多啊，乱诬陷我们公司，我们会把你搞了。我又没发文字。后来她就叫我去，把资料还给

---

① 陈红梅：《网络传播与社会困难群体——"肝胆相照"个案研究》，《新闻大学》2005 年第 2 期，第 325 - 339 页。

我"。

就这样，原本打算在微博寻找律师的梁林意外地拿到了公司扣留的资料，完成了后来的赔偿。虽然没有得到律师的帮助，但他的尝试也为他们提供了一个新的途径，工友们光靠自身维权的力量是不够的，Web2.0时代自媒体的发展让每个人都有机会在公共的平台上发声，要借助互联网寻找更广阔的舞台和更高的话语权，将自己的诉求放在一个更高的平台上，这样才会被更多的人关注，让更多的人了解工友们的生存状态。

四　结论和反思

（一）新媒体使用的限制

不可否认，随着手机、互联网等新媒体技术的不断发展，曾被我们视为弱势群体的草根阶层也渐渐成为传播主体，掌握着话语权。截至2018年5月份，微博用户达3亿之多，越来越多的人开始利用微博获得媒体关注实现增权，如越来越流行的"拆迁微博""城管微博"都是弱势群体利用新媒体发起的自我拯救。对于深圳的工伤工人，他们使用新媒体的情况也成为我们观察的目标，然而在我们的实际采访和调查中发现，媒体上爆发式出现的"微博赋权"现象，只存在于少部分懂得运用新媒体的人手中，如令人震惊的"上海私人博物馆遭强拆"的微博，他们本身并非我们定义上的弱势群体（老弱病残、进城打工的农民）等，但基于对互联网的熟悉使用，懂得如果利用新媒体发出求助信号，同样可以实现获得话语权的目的。我们采访的这个特殊受伤的工人群体，对新媒体使用种类并不多，每个人都会用QQ，并且在QQ群里十分活跃，"在这里工作，我个人是要留一个QQ号码，不留手机号码，因为手机号码经常变，QQ留言有一天还可以看到"（刘），但QQ群只限于在一个组织内部的交流和讨论，很难变成实际的维权行动。大多数人并不懂得如何利用如SNS（Social Networking Services　社会性网络服务，如微博、微信）平台为自己赋权，在我们接触到的众多工友中用微博为自己赋权的只有一位，即上文提到的年仅19岁的梁林，其他人在对SNS的使用方面意识较差，甚至排斥。一方面，受限于媒介接触，即他们中的多数人并非使用智能手机，在能下载的客户端中，都会选择下载 QQ，而不是下载微博、微信；另一方面，他们的人脉资本都在 QQ 群里，在这里已经形成一个虚拟的人际关系，独自走出来要承担的风险太大。工友们对新媒体使用的偏好对我们的观察研究是一个束缚，我们能看到的大多是他们在 QQ 群里的互帮互助、信息分享，却没有看到他们走出这片天地，在更广阔的舞台上为自己赋权。因而，"尽管有很多西方学者提出'新媒体有巨大的潜力，能在更大程度上实现社会公平和赋权，并改善社会边缘群体的日常生活'这一乐观的前提假设，但也需要做进一步的探索，因为技术在具体的文化背景下有其复杂性和多样性，那种学究式的假设远不如社会实践来得有说服力"。①

（二）无法预测的结果

在采访中我们也了解到，工人从受伤到认定、鉴定、赔偿整个流程走下来，少则半年，最长的可以达到480天，因而工人的赋权可以说是一场持久战，并非一蹴而就。"美国社区心理学家帕金斯（Douglas D. Perkins）和齐默曼（Marc A. Zimmerman）发展出了一套较为严密的分析框架，他们将赋权分为"过程"（process）和"结果"（outcome）两个方面。"过程"是赋权行动的具体展开，注重的是如何（how）；"结果"则是对赋权的检验，用来评估、测量赋权所带来的社会后果（consequences）"。② 同大多数赋权案例一样，深圳工伤工人的赋权是希望通过自己的努力积极奔走，通过法律手段维护自己合法权益、获得应有的赔偿。由于时间的限制，我们对深圳工伤工人的新媒体使用研究多是停留在赋权过程这个阶段，研究他们在工伤阶段使用新媒体的情况，却很难对使用新媒体起到的作用进行评估，"评估增权实践是复杂的。因为增权既是一个过程也是一个结果，所以评估的取向有必要阐述对某个被确认下来的状态之动力过程的评价。"我们对工人们赋权的研究停留在新媒体使用习惯层次，还未真正触及 Gutiérrez、Parsons 和 Cox（1998）所说的更深层次的增权，他们认为赋权分为心理和行动两个层面，"在心理上，他们学习承担其行动的责任。在行为上，他们变得愿意并能够和其他人一

---

① 丁未：《新媒体与赋权：一种实践性的社会研究》，《国际新闻界》2009 年第 10 期，第 76 - 80 页。

② 丁未：《新媒体赋权—理论建构与个案分析——以中国稀有血型群体网络自组织为例》，《开放时代》2011 年第 1 期，第 124 - 145 页。

道行动，以实现共同目标和社会改变，以及影响这些行动和向这些行动学习"。①

（三）赋权主动性的薄弱

范斌曾在他的论文《弱势群体的增权及其模式选择》中提到我国弱势群体在增权意义上社会参与过程存在的三个局限：一是社会参与的麻木性，一些群体基本没有参与意识，甚至没有表达自己利益和需求的社会意识；二是虽有参与意识和需求，缺乏表达的能力和得以表达的渠道；三是有表达利益诉求的能力及渠道，却没有相应的话语权，其话语不具权威性，故极易被社会轻视，更难以获得社会认可。这三个方面在我们的采访中随处可见，大多数人在受工伤之后首先想到的不是自己应得的权利，而是担心自己受伤耽误工作，甚至担心自己工作失误会不会被老板责怪，还有很多人在受伤之后选择一个人回老家。我们采访的一个对象郭玉辉，他说他是他们厂第一个跟老板走工伤处理程序的，"这是我的权益，凭什么不去要，我觉得我也是读过书的人，我也是大学毕业，西北工业大学（自考），为什么不去要"，像郭玉辉这样积极维护自己权益的并不多见，据他介绍，当时和他一起受伤的几个人，全都选择了放弃，只有他一个人坚持到现在。"个体主动模式"强调个人在增权过程中的决定作用，其假设前提是"个人存在于案主之中，而不是案主之外（张时飞 2011）"，因此增权的关键在于个体的主体性和主动性。如果个体没有增权意识，不想改变现状，任何人的帮助都是无能为力的"。② 新媒体赋权强调的是借助新媒体的强大力量，帮助弱势群体得到他们应得的权利，然而在现实生活中，多数人选择放弃这一权利，赋权的第一步应该是赋予更多人权利意识。

（四）"女性"工友赋权的特殊性

在本次研究的采访调研中，男性受伤的工友占绝大多数，女性只有一位，男性从事冲床、模具工作的比例较大。也因此，女性在遭受工伤时的状态更容易被忽视，她们更敏感、更容易自卑。我国的法律有对女性特殊的保护，"除了该有的赔偿，单位还应该向女职工和未成年人支付

---

① 胡衬春：《我国转型期公众"自我赋权"现象与媒体责任》，《中国出版》2012 年 16 期，第 58－60 页。

② 范斌：《弱势群体的增权及其模式选择》，《学术研究》2004 年第 12 期，第 73—78 页。

医疗费用的25%做赔偿金"，由此可见，女性在赋权的路上需要更多的关注。我们唯一的一位女性采访对象玉兰，现在还在住院的她一直沉浸在自卑的阴影中，玉兰是两个孩子的母亲，在和丈夫离婚之后，独自出来打工，没想到上班没多久就受了工伤，右手四个手指截肢。她说在手受伤之后一直不敢回家，不敢把这事告诉家里人，"反正我出去别人看着我，我都会感觉不自在，现在叫我回家，我也不敢回去"，"堂姐打电话来她说难道你打算一辈子不见我们了吗，我说有这种可能"，和玉兰一样沉浸在悲伤中的还有沙井爱心群里有个名叫"谁、欠了钱"的女工友，她在群里多次表达自己受伤之后的痛苦，"我受伤这几个月以来都这样过，我失眠了。因为我的心灵受到了很大的创伤""我再也没办法快乐起来""我恨，很想去杀掉那些很幸福的人，凭什么她们拥有美好的一切，而我却要经历失去"。女性在受工伤之后，尤其面对手指的残缺不全，可能会面对更多心理问题。我们所说的赋权是一个过程，具有层次性，因而除了获得应有的赔偿权利之外，还应该"强调必须重视案主个人生活技巧的掌握、自我效能的提高、自我意识的提升（Evans. E. N, 1992）以及个人权利感、自尊自重、自强自信、反思意识、有意识控制的理念和技巧等元素"①，在女性赋权过程中尤其要关注她们的心理情感变化，帮助她们化自卑为自信，自尊自强，走出工伤阴影，重新以积极的态度面对人生，以后的调研中可以加强对女性工友赋权的研究，观察以 QQ 群、微博、微信为代表的 SNS 能否在帮助她们重建自信方面起到重要作用。

五　结束语

深圳在改革开放的呼唤中诞生，她沐浴着改革开放的阳光雨露茁壮成长，借助改革开放的东风而展翅翱翔。其发展之迅猛，变化之巨大，举世瞩目，是"中国的奇迹"。但这奇迹的背后是最真切的苦难，我们调查研究的工伤工人群体，他们为这个城市经济的发展立下了汗马功劳，然而工伤工人作为一个弱势群体在维权的过程中显得尤为艰难，法律知识的匮乏、自我权益意识的缺失、与老板的博弈、心理的压力、财力的

---

① 范斌：《弱势群体的增权及其模式选择》，《学术研究》2004年第12期，第73—78页。

障碍都阻碍着工友们的维权行动。NGO 组织和义工，受限于人力物力的现实条件，无法帮助到每一个工伤工人维权，因而新媒体在帮助工友们自我维权、互助维权和社会参与维权的重要性显得尤为突出，如何更好地利用新媒体平台为工友们维护应得的权利，也值得我们继续探索。目前，我们研究小组已经开通微博、微信"工伤信息互助"公共平台作为对外平台，采用 BOT 模式，将这个平台交由热心工友运营。希望通过这种方式，让更多的工友们加入这个"家庭"中来，让他们意识到维权的重要性，积极主动寻找法律信息，而不是等到受伤之后才想要去寻找法律支持和援助，信息平台的开通将对工友赋权有怎样的影响我们也将会持续跟踪。

超越"西学东渐"

——中国受众研究的本土化模式

◎ 张　晗

【摘要】 使用文献法和二手资料的方法，本文试图揭示新世纪我国受众研究发展的独特的横向伞状模式。与西方传播学效果中所谓"无限"—"有限"循环型发展脉络相对照，我国受众研究呈现三个鲜明发展特征：研究的本土化与西方受众理论与方法的介绍呈正相关性，与传媒市场需求的扩大呈正相关性，与传播学高等教育系科数量的增长呈正相关性。在三种相关因素的推动下，我国受众研究的论域已覆盖效果研究、接受分析、文化研究和少数群体研究四个层面，目前处于所谓"本土过程"三段式的第二阶段——即"理论化"阶段，尚有待于向第三阶段——即本土化受众理论的创立发展。

【关键词】 受众研究　论域　轨迹　系科数量　本土化

在中国传播学领域，学者们公认大陆受众研究的起始点是 1982 年中国社会科学院新闻研究所和北京新闻学会调查组开展的"北京调查"，这次调查由于组织机构的权威性、使用国际通用的调查方法和电子计算机数据统计而获得国内外学者认可。美国著名传播学者 M. 罗杰斯（Rogers）认为，北京调查"遵循了传播研究方法及西方和第三世界学者的实验理论方法"，说明"中国传播研究者在进行调查研究方面取得了巨大的进步"（Everett. M. Rogers，1985）。

二十三年来，中国的受众研究存在哪些论域与争论？是否与国外一样，存在着类似从"强"到"弱"多次循环的学术轮回，抑或有其独特的本土化发展过程？新世纪的受众研究呈现出怎样的特点？通过建立我国传播学受众研究的发展轨迹，本文试图为今后的受众研究发展方向提供有益的参考，并激发学者们关于创立本土受众理论模式的思考。

需要说明的是，笔者在总结我国受众研究成果时，以公开发表的论文（paper）为主，选择1994—2005年之间发表在国内新闻传播学领域核心期刊上的代表性论文，包括《现代传播》《当代传播》《新闻大学》《新闻与传播研究》《国际新闻界》《新闻界》《新闻爱好者》《新闻知识》等八种刊物。选择这八份刊物的原因是考虑到兼顾主要面向研究界与主要面向业界的刊物，二者各占一半。对于"代表性"的考量，引入这样几个因素：刊登物与转载率、作者职称与知名度、引用参考文献的合理与规范以及是否成为同类议题发展线索中明晰的转折点。

一　西方受众研究的线性循环

我国的传播学者普遍认为，中国的传播学研究是"西学东渐"的结果，而西方受众研究的发展轨迹便成为考察我国受众研究的重要参考体系。以效果为基础的受众研究在西方有着悠久的传统。丹尼斯·麦奎尔（Denis McQuil）曾对西方传播学界的效果研究做了"强—弱—强—弱"的轨迹式划分。

第一阶段（1900年至20世纪30年代）的研究重点在于大众媒介对舆论形成的影响。受到经验主义研究和实验心理学的影响，并作为对法兰克福学派将效果研究视为"悲观的大众社会论题"的回应，一些传播学者开创了效果研究的传统，称之为受众研究"主导的测量范式"。再加上当时俄国的共产主义和意大利德国的法西斯政治宣传的大环境，使人们产生对劝服效果的高度评价，"无限效果论"在20世纪30年代大行其道，其中最著名的是"皮下注射"（hypodermic）模型。

美国学者的介入使受众研究进入第二个阶段（20世纪30—60年代），这时关注的焦点转到了电影和其他媒介"积极劝服或传递信息"的作用。学者们认为，除媒介以外的其他社会结构同样能对受众产生影响，并开始从受众的社会、心理特征和环境因素出发，考察不同主题对选择性受众的效果评估。这一阶段最具贡献的是卡茨（Katz）和拉扎斯菲尔德（Lazarsfeld）的"二级传播"（two-stepflow）模型，他们认为媒介信息传播中最主要的是意见领袖的主导作用和人际关系因素，受众是媒介信息表现的动力。另外，卡茨还以功能主义的视角提出了"使用与满足"（uses and gratifications）模型，研究受众个体寻找、使用和阐释媒体的动机。到20世纪50年代，学者们关于媒介的"有限效果"达成了共识。

第三阶段（20世纪60—80年代）学者们的兴趣是社会变迁、社会信念、意识形态、文化模型和媒介的关系。电视的到来被认为是产生了深远的社会意义，学者们的视角转向了功能主义，并出现了对效果传统的回归。这一时期的研究拓展了先前的刺激反应模型，关注媒介的长期效果。

从90年代开始的第四阶段，注意力从传播内容转到了传播形式上，即传播形式如何决定内容。学习行为的心理模型被用于实验研究，考察"媒介暴力"的概念、内容、影响和实质。媒介机构如何选择内容和媒介审查活动隐藏的动机也成为学者们的研究对象。此外，效果模型的扩展研究一直在持续，仍然占据主流地位。大量的国家基金注入媒介效果研究项目，已有的研究成果表明，向有限效果论的转变是势不可当的学术轮回，只是政府一味地回避科学的结论罢了（L. Taylor，A. Wills，2004）。

考察西方效果研究的历史进程可以发现，每一次效果研究重心的转移和论域的扩展都通过外界社会环境的推动和传播学自身论域方法拓展的需要来实现，其发展轨迹模式，如图1所示：

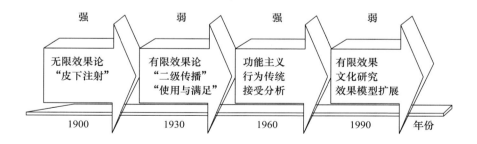

图1 西方传播学受众研究发展轨迹模式

二 我国受众研究发展轨迹的凸显

二十世纪，我国受众研究以受众调查为主要手段，以受众调查报告为主要成果。《中国新闻年鉴》自1983年到2000年共收录受众研究成果134项，其中以媒介类型划分的单项和综合受众调查为114项，占八成半。关于受众研究的综述性文献全部集中在受众调研领域，讨论受众调查的历史沿革。其特点有三：第一，按照相关事件（如调查活动、研讨会议、新闻改革等）而非研究成果梳理受众研究发展线索，以致无法找出其理论轨迹；第二，所谓发展阶段都是以诸如起步、规范、深入、完善等一系列惯用套话来表述，没有对阶段成果进行实质性的述评；第三，缺少受众调查的专业细分研究，这是由于综述文献关注的论域过窄造成的。

有学者认为，使我国二十世纪的受众研究局限于受众调查的原因，一方面是对于过去盛行的理论思辨方法的矫正，另一方面从国外引进传播时遇到的抽样调查方法是相对成熟的、系统的和规范的研究方法。但是从历史的视角来看，受众调查的确起到了推动我国新闻学、传播学的学科建设，强化新闻改革进程的作用。受众调查一旦实施，不仅成了为新闻理论和新闻改革提高实证的资料库，而且成了新闻事业发展曲折历程的投影仪（鄢光让、蔡双根，1999）。

20世纪接近尾声的时候，我国新闻传播学界打开了系统科学介绍西方受众研究理论的大门，使长久以来空谈"受众第一""受众是上帝"之类宣扬所谓受众观念的文章彻底变为历史的存档。大量西方受众研究视角的引进不仅使原有的研究领域焕发出新的活力，改变了以往单一的受众调查研究模式，而且为实证研究提供了理论基础。丹尼斯·麦奎尔提出受众研究结构的、行为的和文化的三种传统，成为我国受众研究理论框架的建构要素。

进入二十一世纪以来，传播学者对学科知识图景的建构日趋完善，传播学受众研究论域不断拓展。与西方受众研究相似的是，效果研究依然占据了主流地位，以论文研究数量表示的具体成果可表示为图2：

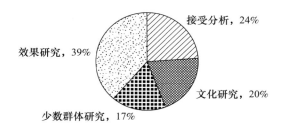

图2　新世纪中国大陆传播学受众研究不同论域的论文数量比例

1. 效果研究

效果研究的传统仍保持主流地位，学者们在这一论域的理论研究主要来自对西方传统传播理论的拓展。

关于"沉默螺旋"模式的存在属性，有学者提出受众行为的反沉默螺旋模式，认为中外大量媒介传播经验表明，沉默螺旋在意识形态冲突的社会完全失败，舆论背反模式取而代之。与其相呼应，有学者对"沉默螺旋"的基本前提与核心概念在互联网环境下进行了实证研究，通过社会孤立动力、群体对个人意见形成的压力和从众心理动机假说，证实螺旋的存在。经验与实证的冲突仍在继续。

"知沟"在网络上的扩散，被重新归因于经济水平差异等外在因素的影响，网络本身并无扩大或合拢"知沟"的倾向，而是网络媒介的优势将传统媒介业已形成的"知沟"倍数放大而已。使用受众电话调查和内容分析的方法，媒介议程和真正现实对受众议程的影响已成定论。"使用与满足"理论在网络领域的研究，由于其对象的匿名性、隐秘性和复杂性而停留在经验研究的层面上，没有实现理论的进一步拓展。

受众的媒介使用调查在新世纪的头五年步入规范、精准的发展轨道。对受众调查的反思源于传媒业高速发展和商业资本的渗透介入，其主要批驳对象是，商业性挑战公正性、功利性挑战学术性、无序性挑战科学性。就如何建立科学的调查统计系统，北京广播学院的刘燕南教授为电视节目设计了一套规范的分类编码体系。以内容、形式、行业、对象、管理为编码维度，形成完备的区隔多位组合，具有较高的可操作性和可延展性，跨越式地解决了视听率商业化的问题。

2. 接受分析

接受分析是我国新世纪才出现的研究领域，其理论框架从符号互动到心理分析，研究焦点在信息和受众；其次，也讨论社会制度。它推动了一种被称为"受众＋内容"的研究方法，以深度访谈和信息分析为常规（郭镇之，1994）。

信息行为论被引入传播学研究，讨论受众信息接触、信息接收和信息处理的行为。将受众利用媒介中的信息行为进行分类。女权主义受众理论及其中国化问题进入传播学者的视野。以自由派、马克思主义学派、激进派、后结构主义和后现代主义的理论评介，探讨中国大众传播领域的女性受众解读体验和女权主义受众研究的多元进程。

框架分析研究受众接受过程中的社会环境，有学者从中国当代社会阶层结构的变迁入手，研究电视传播价值取向的变化，媒介价值取向呼唤双向互动的实质行动。还有学者引用哈贝马斯的"公共领域"理论研究大众传媒对公众身份的建构。

研究受众心理的文章由原先的导论式逐步深化为以心理学为基本理论框架的系统式。具代表性的是受众心理机制与广告劝服效果关系的研究，把受众处理广告信息的心理过程分为边缘路径和中枢路径，用受众的"动机·能力·机会"心理指标测量其效果，并以此延伸出两种基本的广告诉求方式：感性的与理性的。

3. 文化研究

文化途径源于人文学科的批判理论、文学批评和文化研究，其理论是语言叙述类，而非程式化的，理论焦点在于信息，其次是受众与社会制度，研究方法是定性的和人种志的。文化研究用于媒介受众研究，其论域包括两部分：媒介文本与受众解读之间的关系和受众日常媒介使用经验。文化研究在新世纪才进入我国传播学者的视野，由于还未系统地认识人种志的科学研究方法，我国关于第二个论域的研究并没有真正地展开。

人种志是用文化人类学中的研究方法渗透到传播学当中来的一种研究模式，由于人对信息的定位方式的具体情境十分复杂，研究力图通过面对面的访谈，了解研究对象（机构或群体）日常的生活方式、工作方式、工作内容、工作节奏等，并从中发现一点一滴的问题，做出规律性的总结。其最终目的是用于解决一些跨文化融合问题（陈卫星，2002）。

英国文化研究学派被引入受众研究而产生了新的范式，从文本—话语模式出发，关注传播过程中意义的建立，认为意义是传播者和受众通过文本进行协商产生的。费斯克对通俗文化的研究、霍尔的编码/解码模式用于研究受众的文本解读范式以及编码者和解码者之间不同符码张力关系下受众的解码立场。

4. 少数群体研究

新世纪我国对少数群体受众的研究，其广度和深度都有了显著发展，研究领域从媒介使用扩展到了态度改变和行为特征的层面，心理研究也有所加强，研究方法从定量调查变为访谈法、实验法等多种手段。

对少数民族受众的研究为我国传播业在边疆地区的发展提供了宝贵的资料，如对新疆哈萨克族受众信息传播环境、受众特征的研究，对新疆少数民族的女性受众进行研究。值得注意的是，其研究者均为少数民族。

随着整个社会对弱势群体的关注，这部分受众的研究也进入学者们的视野。联合国发展普查报告把弱势群体定义为没有权力和权威的人，没有权力权威而不能够成自己代理人的人（陈崇山，2003）。具有代表性的是大众传媒对农民工观念的影响研究，以上海徐汇区为样本的实证调查证实，大众传媒对农民工观念的影响在消费、维权等特定领域有一定的引导作用，大众传媒的作用主要是新观念的形成而非旧观念的改变。另有学者采用访谈法研究大众传媒与农村文化生活的关系，提出在大众传媒的作用下，农村对社会热点的关注与城市趋同，"文化反哺"即年青一代对年长一代的文化反施教现象在农村出现。

大学生同样是现实社会备受关注的群体，主要研究议题是大学生的电视观。用定性研究的方法来考察女大学生对媒介女性形象的审视，"变形"与"定格"使她们认为媒体中的女性美是对女性的一种新的压迫形式。

综上所述，新世纪传播学研究的论域大致遵循效果研究—接受分析—文化研究的发展线索，从我国传播学受众研究的宏观论域来看，似乎可以用"西学东渐"来概括其发展轨迹，但是笔者对分领域成果的研究却为我们勾画出特殊的本土化规律。见图3所示。

从以上的模式中，我们可以看到，中国传播学受众研究发展轨迹与（图1中）西方的模式存在很大差别。首先，我国的传播学受众研究经历的并非一条线性的循环的平稳发展轨迹。23年中前半部分是漫长的单一效果研究即受众调查时期，而以后的10年，特别是进入新世纪的5年，呈现出发散状的多论域多视角的景象，整体来说，是一条横向的伞状模式。

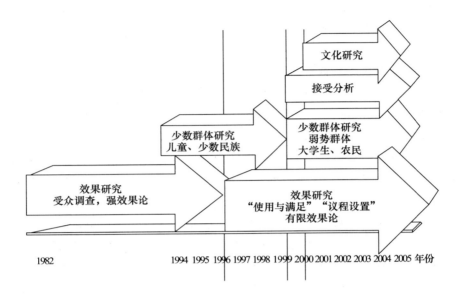

图3　中国传播学受众研究发展轨迹模式

新世纪前后受众研究出现空前的繁荣景象，有两个年份值得关注。

1997 年，效果研究从强效果论向有限效果论的转向，西方受众理论被应用于本土受众研究，传统的受众调查也向更科学的纵深方向发展。

2000 年，不但少数群体研究的论域极大丰富，成果数量呈倍数增长，而且接受分析和文化研究作为新兴的研究论域进入我国研究者的视野。

那么，究竟是什么样的原因使得传播学的"西学东渐"在近乎 10 年的沉寂后突然爆发出前所未有的活力与繁盛？哪些因素使其偏离了西方线性循环的发展轨迹，呈现出特殊的本土化规律？

三　新世纪受众研究的本土化动力

与二十世纪相比，新世纪我国受众研究的实践探索遵循着一条特殊的本土化规律。这其中，学者们对西方传播理论、研究视角，特别是研究方法的知晓程度直接决定着其论域范围和成果价值的大小。自从 1997

年国务院学位委员会改设新闻传播学为一级学科,下设新闻学和传播学二级学科,并可授予硕士和博士学位以来,传播学的学科建设进入高速发展的时期;另外,大众媒体"事业单位,企业管理"的运作方式使得大量资本流入媒体产业,传播学研究的市场需求大大增加,从最初的收视率调查到传播效果、媒介经营管理、文化产业运作,传播学研究视域的每一步扩展还受到来自自身学科发展和社会现实需求的推动。

1. 学者的知晓程度

我国受众研究的变化首先与西方受众理论与方法的介绍呈正相关性,笔者以国内传播学者知晓西方受众研究理论视角与研究方法的程度作为变量。由于缺乏这方面的文献,又无法对所有学者进行量化的调查统计,所以可行的办法是研究讨论该问题的具代表性的综述式论文,从而考察译著的数量和类别。当然这一假设要满足的前提是,大部分的研究学者以译著作为了解西方受众研究理论与成果的主要渠道。按照复旦大学黄旦教授的观点,对译著的研究能够演示出大陆传播学背后的想象性科学空间和"知识图像"。

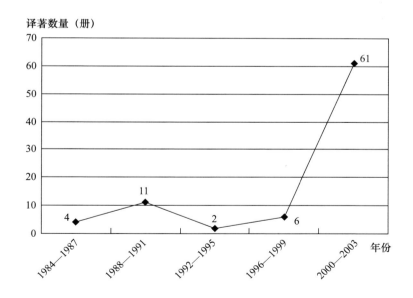

图4　中国大陆传播学译著数量变化①

---

① 浙江大学传播学研究所,经过笔者加工。

在 1993 年至 1996 年的断层期之后，特别是新世纪以来，传播学译著数量的急剧增长，2000 年出版译著的数量相当于过去十年的总和。在质量上也出现从教材向专著，从学科向领域，从知识介绍向问题研究的转向。而其论域也从传播学概论等六个方面扩展至研究方法、跨文化传播等十二个层面，并遵循传播学概论—大众传播学—人际传播—组织传播—传播与文化的主要路线。译著的整体走向说明整个学科空间的不断扩展（黄旦、丁未，2005）。

正是大量译著的出版使得国内学者对西方受众研究理论有了更广泛、深入的了解，促进了效果研究向有限理论的转向，为接受分析和文化研究论域的出现提供了主观的可能。但是，若我们再继续追问，为什么国内传播学者对西方受众理论知晓程度的飞跃提高出现在新世纪交替之时，除了学者主观的认知需要，还有哪些外部因素共同作用于我国受众研究的本土规律？

2. 传媒市场的需求

来自传媒市场的推动力对包括传播学教育、科研和学术著作出版在内的传播学学科建设提出了更高的要求。传播学与实践领域紧密联系的结合点是媒体产业，其研究成果的最终目的是要应用到产业运作中去，将"术"作为"学"的实证标准和新的起点。大量的社会资源和资本流入传媒行业，如何有效利用资源、高效运作资本并获取利润不仅是业内人士需要考虑的问题，更成为传播学理论研究者的实验场和开拓地。传播学来自社会的市场需求从未中断过，并在进入新世纪的头五年出现高速增长态势。

广告经营状况是传媒业发展的最具意义的指标，是支撑传媒业经济运作的重要支点。随着市场经济的深入和国家"放权让利"政策的推进，我国广告市场需求一直处于增长的态势。1990 年至 2000 年，我国广告投放量增长了 2200%，并于 2003 年突破了 1000 亿元。如图 5 所示。

以我国几大主要媒体为例，中央电视台 2004 年广告收入突破 80 亿元大关，实现从 2001 年 5 月以来连续 44 个月的快速增长。凤凰卫视虽受到落地政策性限制，但开播 9 年来广告投放量持续走强，年平均增长速度保持在 80% 以上。来自慧聪报刊资讯网的统计，以《21 世纪经济报道》和《经济观察报》为代表的市场导向类财经报刊的广告市场同样出现迅速的发展，二者 2004 年的广告营业额分别为 2.1 亿和 1.9 亿元人民币，比去年同期分别上升44%和48%。新浪和搜狐作为中国最具规模的门户网站,其上市公司的财报显示,新浪在2004年第三季度的网络广告收入是1.5亿元人民币,搜狐也达到了1.3亿元人民币,这两家网络广告收入之和约占中国总体网络广告市场份额的55%。

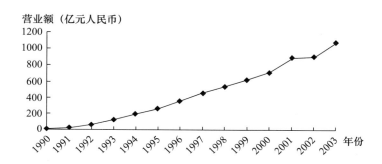

图5 媒体广告经营总额趋势①

如此庞大的传媒行业为传播学带来了巨大的外部推动力,行业的发展需要科学精准的理论指导,以确保整个行业的正常运转和社会信息系统的良性发展。

3. 传播学系科的数量

进入新世纪以来,传播学高等教育系科数量呈倍数增长,这也成为影响我国受众研究呈伞状式发展的正相关因素。传播学系科数量的增长一方面,加大了研究学者的队伍,更多的有为学者将传播学作为自己的研究领域,因为论域的拓展需要研究队伍的扩大来做人力的支持;另一方面,整个社会的资源分配向传播学的倾斜,使得纵深方向的研究有了物质和资金的支持。传播学科自身的发展必然要求研究成果的科学化和研究论域的扩展。

一个大学的传播学学科建设需要解决三个主要问题:学术单位设置、师资队伍和培养计划(詹正茂,2004)。笔者仅以直观的学术单位数量增长来说明近年传播学科建设的飞速发展。如图6所示。

---

① 《现代广告》1996年第3期、1998年第2期、2001年第3期和国家工商总局的统计数据。

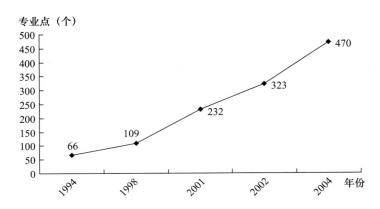

图6   全国高等教育新闻传播学专业点总数统计情况①

1990 年国务院学位委员会将新闻学专业划分为法学门类中的社会学（一级学科）下属的二级学科，以及文学门类的中国语言文学（一级学科）下属的二级学科。截至 1997 年 6 月，国务院学位委员会将新闻传播学擢升为一级学科，下设新闻学与传播学两个二级学科，这标志着新闻传播教育在整个教育事业中的地位的提高（蔡雯，2003）。从此，中国的新闻传播学学科建设突飞猛进，许多大学纷纷创办传播学科，使传播学在中国成为一门显学。

四　结论与局限

这是一篇试图探寻以西方受众研究线性循环模式作为参照系，中国传播学受众研究的本土化发展轨迹与动力机制的文章。笔者回顾了新世纪第一个五年我国受众研究的飞跃式发展，详述了论域的扩展，提出了新世纪以来凸显的横向伞状式发展轨迹，并非广义上的"西学东渐"。从西方受众理论与方法的介绍、传媒市场需求和传播学高等教育系科数量三方面因素与受众研究的正相关性入手，进一步论证了这种本土化规律出现的原因之所在。若将三方面因素综合起来，便恰好与图 2 体现的发展轨迹模式相吻合，如图 7 所示。

———————

① 中国新闻教育学会和全国传播学研讨会的统计。

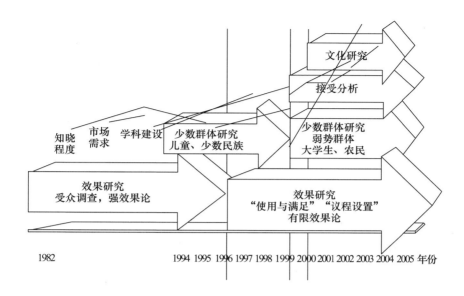

图7 中国受众研究相关因素与发展轨迹模式分析

香港城市大学的祝建华教授曾自述其20年的受众研究经历了"精确化"、"理论化"和"本土化"三个阶段，提出了受众研究本土化的必要性、艰巨性和可能性。笔者认为我国目前的受众研究已经进入受众研究理论化的阶段，但学者们的研究仍停留在对西方受众理论的验证层面，我们期待的是本土受众理论的创立。

当然，本文的研究结果不可避免地存在局限，由于二手资料的限制，笔者仅仅将公开发表的论文（paper）作为研究对象，忽略了以著述和学科论坛报告形式表现的研究成果。另外，在选择具有代表性的论文成果时，无法排除笔者主观的干扰因素，定会存在过失与疏漏。

参考文献

［1］蔡骐、谢莹：《英国文化研究学派与受众研究》，《新闻大学》2004年第2期。

［2］曹越：《试论21世纪我国受众研究的创新》，《新闻与传播研究》2004年第1期。

［3］崔保国：《信息行为论——受众研究的一种新思维》，《当代传播》2000年第1期。

［4］崔朝阳：《结构的、行为的和文化的——受众研究的三种传统》，《国际新闻界》1998 年第 1 期。

［5］陈卫星：《传播学前沿讲座之二：传播学近三十年的走势》，中华传媒网，2002 年 4 月 25 日。

［6］Everett. M. Rogers：《北京受众研究》，《美国传播研究》，1985 年 4 月。

［7］郭镇之：《传播学 受众研究 接受分析》，《北京广播学院学报》1994 年第 3 期。

［8］韩贺南：《被"凝视"与被"驱逐"——女大学生对媒体中女性形象的审视》，《现代传播》2004 年第 3 期。

［9］胡翼青、郑丽勇：《受众观念变化对传媒发展的挑战——对跨文化背景受众的一项实证研究》，《采·写·编》2004 年第 1 期。

［10］黄艾华：《网络传播加剧知识沟扩散》，《现代传播》2002 年第 4 期。

［11］黄旦、丁未：《传播学科"知识地图"的绘制和建构——20 世纪 80 年代以来中国大陆传播学译著的回顾》，《现代传播》2005 年第 2 期。

［12］黄顺铭：《一个诠释典范：霍尔模式》，《新闻大学》2002 年第 4 期。

［13］贾亦凡：《当前我国受众调查的若干误区》，《新闻大学》2002 年第 2 期。

［14］李本乾、张国良：《受众议程、媒介议程与真正现实关系的实证研究》，《现代传播》2002 年第 4 期。

［15］刘海龙：《从费斯克看通俗文化研究的转向》，《国际新闻界》2002 年第 4 期。

［16］刘建明：《受众行为的反沉默螺旋模式》，《现代传播》2002 年第 2 期。

［17］刘燕南、夏征宇等：《电视节目"多维组合"分类法及其编码设计》，《现代传播》2003 年第 1 期。

［18］Media Studies：Texts Institutions and Audience/Lisa Taylor, Andrew Wills. －1st ed. ，北京大学出版社 2004 年版，第 157 － 160 页。

［19］赛来西·阿不都拉、阿斯玛·尼亚孜：《新疆哈萨克族受众分

析》，《当代传播》2004 年第 1 期。

　　[20] 陶建杰：《大众传媒对民工观念的影响力研究》，《新闻与传播研究》2004 年第 2 期。

　　[21] 谢新洲：《"沉默的螺旋"假说在互联网环境下的实证研究》，《现代传播》2003 年第 6 期。

　　[22] 谢耘耕、党芳莉：《中国电视广告竞争新格局》，《新闻界》2005 年第 1 期。

　　[23] 颜纯钧：《大众传媒与公众身份的建构》，《现代传播》2004 年第 5 期。

　　[24] 鄢光让、蔡双根：《我国新时期受众调查的回顾与评估》，《当代传播》1999 年第 2 期。

　　[25] 杨鹏、柳珊：《受众心理机制与广告劝服效果》，《现代传播》2002 年第 1 期。

　　[26] 俞虹：《当代社会阶层变迁与电视传播价值取向》，《现代传播》2002 年第 6 期。

　　[27] 詹正茂：《我国大学中传播学科的学术单位设置——兼议我国传播学科的发展》，《新闻大学》2004 年第 4 期。

　　[28] 张同道：《期待与批判——大学生的电视观》，《现代传播》2001 年第 4 期。

　　[29] 张艳红：《女权主义受众理论的中国化思考》，《当代传播》2004 年第 3 期。

　　[30] 赵志立：《网络传播条件下的"使用与满足"———一种新的受众观》，《当代传播》2003 年第 1 期。

　　[31] 祝建华：《精确化、理论化、本土化：20 年受众研究心得谈》，《新闻与传播研究》2001 年第 4 期。

（原载《2006 中国传播学论坛论文》）

微信朋友圈的自我呈现及其策略的影响因素

◎ 伍翎瑄

【摘要】随着智能手机的快速普及，微信凭借其独特而强大的功能成为炙手可热的社交网络工具。本文试图探讨大学生在微信朋友圈上自我呈现的策略及自我监控的特点。主要运用文献研究、问卷调查等方法对大学生自我监控的性别差异、使用程度、信息真实性以及朋友圈中自我呈现策略及其影响因素进行研究。

【关键词】微信朋友圈　自我呈现　自我监控

随着信息技术的高速发展，智能手机的快速普及，腾讯公司于2011年推出的微信，凭借其独特而强大的功能成为炙手可热的移动网络社交工具。作为一种新兴的生态媒介，微信因其较少的流量消耗、较高的兼容性和较为新颖的信息传播模式，受到越来越多的人，尤其是大学生群体的追捧，它在更深层次上把握住了用户的社交需求。

技术的突破给人们的日常生活带来了方方面面的影响。互联网成为人们展现自我的新舞台。微信作为一个网络社交平台，自诞生起就不断地自我完善和发展，并且推出许多功能，朋友圈就是其主要的基本功能之一，用户可以直接进行社交互动。朋友圈成了用户日常生活和交往的重要"舞台"。用户们在使用朋友圈的过程中都有着不同"修饰"程度的自我呈现：是否只表现出自己更好的一面？为了避免给他人留下负面印象，所以不会在朋友圈中表达真实的内心想法和情感，而只呈现出自己特定想法？笔者带着这样的疑问，选取深圳大学学生群体为研究对象，运用文献研究、问卷调查等方法，结合社会心理学量表，对微信朋友圈的自我呈现进行调查研究，并试图探讨微信朋友圈中自我呈现的几种策略。

一 研究方法

（一）调查对象

被试均为广东省深圳大学全日制本科生和研究生，采取在深圳大学文科楼教室和北图图书馆随机抽样的方法。被试学生共 306 名，其中男生 148 人，女生 158 人。

（二）调查问卷

本研究调查问卷主要分为四个部分，第一部分为手机网络使用情况，共 3 题；第二部分为朋友圈的使用情况，共 7 题；第三部分为自我呈现调查，由 13 道题目组成的微信朋友圈相关使用行为量表和由肖崇好编制的 24 道题目的自我监控量表组成，两个量表皆为李克特量表，"完全不符"到"完全符合"分别计为 1—5 分；最后一部分为基本信息。

研究共发放 315 份问卷，回收 315 份问卷；漏答或填写信息不完整的视为无效问卷并进行剔除，剩余有效问卷 306 份，有效回收率为 97%。使用统计学软件 SPSS 进行录入、处理和分析数据，主要进行了描述性分析、Pearson 相关性分析、独立样本检验和因子分析。

二 微信朋友圈中自我呈现的策略

对相关文献进行梳理以及对微信朋友圈使用的观察，可以总结出微信朋友圈自我呈现的三种策略为：一是积极主动策略，个体在朋友圈中很注意自己呈现出来的形象，十分看重他人对自己的看法，并有意呈现出优秀、积极的一面；二是中庸普通策略，个体在朋友圈中一般处于"潜水"状态，只愿意观看他人所发的内容，自己避免发布带有极端倾向性的内容；三是伪装隐瞒策略，用户在使用朋友圈时有意控制自身的负面态度和行为，避免发表带有负面情绪的内容。

问卷中编制了"我很看重别人对我在朋友圈里的点赞和评论""我很注意在朋友圈里的个人形象""我发朋友圈或者评论的时候，会仔细考量自己的用词、语气、发送的表情、照片""我会乐于在朋友圈里展现自己优秀的一面""我在朋友圈里不能无拘无束表达自己""我的喜怒哀乐不都表现在朋友圈里""我发的朋友圈信息不都代表了我的内心思想和情感""在朋友圈里发的一些内容，我不太愿意给家人看到，不想让家人知道这样的一个我""我不会在朋友圈里完全地展现自己""在朋友圈里我只报喜不报忧""我避免在朋友圈里表露自己伤心或者生气的一面""我会在朋友圈给自己实际上不那么喜欢的事物点赞""我朋友圈里发的可能只是为了取悦他人"这13道题目。首先运用主成分分析对这13道题目进行因子分析，发现"在朋友圈里发的一些内容，我不太愿意给家人看到，不想让家人知道这样的一个我""在朋友圈里我只报喜不报忧"和"我避免在朋友圈里表露自己伤心或者生气的一面"这三道题目的因子系数不够明晰，删除后重新对剩下的12个项目进行因子分析，如表2－1所示，结果发现抽取了3个因子。

表2－1　　　　　　　　微信朋友圈中自我呈现策略的因子分析

微信朋友圈中自我呈现策略表现	成分		
	1	2	3
我很注意在朋友圈里的个人形象	**0.816**	0.122	
我发朋友圈或者评论的时候，会仔细考量自己的用词、语气、发送的表情、照片	**0.766**	0.264	
我会乐于在朋友圈里展现自己优秀的一面	**0.689**		
我很看重别人对我在朋友圈里的点赞和评论	**0.651**		0.161
我的喜怒哀乐不都表现在朋友圈里		**0.751**	
我不会在朋友圈里完全地展现自己	0.107	**0.715**	
我发的朋友圈不都代表了我的内心思想和情感		**0.638**	0.109
我在朋友圈里不能无拘无束表达自己	0.219	**0.560**	0.142
我朋友圈里发的可能只是为了取悦他人			**0.838**
我会在朋友圈给自己实际上不那么喜欢的事物点赞		0.114	**0.822**
取样足够度的 Kaiser－Meyer－Olkin 度量	0.699		
Bartlett 的球形度检验	近似卡方	473.258	
	df	45	
	Sig.	0.000	

由表 2 – 1 可以总结得出,在微信朋友圈中,第一,人们采取积极表现策略进行自我呈现:人们很注意自己所呈现的形象,主动表现自己优秀美好的一面,同时看重他人对自己的看法与评价;第二,当人们采取中庸普通策略进行自我呈现的时候:为了避免给他人留下过于极端的刻板印象,人们只倾向于表现部分真实的自我,许多内心的想法并不会直接而明确地表现在微信朋友圈中;第三,人们采取伪装隐瞒策略进行自我呈现的时候:为了迎合他人,他们总是表现出"虚伪",并不太真实的一面。

三　变量选择与假设

(一)自变量

人口学性别变量:对于此次被试大学生而言,主要考察的人口学变量为性别。

手机网络使用与微信使用黏度变量:本研究主要使用的黏度变量为:"每天使用手机上网的时长"与"每天看微信朋友圈的时长"。

真实性变量:在微信上是否使用本人的真实名字与真实头像。

自我监控变量:自我监控是为了测量自我呈现的个体差异。问卷中使用的初始量表采用了肖崇好编制的 24 道自我监控量表,其中有三个维度:高自我监控、他人导向与自我导向。

(二)因变量

自我呈现策略:人们在微信朋友圈里自我呈现的过程中主要使用了三种策略:第一,积极表现策略:个体在朋友圈中很注意自己呈现出来的形象,十分看重他人对自己的看法,并有意呈现出优秀、积极的一面;第二,中庸普通策略:个体在朋友圈中不完全表达真实的自我,有意控制自己发布的内容与相关表达;第三,伪装隐瞒策略:用户在使用朋友圈时有意控制自身的负面态度和行为,为刻意讨好他人或促进人际和谐而表达"违心"的自我。

(三)研究假设

本文主要探讨微信朋友圈中自我呈现策略的影响因素,以往对印象管理研究中使用最多的人格特征是自我监控。在前人的研究基础上,本研究提出以下假设:

H1 大学生在微信朋友圈中自我呈现选择与运用策略和性别无关。

H2 大学生手机网络使用与微信使用黏度与微信朋友圈中自我呈现策略的选择与使用无关。

H3 大学生在微信朋友圈中自我呈现选择与运用策略和真实性信息无关。

H4 大学生在微信中信息真实性和性别无关。

H5 大学生在微信朋友圈中自我呈现选择与运用策略和自我监控无关。

四 结果与分析

（一）大学生在微信朋友圈中自我呈现策略的性别差异分析

由表 4-1 结果可以看出，男生和女生在微信朋友圈自我呈现中选择与使用积极表现和中庸普通策略并无显著性差异。但男生则比女生更倾向于选择与使用"伪装""隐瞒"策略。

表 4-1 　　大学生微信朋友圈自我呈现策略选择使用性别差异比较

	男生（N=142）	女生（N=154）	T 值	显著性水平
积极表现策略	13.76	14.19	-1.217	0.929
中庸普通策略	13.42	13.75	-0.941	0.663
"伪装""隐瞒"策略	4.32	4.06	1.255	0.028

（二）使用黏度与策略的相关分析

表 4-2 　　自我呈现策略与手机网络使用与微信使用黏度变量的相关分析（N=306）

		每天使用手机上网时长	每天看微信朋友圈时长
积极表现策略	Pearson 相关性	-0.045	0.086
	显著性	0.436	0.142
中庸普通策略	Pearson 相关性	0.014	0.002
	显著性	0.809	0.968

续表

		每天使用手机上网时长	每天看微信朋友圈时长
"伪装""隐瞒"策略	Pearson 相关性	−0.007	0.004
	显著性	0.904	0.952

由表 4−2 可以看出，大学生手机网络使用和微信使用这两个使用黏度变量与自我呈现策略无显著关系，对策略的选择与使用没有显著影响。

（三）大学生在微信朋友圈中自我呈现策略的真实性差异分析

由表 4−3 和表 4−4 结果可以看出，微信朋友圈自我呈现中选择与使用策略与用户是否使用真实姓名与头像并无显著关系。

表 4−3　　　　　　　微信上是否使用真实姓名差异比较

	是（N = 90）	否（N = 206）	T 值	显著性水平
积极表现策略	14.34	13.83	1.328	0.511
中庸普通策略	13.57	13.60	−0.090	0.842
"伪装""隐瞒"策略	4.33	4.12	0.922	0.725

表 4−4　　　　　　　微信上是否使用真实头像差异比较

	是（N = 82）	否（N = 213）	T 值	显著性水平
积极表现策略	14.67	13.72	2.391	0.409
中庸普通策略	13.45	13.64	−0.466	0.536
"伪装""隐瞒"策略	4.16	4.18	−0.084	0.901

（四）大学生在微信中真实性信息与性别差异分析

如表 4−6 所示，发现微信上是否使用真实姓名与是否使用真实头像并不相关。而女生比男生更倾向于使用真实姓名作为微信用户名，但是否使用真实头像并不存在性别差异。

表 4−5　　　　微信上是否使用真实姓名与头像的相关分析（N = 296）

		是否使用真实头像
是否使用真实姓名	Pearson 相关性	0.038
	显著性	0.510

表 4 – 6　　　　　　　　　　真实性信息与性别差异比较

	男（N＝142）	女（N＝152）	T 值	显著性水平
微信上使用真实姓名	1.61	1.78	−3.292	0.001
微信上使用真实头像	1.76	1.69	1.246	0.213

（五）自我呈现策略与自我监控的相关分析

由表 4 – 7 所示，高自我监控的较倾向于选择与使用积极表现策略，特别注意考量自己在微信朋友圈中的措辞与表述，其次是中庸普通策略；他人导向的则更多选择与使用"伪装""隐瞒"策略，其次是积极表现策略；自我导向的不仅不选择与使用三种自我呈现策略，反而与中庸普通策略相背而驰。

表 4 – 7　　　　自我呈现策略与自我监控的相关分析（N＝296）

		高自我监控	他人导向	自我导向
积极表现策略	Pearson 相关性	0.351**	0.125*	0.038
	显著性	0.000	0.032	0.515
中庸普通策略	Pearson 相关性	0.120*	0.018	−0.127*
	显著性	0.039	0.755	0.029
"伪装""隐瞒"策略	Pearson 相关性	−0.079	0.394**	0.034
	显著性	0.174	0.000	0.559

注：** $p < 0.05$，* $p < 0.1$。

（六）分析

本研究的调查样本为深圳大学全日制在校学生，他们是使用社交网络微信朋友圈的核心用户群体。其中，性别的分布与大学生群体的实际分布基本一致（男生占 48.4%，女生占 51.6%）。深圳大学全日制学生每天使用手机上网 3 – 6 小时的占了一半（52%），其中每天看微信朋友圈 1 – 2 小时的同学占了将近一半（46.4%）。大多数大学生已经将微信朋友圈当成日常生活的一部分，这种习惯使得朋友圈真正成为他们与他人交往的一个平台或手段。

大学生群体在他人导向和自我导向这两个维度上的得分比较低（分别为 2.53 和 2.71），在高自我监控维度上的得分相对较高（3.81），表明大学生在大学这个关键阶段已经开始尝试摸索社会交往的方式方法，虽然还没有较高的自我和谐与人际和谐，但是他们在不断权衡两者之间的平衡发展，以期达到自我和谐与人际和谐兼顾的良好循环。根据主成分分析的结果，研究基本与 Fiske 对现实交往中自我呈现策略相一致，可分为积极表现策略、中庸普通策略和"伪装""隐瞒"策略（KMO = 0.699）。同以往研究不同的是，男生女生在微信朋友圈自我呈现中选择与使用积极表现和中庸普通策略并无显著性差异，但男生则比女生更倾向于选择与使用"伪装""隐瞒"策略，这说明女生比男生的表露程度要高，而男生为了更好地维护相应社会关系，可能会违背自己本身的真实意愿而去"点赞"或发表认同性评论。而且从是否使用真实姓名作为微信用户名可以看出男生女生存在性别差异，女生的得分更高（1.78），她们更偏向于使用真实姓名作为微信用户名。而且，根据研究结果我们发现微信朋友圈中男性偏向于女性化，更爱在社交网络上表现自我，表现出与日常生活中不一样的自己：微信朋友圈中的形象是经过精心设计打造的。而且在某些时候为了特地迎合他人，会采取隐瞒真实心思，"虚伪"地表达出他人更能接受或是更欣喜的意见。从微信朋友圈中自我呈现的性别差异可看出现代社会男女的互补性不再像过去那样强，差异也越来越小，审美标准模糊化，即男性"中性化"。在过去"男耕女织""男主外、女主内"的时代，社会分工对男女有明确的规定。在现代社会，社会分工在男女之间的差异日渐缩小，变得越来越模糊。过去许多只有女性才从事的工作，现在许多男性也参与其中，小到家政保姆、缝纫裁剪，大到护理接生、空中服务。特别是经过中国应试教育后上大学的男生，也许稍逊色于从小就更适应该教育体制的女生。所以在上大学后，在社交网络微信朋友圈中并不如传统日常生活中男女性别差异明显。

综合来看，日常生活中自我监控的性格方面与微信朋友圈自我呈现策略的选择与使用存在一定的相关性。高自我监控的更倾向于选择与使用积极表现策略（0.351），他们为了人际和谐与自我和谐，会积极表现出友好、正面的形象。高自我监控者还会选择与使用中庸普通策略（0.120），为了权衡人际交往和谐，他们会选择不完全将真实的自我表现在微信朋友圈中，而是有选择性地表达自我。他人导向者更倾向于伪装隐瞒策略（0.394），他们十分关注人际和谐，避免呈现任何不利于社会交往关系或负面形象的态度与行为。所以除了"伪装""隐瞒"策略外，他们还会选择积极表现策略（0.125），避免呈现负面形象的同时，积极展现自身优秀的一面。自我导向者越发不会选择中庸普通策略（－0.127），因为他们越关注自我和谐，就越能够在微信朋友圈中无拘无束地表达自我，而不是刻意有所选择。

五　结论与展望

（一）结论与讨论

本文主要通过对自我呈现概念及相关理论的梳理，探讨微信朋友圈中自我呈现策略，并从自我监控的角度探讨微信朋友圈自我呈现策略的影响因素。

大学生群体正处于身心发展的关键时刻，宿舍、班级、社团等不同的生活群体给他们提供了不同的"社交圈子"，而微信的横空出世与火爆也为他们提供了自我呈现的舞台。结合群体的身心发展特点，可以发现大学生的自我监控能力仍处于需要完善的阶段，他们在社会人际交往过程中也需要不断学习如何权衡人际和谐与自我和谐。

研究通过问卷调查，探讨微信朋友圈中自我呈现的策略，认为个体在微信朋友圈中的自我呈现策略接近在现实中自我呈现的策略，他们在微信朋友圈中：①采取积极表现策略进行自我呈现，人们很注意自己所呈现的形象，主动表现自己优秀美好的一面，同时看重他人对自己的看法与评价；②当采取中庸普通策略进行自我呈现的时候，为了避免给他人留下过于极端的刻板印象，人们只倾向于表现部分真实的自我，许多内心的想法并不会直接而明确地表现在微信朋友圈中；③采取伪装隐瞒策略进行自我呈现的时候，为了迎合他人，他们总是表现出"虚伪"，并不太真实的一面。

微信朋友圈中，有的人喜欢展示自我的本来样子，不加修饰地展示自己的衣食住行、所见所闻、所思所想；也有的人不爱显山露水，喜欢遮蔽自我的本来面目，以沉默的方式呈现一种非真实的自我。其实，显现与隐藏都是一种自由自主的选择。一个人偏好显现还是隐藏，与多方面因素存在关联，特别是其在日常生活中的自我监控。研究表明，大学生在微信朋友圈自我呈现中选择与使用积极表现和中庸普通策略并无显著性别差异，但男生则比女生更倾向于选择与使用"伪装""隐瞒"策略。而从是否使用真实姓名作为微信用户名可以看出男生女生存在的性别差异，女生更偏向于使用真实姓名作为微信用户名。日常生活中自我监控的性格方面与微信朋友圈自我呈现策略的选择与使用存在一定的相关性。高自我监控的更倾向于选择与使用积极表现策略，其次选择与使用中庸普通策略。他人导向者更倾向于"伪装""隐瞒"策略，其次选择积极表现策略。自我导向者则避免选择与使用中庸普通策略。

（二）研究的不足与展望

本文主要存在以下几个方面的不足：被试者样本量太小，不足以代表所有深圳大学全日制学生群体。在发放调查问卷时未能特别强调，导致被试者个人信息（年级和专业）填写不完整，不能进行完整的人口学变量统计。在研究设计阶段，缺少对被试者深入访谈环节。除了发放一定数量的问卷外，应增加个案访谈和对个案的朋友圈进行内容分析，如此能更深入、直接地了解该调查对象的朋友圈自我呈现内容。

未来的研究可扩大样本人群，调查不同年龄段的微信用户或不同职业群体的微信用户，进行相互比较，得到外部效度更广的研究结论。例如，可将年龄相仿的女大学生与农民女工进行微信朋友圈自我呈现群体比较，看看两个群体在同一社交网络平台的自我呈现是否存在某些差异或相似性。

任何事物都有其两面性，网络社交工具也是把双刃剑，它对大学生的人际交往既有积极方面也有消极方面的影响。微信作为一种炙手可热的网络社交工具，它的普及和广泛使用究竟是使大学生的人际关系更为密切了，还是阻碍了大学生之间的人际交往？这些问题还需要进一步探索和研究。

参考文献

［1］欧文·戈夫曼：《日常生活中的自我呈现》，浙江人民出版社1989年版。

［2］戴维·波普诺：《社会学》，中国人民大学出版社2007年版。

［3］Schlenker. Self – presentation. New York：NY Guilford Press，2003.

［4］蒋祎娜：《大学生使用社交网站的现状以及在新浪微博中的自我呈现取向》，硕士学位论文，华东师范大学，2012年。

［5］王笑天：《大学生社交网站自我呈现与使用强度的相关研究》，硕士学位论文，广州大学，2013 年。

［6］肖崇好：《印象管理研究取向与理论模型》，《韩山师范学院学报》2010 年第 5 期。

［7］肖崇好：《自我监控概念的重构》，《心理科学进展》2005 年第 2 期。

［8］李魏华：《QQ 空间中的自我呈现》，硕士学位论文，兰州大学，2009 年。

［9］江爱栋：《社交网络中的自我呈现及其策略的影响因素》，硕士学位论文，南京大学，2013 年。

［10］肖崇好、张义泉、舒晓丽：《印象管理模型的建构》，惠州学院学报（社会科学版）2011 年第 2 期。

［11］埃略特·阿伦森、提摩太·D. 威尔逊、罗宾·M. 埃克特：《社会心理学》，侯玉波等译，机械工业出版社 2014 年版。

［12］杨国枢、陆洛：《中国人的自我—心理学的分析》，重庆大学出版社 2009 年版。

［13］丁道群：《网络空间的自我呈现——以网名为例》，《湖南师范大学教育科学学报》，2005 年第 3 期。

（原载《科技传播》2015 年第 7 期）

社交媒体依赖及其对人际关系的影响研究

◎ 郑子涵

【摘要】 近年来，社交媒体的兴起极大地改变了人们的生活方式，社交媒体依赖的现象日益突出并引起社会的关注。本文从媒介依赖理论的视角切入，以大学生的微信使用情况为例，通过定量的实证研究，探讨大学生的微信媒介需求、微信依赖，以及微信依赖给现实生活中人际关系造成的影响。研究结果显示，人际关系的维护与拓展是大学生使用微信最主要的需求；对微信的媒介需求和微信依赖程度呈显著正相关；在一定的依赖水平上，微信加强了和现实生活中朋友的关系，但对于结交新朋友、拓展人际关系有一定的负面影响。

【关键词】 微信 媒介需求 媒介依赖 人际关系

微信，是目前用户量最大、用户活跃度最高的社交媒体应用之一。微信改变了人们的沟通方式，为人与人之间的联系带来便利。然而，人们也对微信产生了严重的依赖，据统计 25% 的微信用户每天打开微信超过 30 次，55.2% 的用户每天打开超过 10 次。[1] 在大学生群体中，"微信控"尤为普遍。大学里学习环境较为宽松，加之校园网络以及移动媒体设备的普及，为大学生产生社交媒体依赖提供了土壤。过度使用和依赖社交媒体势必会对他们的学习生活产生影响。微信满足了大学生的哪些媒介需求？大学生对微信的依赖程度如何？微信的媒介需求与依赖程度之间是否有关联？对微信的依赖是否会对现实生活中的人际关系产生影响？本研究试图通过定量的实证研究，回答上述问题。

---

① 2015 微信用户数据报告 36Kr. 2015. http://36kr.com/p/533436.html。

一　研究问题及测量方法

（一）微信用户的媒介需求是什么？

社交媒体用户对具有不同媒介特征的社交媒体平台有不同的媒介需求。根据国内外学者对社交媒体需求的研究结果，结合微信的具体特点，本研究从获取信息、娱乐消遣、人际关系维护与拓展、自我表达与认同、情绪释放五个需求维度加以考察，以期得到主次维度。在问卷中每个维度对应一道题，如"通过微信了解朋友动态"、"通过微信记录生活和心情，表达观点和感受"等，采取 10 分制量表，从"几乎不使用"到"每次登录都会使用"测量需求程度。

（二）微信用户的媒介需求与微信依赖之间有何关联？

根据媒介依赖理论，每个人受媒介的影响程度不尽相同，对媒介的需求程度越高，则对该媒介的依赖也表现得更为明显和强烈。过去对社交媒体依赖的考察，主要是对用户的依赖程度做整体性的测量。本研究则将媒介需求与媒介依赖程度结合起来测量，以期望得到微信用户对不同需求的依赖程度，并提出假设 H1：对微信的依赖程度与微信的媒介需求无关。本研究参照 Andreassen（2012）的 Facebook 依赖量表，结合微信的特征，主要从"退瘾反应"的角度考察用户对其依赖程度。在问卷中设置如"如果一天不使用微信，会因无法及时查看朋友圈动态而焦虑不安"等与上述五个需求一一对应的问题，采用 10 分制量表，从"完全不焦虑"到"非常焦虑"测量依赖程度。

（三）微信依赖对现实生活中的人际关系有何影响？

探究微信依赖对大学生现实人际交往产生的影响，从现实生活中与朋友关系的变化，以及现实生活中结识新朋友的意愿两个方面进行考察，并提出假设 H2：现实生活中朋友关系的变化与微信依赖程度无关；假设 H3：现实生活中结识新朋友的意愿与微信依赖程度无关。在问卷中设置对应的两道 5 分制量表题进行考察。

二 研究数据采集

本研究于 2016 年 3 月在深圳大学进行随机抽样调查，被试者为经济学院、管理学院、传播学院等共 254 名全日制本科生和研究生。发放 260 份问卷，实际回收 260 份问卷，实际有效问卷 254 份，有效回收率为 97.6%。

三 研究结果

（一）微信使用情况

在使用微信的时间方面，67.7% 的被试者使用微信的时间超过 2 年，其中以使用时间在 "2 年以上至 3 年" 的居多，占被试者的 33.9%。在每天使用微信的时长方面，77.9% 的被测试者平均每天使用微信超过 2 小时，有 33.1% 的被测试者每天使用微信超过 4 小时。由此可见，微信已经成为日常生活的一部分。

（二）微信用户的媒介需求

如表 2-1 所示，在微信的媒介需求方面，被测试者在人际关系维护与拓展、获取信息这两个方面的得分均值高于其他需求。根据样本的平均值，将微信用户的媒介需求排序为：人际关系维护与拓展需求 > 获取信息需求 > 娱乐消遣需求 > 自我表达与认同需求 > 情绪释放需求。

表 2-1　　　　　　　　　　微信的媒介需求

需求	平均值	中位数
获取信息	8.09	9
娱乐消遣	5.66	6
人际关系维护与拓展	8.64	9
自我表达与认同	5.45	5
情绪释放	4.24	4

（三）微信的媒介依赖

在微信的媒介依赖方面，总体而言，被测试者对微信的依赖程度并不高。从表3-1所显示的平均值看，微信用户在人际关系维护与拓展方面的依赖程度最高，为5.99分，其余四个方面的依赖程度都在5分以下。根据样本的平均值，将用户对微信的依赖程度排序为：人际关系维护与拓展依赖 > 获取信息依赖 > 娱乐消遣依赖 > 自我表达与认同依赖 > 情绪释放依赖，与用户对微信的媒介需求主次顺序完全一致。

表3-1　　　　　　　　　　　微信的媒介依赖

依赖	平均值	中位数
获取信息依赖	4.81	5
娱乐消遣依赖	3.42	3
人际关系维护与拓展依赖	5.99	7
自我表达与认同依赖	2.91	2
情绪释放依赖	2.69	2

（四）微信的媒介需求与媒介依赖之间的相关性分析

在微信的媒介需求与媒介依赖的相关性分析方面，将获取信息、娱乐消遣、人际关系维护与拓展、自我表达与认同、情绪释放五个方面的需求分别与其依赖程度进行相关性分析，结果如表4-1所示：

表4-1　　　　　微信的媒介需求与媒介依赖之间的相关性分析

		获取信息的依赖
获取信息的需求	Pearson 相关性	**0.382** **
	显著性	0.000
		娱乐消遣的依赖
娱乐消遣的需求	Pearson 相关性	**0.468** **
	显著性	0.000
		人际关系维护拓展依赖
人际关系维护与拓展的需求	Pearson 相关性	**0.301** **
	显著性	0.000

续表

		自我表达与认同的依赖
自我表达 与认同的需求	Pearson 相关性	**0.523** **
	显著性	0.000
		情绪释放的依赖
情绪释放的需求	Pearson 相关性	**0.521** **
	显著性	0.000

注：** p < 0.01。

　　由此可见，在获取信息、娱乐消遣、人际关系维护与拓展、自我表达与认同、情绪释放全部五个维度，媒介需求与媒介依赖之间均呈显著正相关，H1 被拒绝。在自我表达与认同和情绪释放这两个维度，媒介需求和媒介依赖的相关关系相对较强：自我表达与认同的需求与依赖的相关性为 0.523，情绪释放的需求与依赖的相关性为 0.521。

（五）微信使用对现实生活中人际关系的影响

　　在使用微信后现实生活中人际关系的变化方面，对于"加强了现实生活中和朋友的关系"的说法，约一半（50.4%）的被试者选择了"完全符合"或"比较符合"，即认为使用微信后加强了现实生活中和朋友的关系。相比而言，仅 15.4% 的被试者选择了"完全不符合"或"比较不符合"，其余被试者保持中立。对于"结交新朋友的意愿降低了"的说法，58.7% 的被试者选择了"完全不符合"或"比较不符合"，即认为使用微信后并未降低自己在现实生活中结交新朋友的意愿。但也有 13.0% 的被试者较同意这种说法。

（六）微信依赖与现实生活中人际关系的相关性分析

　　在微信的依赖程度和现实中人际关系变化的相关性分析方面，首先分别分析了信息获取依赖、娱乐消遣依赖、人际关系维护与拓展依赖、自我表达与认同依赖、情绪释放依赖与现实生活中和朋友关系的变化之间的相关性，如表 6 - 1 所示，结果均呈显著正相关，即对微信的依赖程度越高，越是加强了现实生活中和朋友的关系，H2 被拒绝。

　　再者，分析了与现实生活中结交新朋友的意愿之间的相关性。如表 6 - 2 所示，在信息获取、娱乐消遣、自我表达与认同、情绪释放这四个维度，依赖程度与现实生活中结交新朋友的意愿呈显著负相关，即依赖程度越高，现实生活中结交新朋友的意愿越低。因此，在上述四个维度，H3 被拒绝。然而，在人际关系维护与拓展方面，依赖程度与现实生活中结交新朋友的意愿无显著相关性。因此，在人际关系维护与拓展这一维度，H3 成立。

表 6 – 1   微信依赖对现实生活中人际关系的影响

		加强了现实生活中和朋友的关系
信息获取依赖	Pearson 相关性	**0. 235****
	显著性	0. 000
娱乐消遣依赖	Pearson 相关性	**0. 188****
	显著性	0. 001
人际关系维护与拓展依赖	Pearson 相关性	**0. 259****
	显著性	0. 000
自我表达与认同依赖	Pearson 相关性	**0. 274****
	显著性	0. 000
情绪释放依赖	Pearson 相关性	**0. 168****
	显著性	0. 004

注：** $p < 0.01$。

表 6 – 2   微信依赖对现实生活中人际关系的影响

		现实生活中结交新朋友的意愿
信息获取依赖	Pearson 相关性	**– 0. 233****
	显著性	0. 000
娱乐消遣依赖	Pearson 相关性	**– 0. 343****
	显著性	0. 000
人际关系维护与拓展依赖	Pearson 相关性	– 0. 091
	显著性	0. 147
自我表达与认同依赖	Pearson 相关性	**– 0. 186****
	显著性	0. 001
情绪释放依赖	Pearson 相关性	**– 0. 190****
	显著性	0. 001

注：** $p < 0.01$。

四 研究结论及讨论

在对调查数据进行统计和分析的基础上，结合理论和文献，对前文提出的三个研究问题予以回答和讨论。

（一）媒介特性影响媒介需求

本研究总结出微信用户的媒介需求主次维度为：人际关系维护与拓展需求 > 获取信息需求 > 娱乐消遣需求 > 自我表达与认同需求 > 情绪释放需求。微信连接熟人关系网络的属性及其即时通信的功能，决定了它在联系和沟通、获知朋友动态和信息等方面发挥重要作用。

回顾先前关于社交媒体需求的研究结果：刘振声（2013）总结出大学生微博的媒介需求以获取信息为主，其次是娱乐消遣，再者是人际交往、自我表达与认同、情绪释放等。叶莉芳、江志玉（2011）指出大学生对人人网的媒介需求以好友联络和自我展示为主，信息获取及娱乐等方面的需求较低。上述两个实证研究都探究了大学生对社交媒体的媒介需求，但结果大相径庭。这说明不同的社交媒体平台有其突出的媒介特征，这一独特性决定了用户媒介需求层次、依赖程度的不同。因此，对社交媒体需求及依赖的研究不能以一概全。

（二）媒介需求仍是影响媒介依赖的重要因素

本研究对微信依赖测量的结果显示，深圳大学在校学生对微信的依赖程度并不高。对微信的依赖主要体现在人际关系维护与拓展方面。研究结果显示，用户对微信的需求主次顺序与对微信的依赖程度主次顺序完全一致，且媒介需求与媒介依赖呈显著正相关。

媒介依赖理论诞生于传统大众媒体的媒介环境，指出受众对媒介的需求越高，对媒介也更加依赖，受到的影响也越大。如今，在社交媒体的环境下，媒介需求仍然是媒介依赖的重要影响因素，且由于社交媒体的特性、形态更加丰富，用户的媒介需求也更加多样化。社交媒体依赖已经渗透到人们的日常生活中，影响着人们人际关系等生活的方方面面。

（三）媒介依赖影响现实生活中的人际关系

本研究考察了使用微信后现实生活中人际关系的变化。结果显示，对微信的依赖程度越高，越加强了现实生活中和朋友的关系。这与先前一些研究结果矛盾。这可能与本研究中研究对象的微信依赖程度有关，被试者的微信依赖水平处于中等偏低，并未显现出显著的依赖，能够较为合理地使用微信作为沟通工具，因而呈现出加强了与现实生活中朋友关系的结果。

在对使用微信后现实生活中结交新朋友意愿变化的考察中发现，在信息获取、娱乐消遣、自我表达与认同、情绪释放四个方面，依赖程度和现实生活中结交新朋友的意愿呈显著负相关，越依赖于微信满足这四个方面需求的人，越容易逃避现实生活中人际关系的拓展。然而，在人际关系维护与拓展方面，依赖程度和结交新朋友的意愿无显著关系。总体而言，在一定的依赖水平上，微信加强了和现实生活中朋友的关系，但对于结交新朋友、拓展人际关系有一定负面影响。

传播学者中野木曾提出"容器人"的概念，形容过度沉迷于虚拟环境中，进而逃避与现实社会互动的现象。随着媒介技术的不断突破，媒介形式日新月异，越来越多的人被吸引甚至沉迷其中。大学生应当合理使用媒介，坚持将媒介作为一种联系外部世界工具的初衷，避免被媒介束缚，甚至沦为媒介的奴隶。

参考文献

［1］《2015 微信用户数据报告》。36Kr. 2015. http：//36kr. com/p/533436. html。

［2］袁立庠、刘杨：《社交媒体对大学生的影响分析——基于安徽高校的调查》，《现代传播》2015 年第 4 期。

［3］荣荣、余琼：《以人人网为例看大学生对社交网络的依赖》，《新闻知识》2015 年第 8 期。

［4］刘振声：《社交媒体依赖与媒介需求研究——以大学生微博依赖为例》，《新闻大学》2013 年第 1 期。

［5］朱亚希：《"媒介依赖"理论视域下的大学生"社交"成瘾——以对四川大学学生微信使用情况的调查为例》，《今传媒》2015 年第 2 期。

［6］王玲宁：《采纳、接触和依赖：大学生微信使用行为及其影响因素研究》，《新闻大学》2014 年第 6 期。

［7］王重重、张瑞静：《大学生社交媒体使用动机与媒介依赖》，

《新闻世界》2015 年第 11 期。

　　[8] 周贻霏：《微信对华东师范大学学生社会交往的影响研究》，硕士学位论文，华东师范大学，2014 年。

　　[9] 文雯：《微信在高校的传播现状以及对人际关系的影响研究——以重庆大学为个案调查》，硕士学位论文，重庆大学，2014 年。

　　[10] 叶莉芳、江志玉：《大学生 SNS 网站使用动机的研究》，《黑河学刊》2011 年第 12 期。

　　[11] Andreassen：Development of a Facebook Addiction Scale. Psychology Reports，2012.

（原载《科技传播》2016 年第 8 期）

微博意见领袖判别指标体系的探索研究

——以新浪微博社会民生领域为例

◎ 朱超勤　齐发鹏　邢　芳　喻　强

【摘要】 本文试图通过量化的方法探索出一套能够判别微博意见领袖的指标体系。以筛选出新浪微博"社会民生领域"被公认的 10 个意见领袖和随机抽取 190 个新浪微博用户作为研究样本，根据文献法得出反映意见领袖的特征，在微博领域操作化为 11 个指标，收集样本量在每个指标中的数据，以描述性统计的方法，最终确认微博意见领袖在"粉丝数""微博的转发量""微博的评论量""微博 5 分钟之内的评论量"这四个指标中具有与其他微博用户的显著差异，被纳入甄别微博意见领袖中的指标体系，同时试图标示出意见领袖在这四个指标中的取值范围。

【关键词】 微博　社交网络　意见领袖

随着 Web2.0 技术的不断推广，作为新媒体中最开放、最活跃的一个区域，微博在现代生活中已经成为主要的舆论集散地。截至 2011 年 4 月，中国网民规模预计为 4.83 亿人，互联网普及率为 36%。[①] 自 2009 年 8 月 28 日推出服务以来，新浪微博用户就一直保持着爆发式增长。2010 年 10 月底，新浪微博注册用户数超过 5000 万。2017 年 2 月底，新浪微博注册用户数突破 1 亿大关。目前，不仅仅是新浪，搜狐、腾讯、网易等门户网站也都在加大对微博的投入，中国互联网正迎来一个微博大发展的阶段。截至 2017 年 4 月底，新浪微博注册用户数已超过 1.4 亿。

微博对当今的中国社会产生了极大影响，成了民众的便利发言平台，"围观"改变着中国。微博是一个开放的信息平台，用户不仅能在自己的页面上发表言论，也可以看到其他用户之间的互动。微博作为开放平台

---

① CNNIC 第 66 期《互联网发展信息与动态》。

的最大优势，就是允许用户将任一用户添加为自己的好友，通过加关注功能的简单设置，这些被关注用户就成了寻找信息用户的固定信源。而意见领袖是微博围观中的核心节点，他们往往是信息源的发布者。在现实生活中某些领域的知名人物也以微博中意见领袖的身份发言，吸引其他用户的关注。对于微博意见领袖的界定具有现实意义。

本研究以新浪微博用户为研究对象，从已被公认的意见领袖出发，试图通过量化的科学方法，建立一套能够甄别出意见领袖的指标体系。由于不同的领域有不同的意见领袖，本文主要研究社会民生领域。微博作为一种新型的网络社交平台，其性质虽然未有定论，但已经成为"意见领袖"的聚集地，而新浪微博是现在国内最有影响力的微博，对其内部的意见领袖进行探讨具有研究价值。而现在国内关于微博中意见领袖的研究多使用质化的方法，缺少一套量化的指标体系来甄别意见领袖。

一　文献综述

（一）意见领袖（舆论领袖）概念的发展起源

"舆论领袖"（opinion leader）概念最早由拉扎斯菲尔德（Lazarsfeld，1948）等人提出。"概念往往先从无线电广播和报刊流向舆论界的领导人，然后再从这些人流向人口中不那么活跃的部分。"来自大众传播的消息和影响并不是直接"流"向一般受众，而是首先抵达意见领袖这个中间环节。接着，意见领袖将其所见所闻传递给同事或接受其影响的追随者。[①]

1948 年拉扎斯菲尔德和贝雷尔森等人（1948）将伊里调查的成果汇编成《人民的选择》一书，其重要意义在于提出了"两级传播理论"（Two - step Flow Theory），发现了在人际交流中对他人态度产生影响的"意见领袖"（Opinion Leader）。

在现实生活中，相比一般受众，"意见领袖"接触媒体的频率更高，他们通过向他人提供信息、传达观点，影响那些媒介接触度、知识水平和兴趣度比较低的受众，他们的存在对大众传播效果产生重大影响。进

---

① 郭庆光：《传播学教程》，中国人民大学出版社 2009 年版。

入新世纪，随着互联网的日益普及，人们开始把研究视野转向了虚拟世界，并将"舆论领袖"这一传统的概念进行了延伸。美国 Burson – Marsteller 公司 2002 年的调查将"互联网重度使用者"定义为"虚拟舆论领袖"，发现他们"通过在聊天室、论坛、公司网站和博客上进行的信息传播而创造或改变舆论、建构潮流、引领时尚、左右股市"（Reid，2002）。[①]

（二）网络意见领袖的特征

如今，被誉为"杀伤力最强的舆论载体"的微博开启了互联网媒介新时代，它的兴起与繁荣，既为传统"意见领袖"提供了全新的平台，又为新兴"意见领袖"的生长提供了肥沃的土壤。可以说，微博本身的特点就为微博时代的"意见领袖"带来了新的特点，他们对舆论的影响力也愈加不容忽视。

总体而言，"虚拟舆论领袖"的基本特征包括三个主要方面：

第一，"虚拟舆论领袖"是群体中的活跃分子：他们是积极的信息交换者，大量地发布帖子，参与讨论；

第二，"虚拟舆论领袖"是群体中的焦点人物：他们发布的帖子具有高浏览、高回复和高转发量，他们的意见能够很快地扩散到较大的范围，影响更多的人；

第三，"虚拟舆论领袖"是群体中的意见导向：他们往往能获得较高的支持和认同。

根据特征分析，我们把"虚拟舆论领袖"定义为："虚拟舆论领袖"是群体中活跃的发言者，在较大的范围内获得了较高的回应量，并且获得了大部分人的认同。

（三）意见领袖的测量方法

在查阅了相关文献后发现，传统舆论领袖的测量方法有很多，罗杰斯将这些方法归类总结为：社会计量法（sociometric techniques）、关键人物访谈法（interviews with key informants）、观察法（observation）、自我报告法（self – designating techniques）。这其中以自我报告法和社会计量法最为广泛适用。自我报告法，即数据收集依赖受访者自己判断和回答。用自我报告法测量舆论领袖经常采用量表测量。量表由一组问题构成，

---

① Peckham, Ray Communications News；May 2004，Vol. 41 Issue 5, pp. 3, 8 – 10.

用以间接测量人们在某一态度或观念上的状况。因此舆论领袖测量量表就是一组测量人们舆论领袖心理素质的问题，通过累加所有问题回答得分而得出舆论领袖指数。由于自我报告法实施起来简单、经济，可以进行大规模测量，因此是最常用的方法；另一种是社会计量法，也称社会网络分析法，是一种调查人们社会关系特征和群体特征的测量方法。这些特征不同于个人特征，它们必须通过人们之间的交往或互动关系来反映，但是在实际使用过程中，计量法中使用的量表需要不断得到改善和更新，以适应不同背景的测量。

与丰富的传统舆论领袖研究成果相比，网络舆论领袖研究颇为匮乏。除了上文提到的社会计量（网络分析）法，日本学者 Naohiro Matsumura、Yukio Ohsawa、Mitsuru Ishizuka 运用数据挖掘技术提出"影响力扩散模型"（IDM），从文本内容和交往网络两个方面来测量网络角色类型，筛选出舆论领袖。

时至今日，中国大陆关于意见领袖的实证测量论著仍然比较少，对意见领袖的判断多建立在思辨的基础上，尽管都是从专业角度进行研究，但大多针对的是早期的 BBS 论坛和 SNS 网站，对现行微博研究的适用度不高。另外，国外学者在意见领袖及相关领域的研究虽然较为成熟（Weimann 1994；Rogers &Cartan 1962；Schenk，2002），但大多体现在对意见领袖进行分类研究，仅有的网络舆论领袖研究都是从营销学角度探讨网络交易型社区舆论领袖在新产品采纳过程中的说服、示范作用，与国内的关注舆论引导存在极大不同；同时，尽管国外学者在意见领袖实证研究方法上有所收获，发展得也比国内相对完善，但是他们的研究成果现在还是处于初级阶段，相关文献较少。在所查到的文献中，国外的研究方法多倾向于使用量化手段来测量舆论领袖，使用最多的方法就是前面所述的自我报告法和社会计量法。

虽然前述方法在传统舆论领袖研究中被广泛运用，但对于互联网环境而言，并不能完全适用，主要存在以下问题：

首先，自我报告法最大问题在于回答的主观性，极有可能一些自认为是舆论领袖的人实际并不是舆论领袖，或者一些实际上是舆论领袖的人却没有被包含在舆论领袖群体中。因此在某种程度上说，自我报告法更多测量的是人们自认为的舆论领袖心理，而不是真正的舆论领袖。

其次，社会计量法的前提是群体成员彼此之间了解、熟悉，因此该方法适用于凝聚力较强、规模较小的群体，不适用于大范围调查研究。庞大、漂移和隐秘的微博用户之间缺乏足够的了解和互动，因此社会计量法运用到网络传播存在一定困难。

本文以国内影响力较大的新浪微博为研究对象，在借鉴前人理论经验的基础上，试图通过量化的科学方法，建立一套能够甄别出意见领袖的指标体系。由于虚拟网络中的意见领袖分布广泛，不同领域的意见领袖也不相同。因此，本文所做研究主要集中于社会民生领域。

同时，微博作为一种新型的网络社交平台，其性质虽然未有定论，但已经成为"意见领袖"的聚集地。新浪微博是现在国内最有影响力的微博，我们认为，对其内部意见领袖进行探讨具有一定的研究价值。另外，现在国内关于微博中意见领袖的研究多使用质化的方法，缺少一套量化的指标体系来甄别意见领袖，我们相信本研究得出的这套量化体系可以在微博领域内进行不断推广、完善。

二　研究方法

本文研究步骤分为四部分，分别为：抽样——确定测量指标——原始数据统计——数据分析。

（一）第一步：抽样

我们选取了 200 个新浪微博用户作为样本，其中意见领袖 10 名，占样本量的 5%。其他微博用户 190 名，占样本量的 95%。选取时间段为 2011 年 6 月 11 日至 6 月 17 日，以避开特殊节假日。

由于微博上意见领袖颇多，且每个领域均有各自的意见领袖，所以为了便于统计和分析，我们选取了"社会民生"领域作为研究对象。处于社会民生领域的意见领袖主要从其微博内容来判断，具有以下特征：（1）聚焦社会热点事件；（2）关注社会民生，对于民众发生的突发事件、群体事件有自己的见解和评论；（3）发现并讨论社会弊病。

200 个样本的抽样方法并不相同，具体的样本抽样方法如下：

1. 意见领袖抽样方法

采取目的性取样，四个小组成员分别写出自己认同的社会民生领域意见领袖 20 名，汇总后选出大家公认的意见领袖，按照"得票数"排名，选取前十名。

2. 其他微博用户抽样方法

打开新浪微博的微博广场"随便看看"，系统会随机出现一定量的最新更新微博的用户 450—490 名，抽取第一个微博用户，间隔一个再抽取，以此类推共抽取 190 名用户。

（二）第二步：确定测量指标

根据文献法得出虚拟意见领袖的主要特征体现为"活跃度""影响力"与"凝聚力"，其中"凝聚力"指的是意见领袖是网络空间中的意见向导，他们传播的信息能够获得大多数人的认可和赞同。由于本研究已经预设好意见领袖的意见向导的身份，于是本研究只对"活跃度"和"影响力"两个特征在微博领域进行指标操作化。

1. "用户活跃度"的二级指标为：

P1：新浪微博用户自开通微博以来发布微博总数

P2：新浪微博用户自开通微博以来的总关注人数

P3：新浪微博用户的注册天数

P4：新浪微博用户加入的微群数

P5：新浪微博用户抽样时间段内原创微博数

P6：新浪微博用户抽样时间段内转发微博数

P7：新浪微博用户抽样时间段内回复粉丝的微博数

2. "用户影响力"的二级指标为：

Q1：新浪微博用户是否加 V

Q2：新浪微博用户自开通微博以来的总粉丝数

Q3：新浪微博用户抽样时间段内微博被转发总数（不包括用户自己的转发）

Q4：新浪微博用户抽样时间段内微博评论总数

Q5：新浪微博用户抽样时间段内发布微博后 5 分钟以内的评论总数

（三）第三步：原始数据统计

根据以上 11 个指标，分别对 200 个微博用户样本进行原始数据的收集和统计，原始数据资料将放于 Excel 中整合。（原始资料请见附件一）

原始数据收集之后，我们对其进行分析，以计算出能够衡量微博用户"活跃度"和"影响力"的指标。为了体现每个指标的准确客观，对不同的指标进行不同的数据计算分类。

指标数据计算归纳如下：

Y1：新浪微博用户平均每天发布微博数

计算方法：平均数

平均每天发布微博数 = 总微博数 ÷ 注册天数

Y1 = P1 ÷ P3

Y2：新浪微博用户平均每天增加的关注数

计算方法：平均数

平均每天增加的关注数 = 关注总数/注册天数

Y2 = P2 ÷ P3

Y3：新浪微博用户加入的微群数

计算方法：原始数据

Y4：新浪微博用户抽样时间段内原创微博数占总微博数的比例

计算方法：百分比

原创微博数所占比例 = 抽样时间段内原创微博数 ÷ 抽样时间段内总微博数

Y4 = P5 ÷（P5 + P6）

Y5：新浪微博用户抽样时间段内转发微博数占总微博数的比例

计算方法：百分比

转发微博数所占比例 = 抽样时间段内转发微博数 ÷ 抽样时间段内总微博数

Y5 = P6 ÷（P5 + P6）

Y6：新浪微博用户抽样时间段内回复粉丝的微博数占所有评论数的比例

计算方法：百分比

回复粉丝数所占比例 = 抽样时间段内回复粉丝微博数 ÷ 抽样时间段内总评论数

Y6 = P7 ÷ Q4

Y7：新浪微博用户是否加 V

计算方法：保持原始数据

Y8：新浪微博用户平均每天增加的粉丝数

计算方法：平均数

平均每天增加的粉丝数 = 粉丝总数/注册天数

Y8 = Q2 ÷ P3

Y9：新浪微博用户抽样时间段内平均每条微博的被转发量

计算方法：平均数

平均每条微博的被转发量 = 抽样时间段内微博的全部转发量 ÷ 抽样时间段内所发微博总数

Y9 = Q3 ÷（P5 + P6）

Y10：新浪微博用户抽样时间段内平均每条微博的被评论量

计算方法：平均数

平均每条微博的被评论量 = 抽样时间段内微博的全部评论量 ÷ 抽样时间段内所发微博总数

Y10 =（Q4 − P7）÷（P5 + P6）

Y11：新浪微博用户抽样时间段内平均每条微博 5 分钟以内的评论总数

计算方法：平均数

Y11 =（Q5 − P7）÷（P5 + P6）

（四）第四步：数据分析

将 200 个微博在以上指标中的数据输入 SPSS，进行数据分析，作出相应的数据分布图，其结果将在下一部分进行讨论。

三　研究结果分析与探讨

在对 200 个微博用户的以上十一项指标数据进行收集，使用 SPSS 进行描述统计分析后，其中意见领袖的数据表现已经用黑点标出，结果如下：

（一）"活跃度"各指标数据

1. 平均每天发微博数

如图 1 所示，整个图呈正偏度分布，200 位微博用户平均每天发微博数多集中在"0—10"的区间，小部分落在"10—20"区间。极少部分落在"35—50"区间。其中有 7 位意见领袖在此项指标中的数据落在"0—10"区间，尽管"北京兵人"和"王小山"在此项指标中的数据落在"35—40"，但总体上来说意见领袖在此指标上的表现不具有显著性，因此"发微博数"不能成为甄别微博意见领袖的指标。也就是说，仅凭发微博的多少不能判断用户是否为意见领袖。

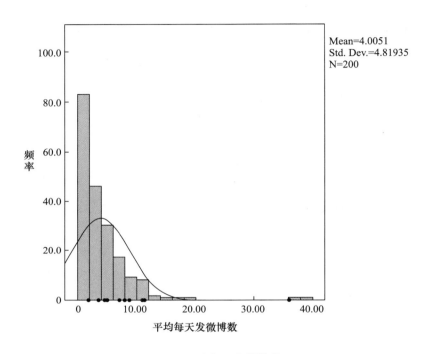

图1 平均每天发微博数

表1   平均每天发微博数

意见领袖	平均每天发微博数 （精确到小数点后两位）	意见领袖	平均每天发微博数 （精确到小数点后两位）
于建嵘	7.08	五岳散人	8.35
笑蜀	11.15	作业本	5.40
闾丘露薇	7.99	张泉灵	1.99
李承鹏	3.80	人大张鸣	11.42
王克勤	5.23	王小山	37.71

2. 平均每天增长关注数

此项指标数据呈正偏度分布，意见领袖与绝大多数微博用户一样，数据多集中在"0—10"的区间。因此在关注其他人的微博方面，意见领袖没有突出的显著性,"关注数"也不能作为甄别意见领袖的指标。

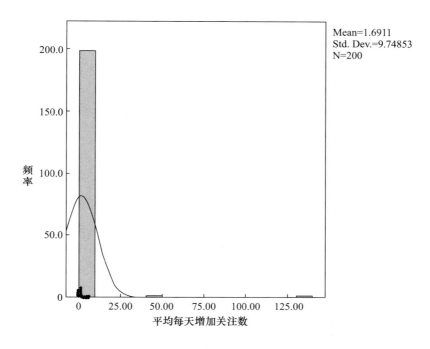

图 2 平均每天增加关注数

表 2   平均每天增加关注数

意见领袖	平均每天增加关注数 (精确到小数点后两位)	意见领袖	平均每天增加关注数 (精确到小数点后两位)
于建嵘	6. 07	五岳散人	1. 92
笑蜀	3. 09	作业本	1. 38
闾丘露薇	0. 25	张泉灵	0. 23
李承鹏	0. 18	人大张鸣	4. 21
王克勤	1. 22	王小山	1. 89

　　对于出现在这个指标上的两个极值,原因极有可能是某些微博用户为提高自己的人气,在短时间内关注大量的微博用户以求"互粉"。而微博社会民生领域中的意见领袖由于在本领域多是作为信息来源的上游,从其他微博用户得到信息的需求较低,并且由于其现实生活中人际交往

关注的也往往都是同一个圈子里同样社会地位的用户，所以在关注数上也没有显著的表现。

3. 加入微群数

"加入微群数"的数据分布呈正偏度分布，相较以上三个图偏度要稍微小一些。"0—3"区间的数据出现的频率较高。意见领袖在此项指标上的数据也集中在这个数段，尽管"人大张鸣"在数据分布超出了一个 SD 值，但是总体来说意见领袖的数据表现并无显著差异。因此"加入微群数"不被纳入甄别体系之中。

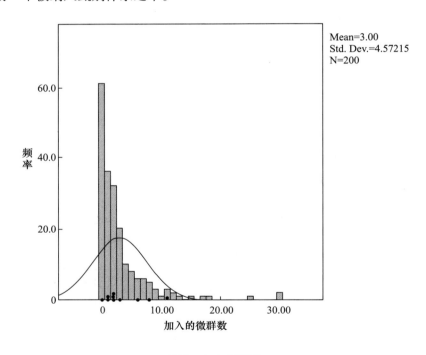

图3　加入微群数

表3　　　　　　　　　　　　加入微群数

意见领袖	加入微群数	意见领袖	加入微群数
于建嵘	3	五岳散人	6
笑蜀	0	作业本	2
闾丘露薇	2	张泉灵	1
李承鹏	2	人大张鸣	11
王克勤	1	王小山	8

　　微群数与关注数都是微博用户在微博上获得信息来源的途径，社会民生领域意见领袖在此方面没有显著性的原因是在其现实生活中已经获取大部分的资源，而他们使用微博的目的也主要在发布消息上，而非在微群中进行互动。

　　4. 原创微博与转发微博占抽样时间段内总微博的百分比数

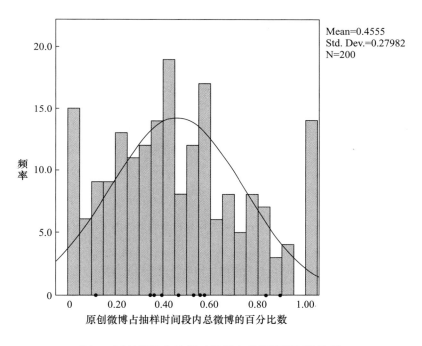

图 4　原创微博占抽样时间段内总微博的百分比数

表 4　　　　原创微博占抽样时间段内总微博的百分比数

意见领袖	原创微博占抽样时间段内总微博的百分比数（精确到小数点后四位）	意见领袖	原创微博占抽样时间段内总微博的百分比数（精确到小数点后四位）
于建嵘	0.5714	五岳散人	0.8285
笑蜀	0.4583	作业本	0.8933
闾丘露薇	0.5294	张泉灵	0.5789
李承鹏	0.3636	人大张鸣	0.3902
王克勤	0.3571	王小山	0.1538

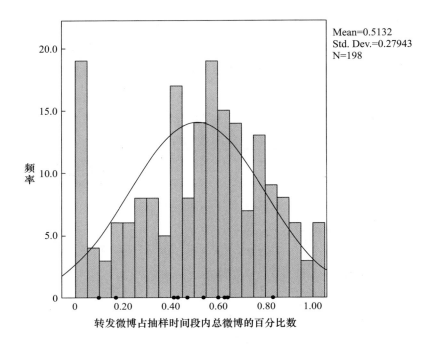

图5 转发微博占抽样时间段内总微博的百分比

表5 转发微博占抽样时间段内总微博的百分比数

意见领袖	转发微博占抽样时间段内总微博的 百分比数（精确到小数点后四位）	意见领袖	转发微博占抽样时间段内总微博的 百分比数（精确到小数点后四位）
于建嵘	0.4285	五岳散人	0.1714
笑蜀	0.5417	作业本	0.1066
闾丘露薇	0.4705	张泉灵	0.4210
李承鹏	0.6363	人大张鸣	0.6097
王克勤	0.6428	王小山	0.8461

　　这两项指标的数据反映的是微博用户在抽样时间段内在原创和转发上各占的比率，在这里同时进行描述和分析。

　　两项指标的数据分布都近似正态分布，众数接近于平均数，在图4和图5中，"40%—45%"的数据出现的频次最多。但十位意见领袖在此项指标中的数据表现并不具有显著性。转发和原创的百分比是判断微博用户在信息发布上是信息源来自自身多一些，还是来自外界多一些。但是由于意见领袖对外界信息有着高于常人的独特见解，转发其他人的微博进行评论也体现了意见领袖的独创性。因此抽样时间段内原创和转发微博数所占的比值也不是甄别意见领袖的指标。

5. 抽样时间段内回复粉丝的数量占评论量的百分比数

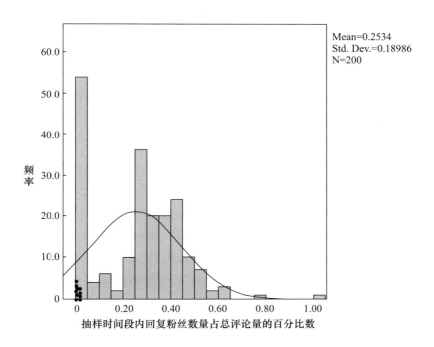

图6　抽样时间段内回复粉丝的数量占评论量的百分比数

表6　　　　　　　抽样时间段内回复粉丝的数量占评论量的百分比数

意见领袖	抽样时间段内回复粉丝的数量占评论量的百分比数（精确到小数点后四位）	意见领袖	抽样时间段内回复粉丝的数量占评论量的百分比数（精确到小数点后四位）
于建嵘	0	五岳散人	0.0041
笑蜀	0.0013	作业本	0.0006
闾丘露薇	0	张泉灵	0.0011
李承鹏	0.00008	人大张鸣	0.0004
王克勤	0.0123	王小山	0.0091

此项指标的数据表现为正偏度分布，"0—2.5％"的数据段出现的频次最多，意见领袖的数据也集中在这个数据段。因此，此项指标也不能作为判别微博意见领袖的指标。

其原因主要为微博每条信息量小，更新快的特点，意见领袖由于拥有众多的粉丝，在面对评论时没有太多的时间与粉丝进行互动，因此在这项指标上的数据表现偏低。

（二）"影响力"各指标数据

1. 平均每天增长粉丝数

如图7所示，此项指标的分布图呈正偏度分布。数据的离散程度比较大，绝大多数微博用户的数据集中在"0—50"区间，意见领袖在此项指标中的数据表现具有显著性。因此"平均每天增长粉丝数"将纳入甄别意见领袖的指标体系中。不过意见领袖之间也存在着差异性，例如"于建嵘""李承鹏""张泉灵"的平均每天增加粉丝数均已超过2000，充分显示了作为微博的意见领袖所具有的影响力。其数值覆盖范围如表7所示。

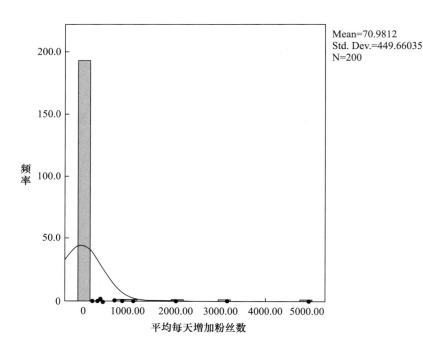

图7　平均每天增长粉丝数

表 7		平均每天增长粉丝数		
意见领袖	平均每天增长粉丝数 （精确到小数点后两位）	意见领袖	平均每天增长粉丝数 （精确到小数点后两位）	
于建嵘	3210.43	五岳散人	205.61	
笑蜀	754.87	作业本	918.68	
闾丘露薇	1098.74	张泉灵	2004.83	
李承鹏	4899.06	人大张鸣	224.99	
王克勤	238.93	王小山	376.20	

2. 抽样时间段内平均每条微博的转发量

如图 8 所示，此项指标的数据分布呈正偏度分布，数据大多数集中在最左端，意见领袖在此指标中的数据表现多集中在分布图的右端，具有显著的差异性，因此微博的转发量是甄别意见领袖的一个重要指标。其中王小山的数据表现比其他意见领袖低的原因，是其在抽样时间段内发微博的频率比较高（抽样时间段内发微博总数在附表中有体现），由于微博及时更新的特性，粉丝的注意力被分散，因此在平均转发量上的表现不如其他 9 位意见领袖。

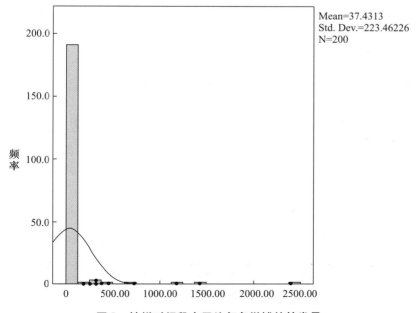

图 8　抽样时间段内平均每条微博的转发量

表8 抽样时间段内平均每条微博的转发量

意见领袖	抽样时间段内平均每条微博的转发量（精确到小数点后两位）	意见领袖	抽样时间段内平均每条微博的转发量（精确到小数点后两位）
于建嵘	1127.54	五岳散人	234.05
笑蜀	262.08	作业本	733.68
闾丘露薇	462.64	张泉灵	1399.57
李承鹏	2423.54	人大张鸣	333.02
王克勤	344.17	王小山	90.81

　　微博中的意见领袖在发表信息和评论时受到了众多粉丝的关注。在多数情况下出于对意见领袖的信任和对信息内容的肯定，粉丝会自发地转发意见领袖的微博进行再一次的传播，就像在现实生活中，人们对于言论有分量的人的信息也会口口相传一样，"转发量"成为意见领袖在微博中具有影响力的证明。

　　3. 抽样时间段内平均每条微博的评论量

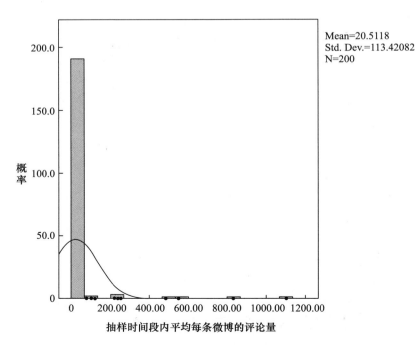

图9　抽样时间段内平均每条微博的评论量

表9　　　　　　　　抽样时间段内平均每条微博的评论量

意见领袖	抽样时间段内平均每条微博的评论量（精确到小数点后两位）	意见领袖	抽样时间段内平均每条微博的评论量（精确到小数点后两位）
于建嵘	542.08	五岳散人	237.62
笑蜀	109.69	作业本	833.81
闾丘露薇	219.88	张泉灵	500.15
李承鹏	1103.18	人大张鸣	238.68
王克勤	106	王小山	49.52

　　此项指标与"抽样时间段内平均每条微博的被转发量"的指标有相似之处，位于分布图最左端的数据出现频率最高。如图9所示，意见领袖的数据表现分散在分布图的右端，具有显著性，并且差异较大。所以微博的评论量也是判定意见领袖的指标。

　　与转发量成为甄别意见领袖的指标一样，粉丝对微博意见领袖的言论积极给予回应，体现出意见领袖在微博中的影响力。

　　4. 抽样时间段内平均每条微博5分钟内评论量

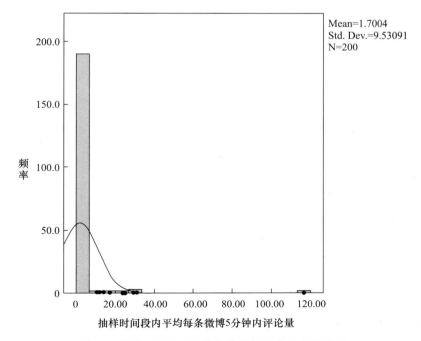

图10　抽样时间段内平均每条微博5分钟内评论量

表 10 抽样时间段内平均每条微博 5 分钟内评论量

意见领袖	抽样时间段内平均每条微博 5 分钟内评论量（精确到小数点后两位）	意见领袖	抽样时间段内平均每条微博 5 分钟内评论量（精确到小数点后两位）
于建嵘	32.2	五岳散人	15.2
笑蜀	24.81	作业本	15
闾丘露薇	31.70	张泉灵	23.84210526
李承鹏	117.04	人大张鸣	31.58536585
王克勤	11.96	王小山	10.90151515

如图 10 所示，此项指标数据表现呈正偏度分布，数据集中在最左端，意见领袖的数据表现具有显著性，微博的 5 分钟内回复量将纳入判别微博意见领袖的指标体系中。意见领袖之间也具有一定的差异性，造成这些差异与博主发表微博的时间有一定的关系。

相对上一项指标，此项指标主要探析的是粉丝对博主微博信息反应的速度，从另一个维度来分析意见领袖与一般微博用户的差异。从数据分布可以明显看出，粉丝对于意见领袖言论的回应速度相较一般的微博用户具有显著差异。其原因除了意见领袖言论的可信度和质量因素以外，粉丝的数量也是一个重要原因，体现出微博意见领袖的影响力各因素也都是相互影响的。

5. 加 V 与不加 V 的百分比数

如图 11 所示，200 个微博用户中，有 10 个博主是加 V 用户，其中有 9 位是意见领袖，其他不加 V 的用户中，"作业本"是意见领袖。因此博主加 V 与否不能单独作为判别意见领袖的指标，但同样也具有重要的意义。

加 V 是新浪微博认证的标志，代表着博主在现实生活中的身份已被证实和确认。在虚拟的网络世界中，加 V 可以增加博主的信息可信度。意见领袖中有 90% 的微博用户属于加 V 用户，从其身份的认证可以看出他们在现实生活中也属于有影响力和号召力的人。例如"人大张鸣"是中国人民大学的政治学教授，"于建嵘"是中国社会科学院农村发展研究所教授，"闾丘露薇"是凤凰卫视的名记，他们在新浪微博意见领袖的地位在很大程度上是现实中意见领袖影响力的一种延伸。

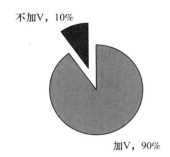

图 11　加 V 与不加 V 的百分比数

　　不加 V 的意见领袖有 "作业本"，至今人们还在猜测他的真实身份，但是他在微博中诙谐的评论，对社会热点事件的独到见解，使得他成为新浪微博中具有影响力的意见领袖。

　　由此看出，即使在微博中有现实身份的认证，但在现实中并不属于意见领袖，那么在微博中也不会形成意见领袖的影响力；即使没有加 V 认证，博主言论内容若具有分量，一样可以成为微博中的意见领袖。

四　讨　论

　　本文根据文献法得出虚拟意见领袖的特征，将其在新浪微博领域内操作化为 11 个指标，再从新浪微博社会民生类 10 位意见领袖出发，另抽取 190 个新浪微博用户，共计 200 个样本，对其在这 11 个指标中的数据表现进行分析，试图探索出一套能够甄别出微博领域意见领袖的指标体系，并对其是否被纳入指标体系中的原因作了分析。

　　经过数据收集与整理后，发现意见领袖在 "粉丝数" "微博的转发量" "微博的评论量" "微博 5 分钟之内的评论量" 这四个指标中的数据表现与其他 190 位微博用户具有显著差异性，所以这四个指标组成了判别微博意见领袖的指标体系。从数据分布表上标出的意见领袖所处区间数值，可以作为在指标体系中甄别意见领袖的取值范围。

　　本文也存在以下局限性：

　　①仅对所有指标的数据表现进行收集和整理，没有对微博信息进行

内容分析，缺少对其他影响意见领袖判别指标的研究。

②由于本文是进行探索研究，社会民生类微博意见领袖的样本量只有 10 个，意见领袖在每个指标中的数据表现比较分散，不是特别集中。这和博主本人使用微博的目的和习惯也有关系。

③微博意见领袖之间在甄别指标体系中的数据表现差异极大，因此没有对可以甄别意见领袖的指标体系中的具体取值范围做界定，只在图表中标出了意见领袖所处的数值区间。

④本文的研究对象主要是社会民生类意见领袖，由于其领域的特殊性，部分意见领袖的微博经常被删，而且被删的微博被二次传播的速度很快，转发量很大。因此这类意见领袖在微博上的实际影响力要大于在本文数据中的体现。

⑤本文的研究只针对新浪微博社会民生领域的意见领袖，其他领域的意见领袖在这 11 项指标中可能会有不同的表现，呈现出不同的特点，但本文没有涉及。

参考文献

[1] 宋好：《微博时代"意见领袖"特点探析》，《今传媒》2010 年第 11 期，第 96 – 97 页。

[2] 余红：《网络舆论领袖测量方法初探》，《新闻大学》2008 年第 2 期，第 140 – 144 页。

[3] 董拓：《新媒介的类型化与意见领袖的确认》，《文教资料》2009 年第 23 期。

[4] 赵立：《团结意见领袖，创新舆论引导模式——从"嬗变中的昆明"网络专家博客笔会谈起》，《青年记者》2010 年第 12 期。

[5] 陈然：《网络论坛舆论领袖的识别与筛选——对凯迪社区的实证研究》，《当代传播》2010 年第 2 期。

[6] 曾凡斌：《重大突发事件中的 BBS 舆论特点与管理初探——对人民网"强国论坛"的个案观察》，《出版发行研究》2006 年第 4 期。

[7] 刘锐：《微博意见领袖初探》，《新闻记者》2011 年第 3 期，第 57 – 60 页。

[8] 毛波、尤雯雯：《虚拟社区成员分类模型》，《清华大学学报》（自然科学版）2006 年第 1 期，第 1070 – 1073 页。

［9］薛可、陈晞：《BBS 中"舆论领袖"影响力传播模型研究——以上海交通大学"饮水思源"BBS 为例》，《新闻大学》2010 年第 4 期，第 87 – 93 页。

［10］柯惠新、祝建华、孙江华：《传播统计学》，北京广播学院出版社 2003 年版。

［11］王珏、曾剑平、周葆华、吴承荣：《基于聚类分析的网络论坛意见领袖发现方法》，《计算机工程》2011 年第 5 期，第 44 – 49 页。

［12］CNNIC 第 66 期《互联网发展信息与动态》。

［13］Sohn Youngju, Opinion Leaders and Seekers in Online Brand Communities：Centered on Korean Digital Camera band Communities, 2005, Master Thesis：The Florida State University, Summer Semester。

［14］Naohiro Matsumura, Yukio Ohsawa, and Mitsuru Ishizuka, 2002, Influence Diffusion Model in Text – Based Communication, The Eleventh International World Wide Web Conference

（原载《新媒体与社会》）

新媒体时代的"心灵捕手"

——产后抑郁患者的媒介使用与赋权研究

◎ 陈秋媚

【摘要】 产后抑郁作为女性精神障碍中最为常见的心理问题，是生物医学、社会心理及精神卫生等领域的一个重要议题。本研究试图从新闻传播学的视角切入，立足于新媒体与健康传播的方向，描摹抑郁妈妈们的命运和故事，追述和展现现实情境下，作为现代生育主力军的中国"80 后""90 后"女性群体历经分娩这一重要生命转折后，而突然面临的特殊生理时期、媒介隔绝的非常态，传统观念流俗与家庭权力游戏的挤压等一系列复杂的生理、心理及社会角色、权力关系等变化因素。通过对赋权理论的回顾与梳理，综合运用内容分析、参与式观察及个案分析等研究方法，对产后抑郁群体线上互动及自我发展的过程等场景进行还原与分析，试图探讨产后抑郁患者这一特殊女性弱势群体在新媒体时代下，如何通过多样化的新兴媒介参与社会互动，并在该过程中实现自我疗救，期冀在未来发展为产后抑郁患者新媒体自救行动研究。

【关键词】 产后抑郁　新媒体　赋权　健康传播

一　引言

产后抑郁（postpartum depression，PPD）是指产褥期发生的抑郁，其临床表现与一般的抑郁（以抑郁、悲伤、沮丧、哭泣、易激怒、烦躁、甚至自杀倾向等一系列症状为特征的心理障碍）相同（DSM－Ⅳ，1994）。近年来，产后抑郁的发病率不断上升，世界卫生组织 2014 年公布的研究数据显示，全球抑郁症的年患病率为 11%，产后抑郁症的患病率为17%。另据2013年相关数据估算，我国约有21.8%的产后妇女存在抑郁问题。随着中国独生子女生育高峰期的到来，作为生育潮主体的"80后""90后"妈妈，正在成为产后抑郁的高发人群；同时，"80后""90后"作为新媒体的主要用户群体，"线上记录""一键分享"等也早已是大多数"80后""90后"妈妈在备孕、孕中甚至产后等阶段常见的媒介使用习惯。因此，她们在历经分娩这一重要生命转折后，遵循传统"坐月子"风俗的"完全隔绝"将有可能成为产后抑郁新的诱发因素。相应地，其身心调适的需求也在一定程度上呈现出与以往不同的媒介需求特征。

由于产后抑郁情绪是一种较为严重的产后情绪低落，不仅会对产妇和婴幼儿的身心健康、夫妻关系、家庭功能及社会功能造成损害，甚至可导致产妇产后精神病的发生，给其家庭和社会带来极大的困扰与负担。目前，关于"产后抑郁症"的研究大多集中于生物医学和精神心理学层面的探讨，而新闻传播学领域，尤其是与弱势群体密切相关的赋权研究也没有关注到"产后抑郁"这个特殊的女性群体。现实生活中对产后抑郁女性患者的关注基本处于知识普及和泛泛而谈的层面，并没有真正深入该群体中进行"深描式"研究。为此，本研究试图从新闻传播学的视角切入，运用赋权的理论工具探讨精神卫生领域的弱势群体，既行"行动"之实，又在理论层面上进行挖掘和深入。即一方面走进产后抑郁妈妈群体进行参与式观察与访谈；另一方面对产后抑郁妈妈群体进行新媒体使用与赋权效果的深入研究与分析。由此进行有益于解决产后抑郁这一社会公共问题，为社会公共精神卫生领域提供可行的新媒体干预渠道的实践性研究。

二　理论与方法

（一）产后抑郁的生物医学视角

产后抑郁症（PPD）由Pitt（1968）首次提出，根据DSM‐IV诊断标准，现指产后4周内发生的抑郁。典型的产后抑郁症常于产后2周内发病，产后4~6周症状明显，病程可持续3~6个月，其症状学方面与普通抑郁症无明显差别，具有疲乏、易激怒、焦虑和抑郁等特征。产后抑郁发病率高，病因复杂，是妇女在产褥期内普遍存在的暂时性心理退化现象，情感脆弱，依赖性强，适应性差，在某些危险因素作用下，易发生精神障碍。

我国抑郁障碍指南中指出，产后激素分泌紊乱是导致产后抑郁发生的重要因素，主要与性腺机能减退以及丘脑下部—脑垂体—甲状腺轴（HPT）的相互作用有关。怀孕期间雌激素水平的增加，使甲状腺结合球蛋白水平增加了150%，导致孕妇体内游离甲状腺素浓度下降，体内甲状腺素较低的孕妇患产后抑郁的风险相对较高。最近的研究还认为，产后抑郁症是一种自身免疫疾病，怀孕所造成的压力开启潜在易患体质人群患病的阀门。

（二）产后抑郁的社会—心理学视角

1. 产后抑郁的心理学理论

近年来，许多人将行为学派的理论与实践引入产后抑郁的理论与实践领域。习得性无助是美国心理学家塞格里曼在1976年提出的关于无助感的创造性理论，他发现不论是动物还是人，在持续的失败情景中容易"学习到"无助的感觉。沃尔普将产后抑郁症描述为三类：境遇性抑郁、生物性抑郁及神经性抑郁，并相信神经性抑郁适合用行为疗法。Beck提出的情绪障碍认知理论，认为认知因素在产后抑郁中占有极为重要的地位，并阐述了产后抑郁的负性思维方式，形成了产后抑郁特征性的认知过程的内容。

2. 产后抑郁的社会学研究

Hara（1996）的Meta分析显示，产后抑郁有7个主要的社会心理危险因素：①没有适当的社会支持；②婚姻关系不好；③目前有负性生活事件；④既往有精神病理问题；⑤产前存在抑郁情绪；⑥出现产科和新生儿并发症；⑦家庭收入低。Lee等在香港华人产妇中进行产后抑郁前瞻性研究印证了没有适当的社会支持，婚姻关系不好，目前有负性生活事件，既往有精神病理问题，产前存在抑郁情绪这5个因素适用于中国妇女。

目前，有关产后抑郁的生物医学、社会心理学方面的研究已有较多成果，但即便是专业人员，对其定义，尤其是如何治疗和干预等问题常常在认识上不统一。争论的焦点在于产后抑郁的本质是生物方面还是心理方面的。

（三）产后抑郁的新闻传播学视角

新媒体技术与赋权是一个崭新的话题，但随着人人可以参与信息生产、发布的 Web2.0 系列平台产生，以聚合、交友、互动为特征的 SNS（Social Networking Sites）和以手机为终端的移动网络的出现及其在各阶层的迅速扩散，一个生成、联结、组合、创造新的社会网络的空间和实践已经开始，并在广大"信息中下层"推广普及（丁未，2009）。同时，丁未指出，"赋权"一词由于其天然的赋予、提升弱势者权力与技能的主旨而常与新媒体技术推广运用中第三世界、边缘群体及女性的发展主题结合在一起。

所谓赋权（empowerment），有学者针对性地发展了一个相对简化的定义：即"边缘群体重新获得（收回）自己应有的权力和主体性，并发展有效地行使权力的能力的过程"（卜卫，2014）。从心理学的个体动机角度上看，赋权是"赋能"（enabling）或是一种"自我效能"（self - efficiency），它源于个体对自主（self - determination）的内在需求，在这个意义上，赋能就是通过提升强烈的个人效能意识，以增强个体达到目标的动机，它是一个让个体感受到能自己控制局面的过程（Conger & Kanungo，1988）。

必须指出的是，"赋权"（empowerment）和"无权（powerlessness）"是密切相关的一对概念。当一个人遇到问题时，没有能力运用资源、知识和技巧解决自身的问题或有效地适应环境时，他就处于无权的状态中（黄德信、丁淑芬，2002）。这种无权并不是指个人本身没有权力，而是指个人权力被剥夺，通常发生在态度、实际的权力和资源等领域（Parson，1951）。这里所讲的资源，不仅包括有形的资源，例如金钱、住所和衣服；而且也包括无形的资源，例如积极的自我概念、认知技巧、健康、身体能力、支持性社会网络等（Hirayama &Cetingok，1986）。无权不仅是缺乏能力或资源的一种状态，而且是一个内化过程。Swift 和 Levin 认为，赋权是一种精神状态、一种对权力的再分配、一个过程以及一个目标（Swift & Levin，1987）。Guiterrez 认为，赋权是一个增加个人权力、人际权力或政治权力的过程，其最终目的是使个人能够采取行动来改善自己的生活状况（Guiterrez，1990）。

综上所述，从个人层面理解赋权，主要聚焦于发展积极的自我意识。要解决问题就要了解问题产生的原因。要实现赋权，去除无权感，就要找到造成无权状态的原因。Sennett 和 Cobb 认为产生无权的原因包括经济的不稳定，在政治领域没有经验，没有获取信息的渠道，缺乏经济资源，缺乏批判及抽象思维训练，情绪压力无法舒缓等（Sennet& Cobb，1972）；Solomon 认为对自己有限的认识和因无权而对自己产生的负面评价是造成无权的另一原因（Solomon，1976）。赋权视角强调个人的主观能动性和潜能，强调个人有能力、有机会为自己的生活做出决定并采取行动（刘梦、陈丽云，2002）。赋权的核心是通过资源的提供、知识和能力的培养，使个人从被动的弱者变成主动的强者（Staples，1990；刘梦、陈丽云，2002）。赋权的目的是去除个人的无权感，增强个人对生活的控制力（刘梦、陈丽云，2002）。

（四）研究方法

1. 内容分析法

内容分析法是传播学研究重要的方法。"内容分析（content analysis）是指对从媒介信息中选出的样本做技术性处理，将其内容分解为若干分析单元，评析各单元所蕴含的事实，并做出统计描述。"这需要对庞大的资讯平台进行指向明确的数据挖掘，并在此基础上进行数据分析，进而得出具有多种可能性的结论。

2. 参与式观察法

为了使笔者的故事得到同类个案的支持，也为了呈现更大社会背景下的同类案例，以使得笔者的个案推陈出普遍性，笔者选择了两个与产后抑郁相关的比较活跃的 QQ 群——产后抑郁心理康复 QQ 群（上海），产后抑郁康复 QQ 群（深圳）进行参与式观察和记录。

3. 个案分析法

本研究以个案分析为主要研究方法之一。这也是参考相关学者对"赋权理论的实践性决定了它在研究方法上更多地采用个案分析法"的探究。① 一些赋权理论和新媒体赋权的研究者还专门提出了"情境分析法"的研究路径，如学者莱帕波特 1987 年曾提出赋权研究必须关注情境、人物、时间（指情景和人物历时性的发展）三要素，即必须考察产生赋权的条件（情境）、人们对是否得到赋权的感受（人物），并尽量采用历时性的研究方法（丁未，2009）。

---

① 丁未：《新媒体与赋权：一种实践性的社会研究》，《国际新闻界》2009 年第 10 期。

三 产后抑郁的媒介呈现
——内容分析概述

为了获得媒体报道对"产后抑郁"的媒介呈现情况，笔者通过慧科新闻，以"产后抑郁""自杀"为关键词，以2011年1月1日到2015年3月25日为研究时段进行相关搜索，共获得576条结果。经过对重复报道及无关报道的剔除，获得366篇媒体报道。笔者就所要研究的相关问题对该366篇新闻报道进行仔细筛选和剔除，得到98篇与产妇产后抑郁高度相关的案例报道，并作进一步分析，得到以下结果：

（1）案例报道中，产妇产后抑郁的平均年龄约为29岁，说明产后抑郁的发生率已经从过去集中在高龄产妇群体[①]逐渐下移到更年轻的女性群体，产后抑郁人群趋向年轻化。其中，产妇年龄最小的为19岁，年龄最大的为41岁。

（2）按照经济水平、城市规模[②]等进行归类和统计，案例发生地为大城市（包含特大城市和超大城市）的约占74.1%；中等城市及小城市约占9.9%；农村约占17.3%。由此可以看出，媒体所关注的产后抑郁案例对象大多为都市女性，而且是经济发展水平较高、人口规模较大的大城市，如北京、上海、深圳等。这也在一定程度上反映了现代都市女性在快节奏的都市生活中，社会支持缺乏及家庭工作等问题使其成为产后抑郁障碍的高危人群。

---

① 狄江丽、赵更力：《产后抑郁病因及发病机制的研究进展》，《中华围产医学杂志》2005年11月，第8卷第6期。

② 根据2014年10月29日国务院以国发〔2014〕51号印发的《关于调整城市规模划分标准的通知》为依据进行划分：以城区常住人口为统计口径，将城市划分为五类七档。城区常住人口50万以下的城市为小城市，其中20万以上50万以下的城市为Ⅰ型小城市，20万以下的城市为Ⅱ型小城市；城区常住人口50万以上100万以下的城市为中等城市；城区常住人口100万以上500万以下的城市为大城市，其中300万以上500万以下的城市为Ⅰ型大城市，100万以上300万以下的城市为Ⅱ型大城市；城区常住人口500万以上1000万以下的城市为特大城市；城区常住人口1000万以上的城市为超大城市。

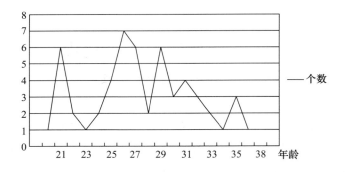

图 1 产后抑郁不同年龄发生人数分布

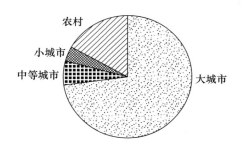

图 2 案例发生地占比

（3）除却未提及案例发生时间的 24 个案例外，剩余 74 个，案例发生具体时间及个数统计如表 1 所示，其直观图如图 3 所示。

表 1 产后抑郁案例发生具体时间及个数统计

时间	个数	时间	个数
1 个月内	15	8 个月 < Time ≤ 9 个月	2
1 个月 < Time ≤ 2 个月	14	9 个月 < Time ≤ 10 个月	2
2 个月 < Time ≤ 3 个月	4	10 个月 < Time ≤ 11 个月	3
3 个月 < Time ≤ 4 个月	6	11 个月 < Time ≤ 12 个月	5
4 个月 < Time ≤ 5 个月	3	2 年	1
5 个月 < Time ≤ 6 个月	8	2 年 < Time ≤ 3 年	1
6 个月 < Time ≤ 7 个月	4	8 年	1
7 个月 < Time ≤ 8 个月	4	10 年	1

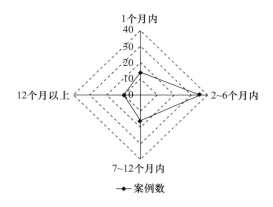

图 3 产后抑郁案例发生时间

　　根据上述统计，可以进一步得知，产后抑郁发生的时间峰值出现在产后的 1~2 个月内，约占个案总数的 39.2%。这与在中国产妇产后一个月内要"坐月子"的风俗以及产妇产后六周内体内激素水平急剧变化均有较高的相关性。

　　(4) 案例发生的原因中（如图 4 所示），家庭原因（包括婆媳矛盾、夫妻矛盾等）占据了主导位置，约占 37.5%；其次是产妇自身的无力感、罪感，约占 32.8%。由此可见，产妇自身的心理素质及家庭支持对于产后抑郁的发生及调适十分重要。

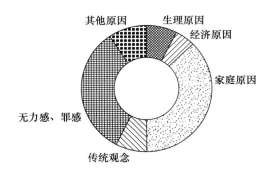

图 4 产后抑郁原因占比

　　(5) 关于产妇选择解脱的方式中（如图 5 所示），选择自杀的有 51 个，约占 52%；选择先杀死孩子后自杀的有 33 个，约占 33.7%；其他方式为 14 个，约占 14.3%。

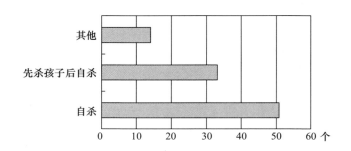

图 5　产后抑郁患者选择解脱方式对比

其中，比较引人注意的数据是有 33.7% 的产妇会选择"先杀死孩子后自杀"，这种被相关专家称为"扩大性自杀"①或"怜悯自杀"②的产后抑郁自杀现象，也是产后抑郁最为严重的后果。如上述提及的合肥一名疑患产后抑郁症的 30 岁年轻母亲杀害幼子后自杀身亡的惨剧。

五　个案分析

（一）"坐月子"与媒介隔绝

坐月子可以追溯至西汉《礼记内则》，称之为"月内"，距今已有两千多年的历史，为产后必需的仪式性行为。③民间传统的做法是：三日之内不准下床，一月以内不许出房门，也不准上街，而只准在室内吃、住。坐月子期间，民间是比较讲究的，主要是要照顾好产妇与婴儿的身体，怕闹出月子病来；因此有诸多禁忌，如不能下地、不能出门、不能开窗、不能吹风、不能洗澡、不能洗头、不能刷牙、不能沾水，连电视也不能看，电脑、手机都不能用。④不少"80 后""90 后"产后妈妈在孕期频繁游走于各大妈妈群、宝宝树、论坛，朋友圈晒照等，产后瞬间被隔绝于所

① 宋崇升：《抑郁低落的是心境》，《北京青年报》2014 年 5 月 24 日。
② 专家：或属"怜悯杀人"，《新报》2015 年 2 月 24 日。
③ "坐月子"，百度百科，http://baike.baidu.com。
④ 谢琳：《产后月子没"坐好"，大妈喝粥 40 年》，《绍兴晚报》2013 年 8 月 6 日。

有媒介之外，成为真正的"闲人"。于是，这许多的禁忌对于习惯于浸润在新媒体环境中的"80后""90后"新妈妈们患上产后抑郁埋下伏笔。

（二）传统流俗与"权力游戏"

在这些新妈妈的讨论中，我们可以看到家庭的权力游戏，在中国传统沿袭已久的"坐月子"禁忌以及婆家必须照顾媳妇"坐月子"的风俗习惯下，对产后抑郁的原因探讨具备了一定的中国情境式的意义。无论是产妇"坐月子"期间的"与世隔绝"，还是只能面对婴儿、照顾月子的公公婆婆产生的各种家庭问题、育儿问题等，都造成了产妇心理的压抑。在笔者所加入的产后抑郁康复QQ群中，也时常有宝妈们讨论喂奶、公婆和媳妇的问题。

（2015年3月14日聊天记录——经过整理）：

> 下—站幸~福：我公婆照顾我时总是喜欢说我。说我这样不行，那样不行的，生怕搞坏他们孙子了！我都快被说崩溃了！
>
> 娃娃）ㄅ呸乖：是啊，又要被人说。自己又不够睡。
>
> 嘟嘟快睡：我已经连续10多个小时几乎没睡过了！我的生活完全被喂奶这件事情给占据了！
>
> 水月皓蓝：天哪，我也是，我一天都无法跟我婆婆相处，我都快疯了！原来其他宝妈也有同样情况，太有共鸣了！
>
> 予缇妈：在没有孩子以前，我也只是个孩子……我也想要别人的理解……
>
> 宝妈月月：什么都不能干，什么都不能碰，我的世界只剩下喂奶，而连喂奶也做不好的时候，我的人生就要在坐月子的时候被埋葬了……

（三）赋权：新媒介聚集强大的精神力量

部分产妇正是因为恢复了媒介使用，才重新回归了常态化的社会交往。同时通过资料搜索，对产后抑郁、产后复健等健康知识及育儿方法有了一定的了解，因此在获得认同、支持、安慰等正面鼓励的同时，她们也对产后的生活有了更加科学理性的认识，对自己的生活重新有了掌控的"权力"，不再是只能听任长辈的"摆布"，也不再是只能"浸泡"在家庭政治权力游戏当中，而是有了更加开阔的空间任凭负面情绪的释放，并接受正面能量的"洗礼"。

从赋权的角度解释，"无权"对个体来说，是一种主观感受，无力感令个体陷入缺少自信、自我责备、自我贬值的负面的自我价值观中。而且，一个人的自我评估与他人和环境之间的作用力是一种互为建构的、连续循环的过程。赋权就是通过弱势群体自身的参与，激发其潜能，令其在更大程度上掌握社会资源和自身的命运，从而实现社会变革。赋权作为一个互动的社会过程，离不开信息沟通与人际交流，所以它与人类最基本的传播行为有着天然的联系。美国著名传播学家罗杰斯等人在《赋权与传播：来自社会变革的组织经验》一文中，明确地将赋权视为"一种传播过程，这一过程往往来自小群体成员之间的交流"。他认为，交流（传播）使赋权得以实现，当交流的过程是一种"对话"（如沟通、辩论、反馈等）时，赋权的效果更为显著；对话是赋权过程的基本构成，个体通过与同伴对话而获得信念；同时，他们强调小团体内的对话可以产生彼此的认同感和掌握自己的生活、促成社会变革的力量感。

在笔者进行参与式观察的 QQ 群里，聚集了众多产后抑郁用户，她们因为共同的疾病、共同的遭遇，通过新媒体平台，从分散的个体变为有组织的一个个小团体，这些小团体能给个体带来精神上的共鸣和认同，并促使个体回归现实情境后能够拥有正面的力量和理性的态度，甚至是参考他人的经验，来再次面对现实的生活。个体在线上开放的空间当中，也得以更便利地结盟。Myers 指出，使用者建立身份以后，便开始与其他使用者互动，延伸既有的人际关系或建立新的关系。产后抑郁康复 QQ 群里的产后妈妈们利用新媒体平台构建与陌生人的"身份认同"，实现各自的赋权，比如以下笔者所摘录整理的线上对话：

（2015 年 3 月 25 日 6：13 ~ 7：10 聊天记录——经过整理）

河北丫丫：@南京 - 金鱼的眼我现在就想什么也不想好好睡一觉啊。

郑州 - 似水流年：我也有几天没有合眼。

南京 - 金鱼的眼：找个地方大吼释放下。

河北丫丫：没地可以喊。胸闷是气的。像压着块大石头，可难受。

天津 - 秋：我对孩子没那么喜欢。

河北丫丫：我也没有那种热情。

Vivian：宝宝是你的宝啊。

河北 - 1205 - 鱼：你宝宝还小。我宝宝一个月的时候我也不喜欢。

河北丫丫：我最怕听见这样的话呢？怎么能不爱呢？那是上天给的礼物。

六 结语

由于受时间、精力和经验等各方面的限制，本文对产后抑郁患者的媒介使用和自我赋权研究只是一个浅层研究。一方面，想要升华出以中国传统文化和现代中国时代背景下的更深层次的意义，还需要更多的理论积累、实践考察。另一方面，理论阐释的不足，调查时间、调查范围、调查对象的限制以及对阐释语境的依赖，对于本研究需要探索的背后间杂着多种复杂原因的产后抑郁存在一定的局限性，且短时间的参与式观察所获得的经验材料是非常有限的。笔者期冀在未来通过更加深入的理论探索、更加丰富的实践调查，对产后抑郁女性弱势群体的社会支持等方面，多角度做进一步的深入研究，并逐渐发展为产后抑郁女性患者情绪疏导新媒体自救行动研究，以期填补新闻传播学在这一领域的空白，也为其他领域的发展研究提供不同角度的参考。

参考文献

［1］程玲：《互助与增权：艾滋病患者互助小组研究》，社会科学文献出版社 2010 年版。

［2］美国精神卫生学：《美国精神疾病诊断标准（第四版）》 Diagnostic and Statistical Mannual of Mental Disorders（DSM - IV），1994。

［3］丁未：《新媒体赋权：理论建构与个案分析——以中国稀有血型群体网络自组织为例》，《开放时代》2011 年第 1 期。

［4］丁未：《新媒体与赋权：一种实践性的社会研究》，《国际新闻界》2009 年第 10 期。

［5］陈红梅：《网络传播与社会困难群体——"肝胆相照"个案研究》，《新闻大学》2005 年第 2 期。

"拍客"对中国公共领域建构的意义探究

◎ 黄诗娴　黄冬驰　郑志艺

【摘要】不同形式的"拍客"是"公共化"风潮的弄潮儿。从最早的社会学学者哈贝马斯所提出的"公共领域"理论出发，在社会发展中引申了公共空间、公共理性、公共权力以及公共知识分子等。"公共化"已经成为新媒体与社会发展这个议题中不可小觑的关键词。本文第一部分梳理"公共领域"相关的概念群，阐述"拍客"在公共领域构建中扮演的角色，及其所具有的未知潜力；第二部分主要对"拍客"的产生及其时代发展特点做详细分析；第三部分是以案例分析法解剖典型的公共事件，明晰"拍客"对公共领域构建的意义；第四部分从宏观角度提出"拍客"所面临的现实阻碍和解决途径并作分析，同时指出在案例分析以及文献分析中发现的新媒体时代下值得深思的"拍客"浮世绘。

【关键词】拍客　公共领域　意义　公共化　新媒体拍客

一　引言

随着网络技术的发展，"博客""播客""拍客"等网络媒体形态层出不穷。其中，"拍客"的兴起为公众提供了一个展现影像的平台与空间，带动了公民新闻的发展，"人人都是记者"不再是奢望。

视频"拍客"丰富了公民新闻的传播手段，缩短了新闻从采制到传播的时间，通过个性化、多样化、高实效化的多种表现方式，完成了自我议程的设置，同时这样的草根"拍客"新闻引起的传播效应使得公众最直接的想法得到快速有效地传达，从某种程度上扩大了其对公共事务、政治的参与程度。

而"拍客"的影响力不仅在于对民主的宣扬与自我意识的凸显，更在构建公共领域的方方面面发挥着重要作用。

二 文献综述

（一）公共领域的概念

公共领域概念最早源于古希腊雅典时代的民主精神，指的是公民通过在公共集市上自由地发表言论并参与公共事务的讨论，以追求永久的美德。①

后来由德国学者哈贝马斯经过多种学科思维综合，整合前人经验，提出完整的理论体系。哈贝马斯认为，"公共领域"是一种独立于政治权力之外，并不受官方干预的社会公民自由讨论公共事务、参与政治的活动空间或场所，其范围包括团体、俱乐部、党派、沙龙、通信、交通、出版、书籍、杂志，等等，这个由"私人集合而成的公共领域"是"一个松散但开放和弹性的交往网络"。②

1. 公共领域概念的界定

在 1962 年撰写的《公共领域的社会转型》出版两年之后，哈贝马斯在一篇题为"公共领域"的小文中对公共领域做出了一个简明扼要的界定：所谓公共领域，首先意指我们的社会生活的一个领域，在这个领域中，像公共意见这样的事物能够形成。它原则上是向所有公民开放的。③

按照哈贝马斯的观点，公共领域有开放性、理性批判性和公共利益性三个特点。

2. 公共领域的要素

公共领域存在的条件是：一个既不依附于国家也不依附于社会的私人领域。因此公共领域的构成必须有以下三个要素：公众、公众舆论、

---

① 哈贝马斯：《公共领域的社会转型》，曹卫东等译，学林出版社 1999 年版，第 131 页。
② 哈贝马斯：《关于公共领域问题的答问》，《社会学研究》1999 年第 3 期，第 35 - 36 页。
③ 百度百科："拍客"，http://baike.baidu.com/view/1327964.htm。

公众场所。

（二）"拍客"

1. "拍客"从何而来

从古至今，中国就流行侠客文化。在互联网图文时代，"拍客"一般用来称呼那些拥有各类相机、手机和数码设备等图像记录工具，拍摄图文影像的人群。这群人没有年龄、身份的限制，他们将身边的事件拍摄下来，将照片通过彩信、电子邮件，或者BBS、博客等网络传播平台与他人分享。随着2006年中国视频元年开始，"拍客"的含义在悄然发生深远的变化，即从图文影像到视频影像的过渡。① 由此，优酷网针对视频"拍客"，提出新"拍客"概念。

"拍客"主要包含两种行为，一种是图片摄影，另一种是视频摄影。通过电子设备对事件进行记录并上传到网上与网民共同分享的人群，我们都可以称之为"拍客"。

（1）硬件发展催生"拍客"诞生

2010年中国互联网络发展状况统计报告中的数据显示，2009年网络新闻使用率为80.1%，用户规模达到30769万人，年增幅为31.5%。② 在今天，手机硬件的高速变革，使得手机的拍照和摄像功能并不亚于普通数码相机或者家庭DV。市场上普通手机的镜头所拍出来的照片一般都能达到500万像素以上。在视频拍摄方面，一些中高端手机的成像质量可高达720P或者1080P，这些硬件功能的大幅提高，使得拍客能够为网民大众提供高质量的图文、影像资料。

（2）软件支持壮大"拍客"的群体

随着"拍客"的不断发展，"拍客"视频数量的增多和视频质量的提高，"拍客"上传的"新闻"图片、网络视频已经成为国内各大电视台素材的主要来源之一。安徽卫视《超级新闻场》几乎都是用网络"拍客"作为信息来源；2011年7月23日温州动车追尾脱轨事件，中央电视台和全国各地媒体曾引用"拍客"第一时间从现场发到网上的图文、影像信息。

2. "拍客"类型及特点

不同的"拍客"，由于关注点、价值取向、兴趣爱好不同，他们所发

---

① 百度百科："拍客"，http：//baike.baidu.com/view/1327964.htm。
② 第25次互联网发展状况统计报告［EB/OL］.http：//tech.qq.com/zt/2010/.

布的东西也大相径庭。根据"拍客"所发布的内容进行分类，大致可以把"拍客"分为三类：娱乐型、公益型、社会监督型。

（1）娱乐型

娱乐型可分为三种类型：第一种是以向大众网民传播自己拍摄的恶搞视频或者图片为主的"拍客"，他们富有想象力，喜欢展示自己，细心观察生活，善于发现生活中有趣的现象或者事情。例如，《大学寝室超级恶搞之〈浮夸〉》《临安中学08平安夜恶搞短剧白雪公主》《哈工大威海四公寓309千手观音》等。第二种是传播庸俗信息的"拍客"，其传播的是色情、暴力等。如《春光乍泄》等一系列偷拍女性隐私的视频或图片，引起社会热议的《虐猫女》《实拍广东学生拳打脚踢暴打一学生》等暴力视频。第三种是发布"奇人逸事"信息的拍客，其作品如《神人！鼻子吸水眼睛喷水》《奇人汉字笔画一眼便知》《牛人模仿多位明星翻唱〈老男孩〉》等。

（2）公益型

公益型"拍客"是一群有社会责任感的网民，他们用极具感染力的图文影像，搭起爱心桥梁，呼唤社会关注弱势群体。如"拍客"作品《老人与狗》，以纪录片形式，记录了一位残疾老人与狗相依为命十一年，梦想到北京的感人故事。热情的"拍客"还把镜头聚焦于留守儿童、农民工及其子女、乞丐、流浪艺人等群体。还有专注于公益事业的，其作品如《保护动物，人人有责》《环境保护从口开始》《你快乐吗?》等视频。

（3）社会监督型

在生活中，有一群公民思想激进，渴望民主与公平公正，他们出于公共利益目的，以个人身份自发调查相关社会事件，然后通过网络等自发性媒体发表调查成果，以影响社会舆论或改变事实结果。① 在"药家鑫案件"、厦门PX事件、"躲猫猫"案、温州动车追尾等热点事件中，传统媒体观点的"倾向性"让"公民记者"开始展现其优势，他们的报道起到了反映社会动态、提高公民参与公共事件的热情和积极性的作用。

这类"拍客"可以说是社会的监督员。《南方都市报》在"文明出

① 李舒沁：《新媒体环境下的公民记者现象》，《第五届全国新闻学子优秀论文评选参评论文》，http://media.people.com.cn/GB/22114/44110/142321/10395429.html。

行礼让日"来临前，组织"拍客"用手机拍摄违规者的行为，倡导文明交通行为。优酷视频《〈无极〉剧组破坏天池景区垃圾遍地》，对电影剧组拍摄过程中给当地环境造成严重的污染给予了痛斥，呼吁有关部门出面解决，体现了"拍客"的舆论监督作用。

3. 传播途径多样化

"拍客"所拍摄的图文、影像主要通过网络方式传播，包括微博、SNS 社区（如人人网、QQ 空间、开心网等）、BBS 和贴吧、博客、即时通信软件等，也可以通过手机彩信发送图文资料，但是手机传播平台不包括视频资料的分享。同时，"拍客"所拍摄的"新闻"资料有一部分还会通过传统媒体传播。

公共领域与"拍客"的结合形式多样。首先，"拍客"所制作的图文、影像作品传播途径非常广泛，它们主要发表在互联网上的视频分享网站、博客、微博、BBS 论坛以及各种网络社区，有时也为传统媒体所转载使用。拍客在制作图文、影像资料后将其放到各种传播平台上发布，对此信息发表意见或参与讨论的人首先是具有独立人格的社会人。①

而"拍客"在采集信息的过程中，他们对不同问题的看法正是自我意识从形成到表达的过程。生活在互联网时代的人们突破了线性的信息接收方式，通过各种信息传播平台等新媒介积极地参与到信息的反馈环节中。"拍客"行为具有间接塑造有独立人格的公共领域参与者的潜力。

作为保障公共领域实现的前提之一，"拍客"传播信息平台包括视频分享网站、博客、微博、BBS 论坛以及各种网络社区。依据形成公共领域的第三个要素即公众场所，围绕某个议题，"拍客"的图文、影像报道可以促成网民在互联网上形成有组织、相互连接的讨论圈子。由此可见，"拍客"行为不仅可以具备哈贝马斯所规定的三个要素，而且兼具内容有深度、思想性较强等优势，因此完全有可能成为新的公共领域的建构力量。本文将对一些公共事件传播过程中"拍客"对公共领域构建发挥的积极作用进行详细分析，以进一步挖掘其在公共领域建构过程中的潜力。

---

① 李佃来：《公共领域与生活世界：哈贝马斯市民社会理论研究》，人民出版社 2006 年版，第 131 页。

三　公共事件中"拍客"对公共领域建构的意义

（一）"小悦悦事件"——推动舆论趋向理性

公共领域正是在具有不同意见和背景的群体展开公共辩论的地方出现。公共领域是公众舆论形成之地，但真正在辩论中折射出来的理性见解只有在观点公共市场上才能体验到自由境界。[①] 公共领域与普通的话语空间的不同之处，在于参与者对话题的讨论除了具备内在的批判意识之外，还能够以理性思辨精神作为出发点，来思考问题、讨论问题。

1. 事件分析

2011 年 10 月 13 日，2 岁的小悦悦在佛山南海黄岐广佛五金城相继被两车碾压。7 分钟内，18 名路人路过但都视而不见，漠然而去，只有拾荒阿姨陈贤妹上前施以援手。当"拍客"将监控录像上传到网络上，立刻引发网友广泛热议。

在"拍客"将视频上传后的几个小时内，网友们在微博上展开了热烈讨论。选取事发后 5 小时内 300 条有效评论作为样本，有 256 条是对 18 位视而不见的路人和肇事司机做出尖锐的评判。随后，有网友对视频中冷漠的男子进行人肉搜索。事发当天，几乎所有言论的矛头都指向了 18 位路人，有些网友甚至对 18 位路人进行人身攻击，舆论一度一边倒地谴责路人，舆论严重失衡。

然而，十几个小时后，网民的舆论焦点却再次转变，他们开始由对事件中 18 位路人的批判转向对中国当今社会道德问题的探讨。选取事件发生 12 小时后 300 条微博评论作为样本，有 291 条是对当下国民素质的批判和反思，在这些评论中绝大多数人以"绝对性"的观点认为中国社会道德严重倒退，社会缺失信任与公德心，对政府和人民抱着消极态度，以偏概全。但此后，"拍客"又再次成为事件的转折点。"拍客"以事件的后期为天然素材，发挥自身"记录身边事"的优势，将一段段原始未加工的视频上传，展示了许多社会爱心人士为小悦悦捐款

---

① 许英、马广海：《关于公共领域与信息时代的若干思考》，《青岛海洋大学学报》（社会科学版）2002 年第 1 期，第 89—96 页。

献爱心的图文、影像资料。全方位多角度的原始记录让网民看后感动不已。许多网友立即发表意见，认为单一事件不能证明一个国家整体的道德状况。

"拍客"在"小悦悦事件"中的作用具有逆反性，"水能载舟亦能覆舟"，因此应该从"小悦悦事件"中有所反思。

2. 推动舆论趋向理性

网络本身具有的虚拟、随意、自由、双向交互的特点，决定了网络舆论呈现出多重性特点。一方面，话语权的解放是网络舆论的真正价值，它让普通民众有了发言的渠道。另一方面，网络媒体作为最具包容性、双向交互性、人性化和个性化的媒介，对立的意见始终存在，虽然一方压倒另一方在主导舆论的发展，但被压倒的舆论则依然储存于网上。总而言之，由网络传媒构成的公共领域是一种全民参与、多方参与和论辩、多元性的新型结构，它不仅应对了大众传播组织或者机构对"理想公共领域"的冲击，而且开辟了重构公共领域的新时代。

（二）"躲猫猫"事件——实现潜在民主

媒介是社会发展的动力，也是区分不同社会形态的标志。当一种新媒介出现的时候，总是会伴随此种媒介将改变政治的主张。相对于传统媒体的公共领域，网络构建的公共领域极大地推进了民主政治的发展。"拍客"这一群体更是在很大程度上加强了社会舆论监督，实现了潜在民主。"拍客"利用网络平台影响公共领域构建的一个很典型的案例便是云南"躲猫猫"事件。

1. 事件分析

2009年2月，云南省玉溪北城镇24岁的男子李乔明因盗伐林木被刑拘，在晋宁县看守所关押11天后死亡。晋宁县公安机关给出的死亡答案是当天李乔明受伤，其与同监室的狱友在看守所天井里玩"躲猫猫"游戏时，遭到狱友踢打并不小心撞墙致死。

2月13日，《云南信息报》首先报道了玩游戏撞墙致死的"躲猫猫"事件。据该报报道，此事被定性为一起意外事件。报道经网络转载以后，立刻引起了网民强烈关注，并产生"蝴蝶效应"。

一周后，云南省委宣传部发出公告：为满足社会公众的知情权，将面向社会征集网友及社会各界人士代表前往晋宁县具体事发地，对"躲猫猫"事件真相进行调查。受邀请的网友带上各种摄影、摄像设备前往晋宁，把他们的所见所闻通过影像资料真实记录下来，于 21 日凌晨，在网上贴出《"躲猫猫"调查委员会调查报告》的各种图文、影像资料，再次引发网上新一轮的质疑。

在网络舆论的强力推动下，"躲猫猫"事件很快引起有关当局的高度重视，在上级公权机关派员督促下，地方当局才被迫交出监控录像，这才使其真相大白，相关人员才受到了行政处理。

2. 实现潜在民主

"躲猫猫"事件中"拍客"调查团的参与，是"拍客"作为舆论监督主体的一次积极作为，"拍客"调查团的亲身参与改变了传统媒体垄断新闻的局势。网民"拍客"调查团的成立反映了网络舆论的力量，也是网络舆论监督逐渐走向成熟和深入的标志。

但是，"拍客"在此事件中带来的也并不全是积极作用。对事件原貌的碎片化呈现，以及不专业的记录和叙说，并不是一个传达真相的最佳途径。而正是"拍客"的不专业性和不权威性成为网友质疑的重点。

虽然"拍客"仍然有待发展和完善，但目前由"拍客"上传的视频已经引起了不小的关注。如在各种视频门户网站，各种暴力拆迁视频充斥"拍客"主页，仅优酷网就有多达 303 条来自全国各地的暴力拆迁事件的视频，点击率超过 1000 次的有 84 条，引发网友高度关注的评论最高的有 844 条，不包括转发到微博、BBS、博客以及各类空间社区的视频评论。在这些评论中有 90% 的网民对政府行为抱有不满，希望政府能够文明执法，妥善解决人民与执法部门之间的矛盾。由此引发了各类媒体对社会上各种暴力执法的关注，《人民日报》也发表社论批评暴力拆迁：政府应先遵守法律。

"任何人可以随时在公开的站点上发表自己对有关事物的意见和建议，也可以直接向主管单位和政府有关部门发送电子邮件。"[1] 网络技术使得信息流动和人们对信息的选择拥有了更大的个人控制权，这为民意表达和公众参与提供了有效的技术手段。从被动到主动，虚拟环境和隐身特性也会刺激网民对政府政策和事务的积极参与。网络传媒为公民提供了更便利、更有效、更有趣的政治参与渠道。

---

[1] 陈卫星：《网络传播与社会发展》，北京广播学院出版社 2001 年版，第 327 页。

(三)"随手拍照解救乞讨儿童"——培育良好的公共话语空间

1. 事件分析

"随手拍照解救乞讨儿童"行动始于 2011 年 1 月 25 日。中国社会科学院学者于建嵘在新浪设立名为"随手拍照解救乞讨儿童"的专题微博,号召全国网民凡是见到街头行乞儿童,就用相机或者手机拍下照片并上传到网络。

十余天时间,有数十万"拍客"参与该项行动,由此引发报纸、电视、广播等传统媒体全面跟进。"拍客"们零碎的、非专业的行动,与公安机关、传统媒体、地方人民代表及政协委员等社会力量结合在一起,迅速形成舆论焦点。

此后一个月内,各地"拍客"集体行动,拍摄并发布到网上的乞讨儿童照片超过 7180 幅,随即引发一场全国范围内的"微博打拐"活动。公安部打拐办主任陈士渠以及北京市公安局等 14 家公安部门陆续开通微博参与打拐,各类媒体及义工团体也不断加入。

"随手拍照解救乞讨儿童"行动持续升温,最终演变成为一场由"拍客"、传统媒体和政府三方之间合力互动的行动,由"拍客"个人行为转化为网络公共事件。从 2011 年 1 月 25 日到 2 月 22 日,微博"随手拍照解救乞讨儿童"的粉丝数量由 7000 暴增至 24 万。

2. 培育良好的公共话语空间

根据哈贝马斯的理解,理想的传媒应该可以"提供开放的公共论坛,尊重弱势社群的发言空间,呈现多元化的报道,以彰显公共领域的精义及多元社会的理念"。[①] 互联网络中的公共领域是对公共理论的巨大突破,"拍客"这项新技术实现了从一点对多点的直线传播方式到多点对多点的跳跃式传播方式。

将网络视为第三次浪潮的未来学家托夫勒指出,"今天传播技术的惊人发展,首次为公民直接参与政治决策带来了令人怦然的多种可能性",网络时代将以"半直接民主"或"直接民主"代替工业时代的代议制"间接民主"。[②]

---

① 哈贝马斯:《交往与社会进化》,张博树译,重庆出版社 1993 年版,第 35 页。
② 阿尔温·托夫勒:《创造一个新的文明——第三次浪潮的政治》,上海三联书店 1996 年版,第 210 页。

好的公共话语应该是理性与情绪兼备，富于交互性，对困难话题也从不畏缩。同时，它也需要同情心。古希腊的思想告诉我们，人类在根本上是脆弱的。富有同情心是一种理性行为。与他人建立纽带虽然不会消灭个人的脆弱性，但它能够使个人在事情出岔的时候与他人分摊风险，寻求相互帮助。①

四 公共场域中"拍客"的不足和对策

（一）公共场域中"拍客"的弊端

1. 虚假性问题

杨保军认为实现新闻真实包括：首先是指新闻传播者实现了真实报道；其次是指真实新闻被新闻收受者准确理解；再次是指收受者相信新闻是真实的、完整的新闻。② 对于"拍客"来说，视频信息的真实性是其获取网民信任，获得长远发展的基本保证。

然而，目前受限于网络技术本身以及网络把关的局限性，在人人都可以传播信息的互联网时代，由于拍摄者媒介素养不足、视频网站管理欠缺等问题，也可能导致虚假信息进入公众视野。

2. 低俗性

新浪"拍客"联盟的一级页面上，提供了点击率最高的"拍客"视频链接。在 12 个视频中，与两性、美色相关的主题达 7 个，占到了58.3%。点击率在 100 万次以上，收视率高居前四位的全是和两性相关的题材。③ 市场经济条件下人们的趋利性让一些"拍客"的思想滑向媚俗。

"拍客"在网站上的身份建构并非单渠道的自我表达，而是包含了一种对反馈的渴望。这会使经典视频传播与网民接受意愿以及网站的商业利益陷入矛盾之中，对于提升"拍客"网站的文化品位是不利的因素。

---

① Nussbaum, Martha. The Basic Social Emotion, Social Philosophy and Policy ［M］. Compassion. 1996: 27 - 58.
② 杨保军：《新闻真实实现的含义与内在要求》，《当代传播》2005 年第 5 期，第 36 页。
③ 王小乐：《论自媒体时代"拍客"的道德自律与人文关怀》，《黑龙江高教研究》2011年第 2 期，第 149 页。

3. 侵犯肖像权和隐私权

记录社会不文明现象，警示其他公民，是社会监督的重要含义。隐私权是公民享有的私生活安宁与私人信息依法受到保护，不被他人非法侵扰、知悉、搜集、利用和公开等的一种公民基本权利。网络视频中偷拍泛滥。"拍客"侵犯公民的隐私权主要是未经授权，擅自公布他人的隐私。如不良"拍客"利用针孔摄像头拍摄上海徐家汇美罗城女厕所内的女性并非法传播，偷拍街头情侣的亲热画面等并在网络广为传播。

部分不良"拍客"的行为侵犯了其他公民的肖像权和隐私权，却难以将其绳之以法。首先，由于"拍客"上传的视频可以随时修改或删除，当"拍客"遇到被拍者因隐私权受到侵犯进行法律诉求时，可以迅速将相关视频删除，这就使得举证产生难度。

其次，由于"拍客"匿名注册，公民在发觉隐私权受到侵犯时无法确定侵权者，增加了执法难度。最后，部分"拍客"对视频的剪辑、制作充满了歧义性和误导性。这导致了当事双方各执一词，让事件扑朔迷离。

（二）"拍客"构建公共领域的解决办法

1. 组建地方"拍客"联盟，提高"拍客"媒介素养

"拍客"应有基本的道德标准和价值判断。"拍客"作品一旦进入公共领域，就不单纯是个人作品了。"拍客"须经谨慎核实并考虑社会效果，提高作品思想水准和艺术含量。通过机构培训与自学的手段提升媒介素养，不仅包括专业技术方面，更包括影视传达的道德素养方面。在记录生活的同时，也应注意维护他人的肖像权和隐私权，避免让"拍客"成为"侵权""流氓"等流毒的污染地。

公民记者并不能取代专业记者，传统媒体有必要对公民记者进行引导，公民记者与专业记者相互补充、相互促进将是今后的发展潮流。电视台和网站要加强管理监督的力度，扮演好"把关人"的角色。传统电视媒体可以有组织地培训自己的"拍客"群体，保证节目每天都能给观众带来稳定、新鲜的新闻稿件。这些培训将使未来的"拍客"队伍更加规范化，并让"拍客"有可能成为媒体未来发展的中坚力量。

2. 拓展传播平台，新旧媒体强强联手

有媒体未来学家预言，到2021年50%的新闻将由受众提供。传统媒体的专业记者数量有限，而来自民间庞大的受众，拥有更原生态的、更

多元的视角。① 大众媒体的介入，使"拍客"的影响力越来越大。为节省制作成本，增加节目的多元化和创新性，许多电视台纷纷开设了"拍客"栏目。一些电视节目中也纷纷采用"拍客"的作品，为观众提供及时、鲜活的画面和场景。公民记者发布的消息冠以"网友曝"刊登在报纸上的情况越来越普遍。手机电视、移动电视等新媒体也为"拍客"作品的多元化提供了平台。

3. 完善立法，建立健全"拍客"机制

开展媒介素养教育，培养更多的公民新闻参与者。媒体也可以与传媒院校合作，给新闻专业学生提供平台。公民记者需要全民的参与，有必要建立针对"拍客"发展和管理的机制，鼓励全民积极参与。要根据我国的实际情况制定我国公民记者可以接受的相关规则，符合我国现实情况的舆论导向，做到既可以让更广泛的公民参与进来，又可以对新闻内容进行调控。②

五　结　论

网络打破了以往传统媒体对"敏感"信息的封锁，使民众能通过互联网直接与执政者交流沟通个人或者集体的想法和诉求，它对政府决策的科学化、民主化大有益处。"拍客"的诞生为我国公共领域的建构提供了一个良好的契机，从微观角度看，它为伸张公民正义等构建了一个良好的渠道。从宏观角度上看，它对我国公共领域的构建具有重要的意义。

"拍客"的崛起，意味着以"拍客"为中心的正与反双效应的出现。如"拍客"文化的凝聚、市场作用的缠绕以及"拍客"群体的异化等现象的出现。"拍客"像是一条延伸线，其一端是优越的向上意义，即不服权威与主流的解构和重建真相的能力，另一端是其天然带有的不成熟所致的向下意义。非专业、不中立、存在不良分子、缺乏媒介素养等问题将成为"拍客"的软肋。这条延伸线将持续延伸，在增加向上意义的同

---

① 周图伽：《自媒体时代的"自"传播特质研究》，《魅力中国》2011 年第 21 期，第 152—153 页。

② 王艳玲、杨静：《公民新闻初探》，《传媒观察》2009 年第 2 期，第 23 页。

时，其向下意义也将不断涌现，亟待解决。

笔者通过调查研究，对"拍客"所能产生的社会积极作用抱有乐观态度。虽然其对公共领域的影响还没有发展成熟，在构建公平正义的"拍客"视频语境和视角、有效协助事件中的弱势方、对肖像权和隐私权的把握等方面尚存问题，但伴随着中国"市民社会"的稳步前进，这一公共平台一定会以各种优势成为民主监督与理性批判的舆论高地。[①] 在社会民主化、法治化进程中承担起更加重要、更有积极意义的社会职能。

参考文献

[1] 哈贝马斯：《公共领域的社会转型》，曹卫东等译，学林出版社1999 年版，第 131 页。

[2] 哈贝马斯：《关于公共领域问题的答问》，《社会学研究》1999年第 3 期，第 35—36 页。

[3] 百度百科："拍客"，http：//baike. baidu. com/view/1327964.htm。

[4] 第 25 次互联网发展状况统计报告 [EB/OL] . http：//tech.qq. com/zt/2010/cnnic25/.

[5] 李舒沁：《新媒体环境下的公民记者现象》，《第五届全国新闻学子优秀论文评选参评论文》，http：//media. people. com. cn/GB/22114/44110/142321/10395429. html。

[6] 李佃来：《公共领域与生活世界：哈贝马斯市民社会理论研究》，人民出版社 2006 年版，第 131 页。

[7] 许英、马广海：《关于公共领域与信息时代的若干思考》，《青岛海洋大学学报》（社会科学版）2002 年第 1 期，第 89—96 页。

[8] 陈卫星：《网络传播与社会发展》，北京广播学院出版社 2001年版。

[9] 哈贝马斯：《交往与社会进化》，张博树译，重庆出版社 1993 年版，第 35 页。

[10] 阿尔温·托夫勒：《创造一个新的文明——第三次浪潮的政

[①] 刘建明等：《21 世纪新闻传播学核心教材》，中国传媒大学出版社 2009 年版，第 121页。

治》，上海三联书店 1996 年版，第 210 页。

〔11〕 Nussbaum，Martha. The Basic Social Emotion，Social Philosophy and Policy〔M〕. Compassion. 1996：27 - 58.

〔12〕杨保军：《新闻真实实现的含义与内在要求》，《当代传播》2005 年第 5 期，第 36 页。

〔13〕王小乐：《论自媒体时代"拍客"的道德自律与人文关怀》，《黑龙江高教研究》2011 年第 2 期，第 149 页。

〔14〕周图伽：《自媒体时代的"自"传播特质研究》，《魅力中国》2011 年第 21 期，第 152—153 页。

〔15〕王艳玲、杨静：《"公民新闻"初探》，《传媒观察》2009 年第 2 期，第 23 页。

〔16〕刘建明等：《21 世纪新闻传播学核心教材》，中国传媒大学出版社 2009 年版，第 121 页。

（载自《新媒体与社会》第四辑）

媒体影响公众环保意识的效果检验

◎ 巫喜玲

【摘要】随着人民环保意识的提升，更多媒体对环保的关注度也日益增加。而媒体对公众环保意识的影响正是本次研究想要探讨的问题。利用电脑辅助电话调查系统，本次研究对市民的媒体接触、媒体环保内容接触、环保认知、环保态度以及环保行为 5 个变量进行了测量，研究验证了媒体对环保意识的促进作用是成立的，但各种媒体的影响存在差异，且受到人口学因素的影响。

【关键词】媒体　环保意识　影响

近年来，绿色、环保的呼声愈来愈高，国家的可持续发展战略要求人与自然和谐发展。而媒体与环保有着密不可分的关系，正如中国环保事业的创始人曲格平所说：没有大众传媒的推动作用，就没有今天的中国环保事业。亚太环境记协主席冈布隆先生曾说，在各国乃至世界的环保事业中，大众传媒充当着桥梁、监督和发动机的角色。

一　国内外媒体与环保意识研究比较

我国有不少关于媒体宣传效果的学术文章，如高丽鹏（2001 年）认为"大众传播绿色新闻和信息的影响力是十分强大和有力的"，而林涵（2001 年）也说"阅读《人民日报》生态建设和环境保护的报道，总是让人觉得有收益和受启迪"。国内的相关研究有一个弱点，就是以质化评析为主，结论比较笼统，没有区分不同媒体的不同影响，也没有进行受众调查，因此一些结论往往不能让人信服。国外的相关研究不少使用量化的方法，从受众角度来考察媒体与公众环保意识的关系，而研究结果也比较"细致"。

如 Besley 和 Shanahan（2004 年）指出，看电视多的人更少关注环境问题，表现得更不相信科学和技术，知道更少的环境知识，更不愿意为改善环境而付诸行动。Besley 和 Shanahan 进一步指出：接触电视和报纸，有不同的效果，表现为比起看电视少的人，看电视越多的人对环境有越大的关注度，越少的参与度，越不可能参与行动。另外，比起看报纸少的人，看报纸越多的人对环境有越小的关注度，越多的参与度。对电视来说，观众可根据兴趣选择看不同的内容，当他们看国内和国际新闻时得到的信息跟看报纸差不多，但如果只看娱乐或是本地新闻的话就跟看报纸很不一样（e. g.，Scheufele 2000 年）。

即使是同一种媒体，呈现的内容也不同。如 Holbert、Kwak 和 Shah（2003 年）的研究把电视节目分为纪实类和非纪实类，纪实类包括新闻和自然纪录片，非纪实类是三种黄金时间段娱乐性质的节目，包括戏剧和喜剧。他们注意到这两种类型的节目呈现的环境内容不同，因而对受众环保行为的影响也不同，其中新闻和自然纪录片对环保行为有正面影响，非纪实类则没有影响。

二　媒体影响公众环保意识的效果检验

（一）媒体影响环保意识的"路径"分析

媒体影响公众环保意识可能是通过媒体上报道的环保事件、公益广告或是环保节目，也可能通过其他与环保主题无关的内容而间接产生影响，这种情况比较复杂，但确实存在。如 O'Guinn 和 Shrum（1997 年）的研究指出电视节目会让人们更加关注物质的丰富。因此，看电视多的人更有可能认为别人比他们自己拥有更多的物品，这种消费观念对环境保护有负面作用。

国外学者也是主要研究了接触媒体和接触媒体上的环保内容（如自然纪录片）这两个自变量对环保意识的影响。如图 1 所示：

媒体对环保意识的影响跟媒体上的环保内容可能相关，也可能无关，因此本文试图从路径①和路径②来做检验。环保意识一般由环保认知、环保态度和环保行为三个方面来体现，本文提出了以下两个假设：

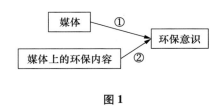

图1

H1：公众接触媒体越多，环保认知、环保态度和环保行为越强，并且公众接触不同的媒体对其环保认知、环保态度和环保行为有不同的影响。

H2：公众接触媒体上的环保内容越多，环保认知、环保态度和环保行为越强，并且公众接触不同媒体上的环保内容对其环保认知、环保态度和环保行为有不同的影响。

（二）验证方法

2007年中华环保世纪行的主题是"推动节能减排，促进人与自然和谐"。因此，中央和地方，包括深圳媒体都有大量关于节能减排的宣传和报道。结合2007年深圳节能减排的环保宣传时机和深圳的特殊情况，笔者利用电脑辅助电话调查（CATI）系统，成功调查了304位年龄为16—70岁的深圳市民（指现阶段居住在深圳市6个区的所有人），属完全随机抽样调查。

研究主要测量了5个变量，如下所示：

1. 媒体接触：指市民使用电视、报纸、网络的频度，考察方式为四分量表：从来不看，偶尔看，经常看，每天都看（以电视为例）。

2. 媒体环保内容接触：指市民接触电视上、报纸上、网络上和户外媒体上环保内容的频度，考察方式为五分量表：从来没看到，偶尔看到，不确定，经常看到，每天都看到（以电视为例）。

3. 环保认知：指市民对媒体上大量报道的深圳有关节能减排的事件的认知情况，由7个问题组成：节能减排行动；公共交通周及无车日活动；国标油正式退出深圳市场，全市统一供应硫含量少的"深国Ⅰ-Ⅱ"油；全国七大城市著名景观，包括深圳世界之窗，同步熄灯半小时的"能源紧缺体验"活动；深圳热电厂燃烧重油引起的黑雨事件；汽车尾气

是深圳首要的大气污染源;深圳一些海域由于水质污染严重出现过赤潮
(红潮)。考察方式为:0 = 不知道,1 = 知道,合并成为一个累加量表。
信度系数 = 0. 579。

4. 环保态度:指市民意识到环保重要性、必要性及紧迫性的程度,
由三个问题组成:"先提高深圳整体生活水平再谈环境保护","科学技术
能解决所有深圳环境问题","深圳发展经济比治理环境问题更重要"。考
察方式为五分量表:很同意,比较同意,不确定,不大同意,很不同意。
信度系数 = 0. 736。

5. 环保行为:指市民在日常生活中节能减排的习惯和对节能减排的
关注,由 6 个问题组成:关注深圳的空气质量报告;假如有小车的话,
选择乘坐公共汽车、地铁等绿色公共交通工具;对生活垃圾进行分类处
理;对自来水循环利用;对纸张双面使用;使用节能产品。考察方式为五
分量表:从不,极少,不确定,有时、偶尔,经常。信度系数 = 0. 601。

(三) 检验结果

1. 总体检验

对于路径①,研究从总体上验证了接触媒体与环保认知、环保态度
和环保行为有显著性正相关,即接触各类媒体总体上有助于环保意识的
提高,这个结论跟国外学者 Lomborg (2001 年) 的观点是一致的。

对于路径②,研究从总体上验证了接触媒体上的环保内容与环保认
知、环保态度和环保行为有显著性正相关,媒体的环保宣传增加了人们
对环境问题的了解,达到了一定的说服目的,从而肯定了媒体环保宣传
的正面效果。这个结论跟国内很多质化评析文章的结论是一致的。如表 1
所示:

表 1

自变量	因变量		
	环保认知	环保行为	环保态度
媒体接触	0. 422 **	0. 258 **	0. 255 **
媒体环保内容接触	0. 539 **	0. 227 **	0. 321 **

** P < 0. 01. N = 304。

2. 不同媒体效果差异检验

国外学者主要考察的是电视和报纸两种传统媒体。环保宣传有其特

殊性，随着网络和户外媒体的发展，它们在环境议题传播方面起着怎样的作用，研究很少涉及。本研究关注的媒体更为广泛，除了电视和报纸，还包括网络和户外媒体。而对于不同媒体，本研究验证了它们对环保意识的影响效果存在明显差异。具体表现为以下方面。

报纸环保内容对环保认知的影响最大，其次依次为网络环保内容、电视环保内容、户外环保内容。报纸对环保认知的影响最大，其次为网络，而电视对环保认知几乎没有影响，如表2所示：

表2

影响因素	环保认知		
	标准回归系数	t	p
电视环保内容	0.19	3.611	0.000
报纸环保内容	0.24	4.368	0.000
网络环保内容	0.22	4.274	0.000
户外环保内容	0.16	3.034	0.003
电视	–	–	–
报纸	0.383	7.453	0.000
网络	0.225	4.375	0.000

报纸环保内容对环保态度的影响最大，其次为户外环保内容，而网络环保内容和电视环保内容对环保态度都几乎没有影响。报纸对环保态度的影响最大，其次为网络，而电视对环保态度几乎没有影响。如表3所示：

表3

影响因素	环保态度		
	标准回归系数	t	p
电视环保内容	–	–	–
报纸环保内容	0.149	2.519	0.012
网络环保内容	–	–	–
户外环保内容	0.137	2.311	0.021
电视	–	–	–

续表

影响因素	环保态度		
	标准回归系数	t	p
报纸	0.188	3.384	0.001
网络	0.178	3.195	0.002

户外环保内容对环保行为的影响最大，其次为电视环保内容，而报纸环保内容和网络环保内容对环保行为都几乎没有影响。报纸对环保行为的影响最大，其次为电视，而网络对环保行为几乎没有影响，如表4所示：

表4

影响因素	环保行为		
	标准回归系数	t	p
电视环保内容	0.193	3.478	0.001
报纸环保内容	–	–	–
网络环保内容	–	–	–
户外环保内容	0.222	4.015	0.000
电视	0.123	2.170	0.031
报纸	0.227	4.020	0.000
网络	–	–	–

3. 人口学因素的影响

由于媒体环保内容接触是影响环保认知、环保态度和环保行为的因素，本研究还考察了不同人群媒体环保内容接触在程度上存在的差异，表现为以下方面。

年龄、户籍和所住区域影响电视环保内容接触。就深圳市民的电视环保内容接触来说，年龄越大，通过电视接触的环保内容越多；深圳户口的群体比外地户口的群体多一些；住在关内的群体比住在关外的群体多一些。

性别、文化程度影响报纸环保内容接触。就深圳市民的报纸环保内容接触来说，男性市民比女性市民稍微高一些；文化程度越高，通过报纸接触的环保内容越多。

性别、年龄、文化程度、职业分类影响网络环保内容接触。就深圳市民的网络环保内容接触来说,男性市民比女性市民稍微高一些;年龄越大,通过网络接触的环保内容越少;文化程度越高,通过网络接触的环保内容越多;学生群体比退休人员和待业、无业人员两个群体都多一些,有职业人员群体比退休人员和待业、无业人员两个群体也多一些,而待业、无业人员比退休人员多一些。

文化程度影响户外环保内容接触。就深圳市民的户外环保内容接触来说,文化程度越高,通过户外媒体接触的环保内容越多。

不同人群媒体接触在程度上也是存在差异的,可以做类似的数据分析,在这里只是起一个抛砖引玉的作用,目的在于说明媒体与环保意识的关系还受到人口学因素的影响,而这一点在国内研究中也常被忽视。

三 结论与讨论

传媒效果研究早已指出媒体在某些方面能有效地影响受众的认知、态度和行为。本文从实证角度,用量化方法验证了媒体与环保意识两者之间的关系(H1 和 H2),为相关研究提供了有益的补充,特别是在研究方法上。研究验证了媒体对环保意识的促进作用是成立的,但各种媒体的影响存在差异,而且还受到人口学因素的影响。

就传统媒体来说,报纸对环保意识三个方面的影响力要大于电视。网络作为环保宣传的新阵地,对环保认知、环保态度的影响力不可忽视,这可能跟深圳的网络普及率有关系。户外环保内容对环保行为的影响力大于其他三种媒体,对环保认知和态度也有一定的影响力,因此深圳市政府应该在公共场所做更多"节水、节能"之类的环保宣传。

本研究只是证明了媒体和媒体的环保内容确实对深圳市民的环保意识起到了一定的促进作用,但它们是如何影响环保意识的、作用机制如何、不同媒体上的环保内容和不同媒体对环保意识三个方面的影响力为何不同,这些问题非常复杂,离不开对受众的深度访谈和对整个社会环境的考察,有待于后续研究。这项研究的问卷调查因是在深圳节能减排环保宣传比较集中的时期开展的,因此媒体宣传效果可能只是短期效果,长期效果是否也如此，值得思考。

参考文献

［1］王莉丽：《绿媒体——中国环保传播研究》，清华大学出版社 2005 年版。

［2］闵大洪、陈崇山：《浙江省城乡受众接触新闻媒介行为与现代观念的相关性研究》，《新闻与传播研究》1991 年第 3 期。

［3］卜卫：《大众传播对儿童的社会化和观念现代化的影响》，《新闻与传播研究》1991 年第 3 期。

［4］高立鹏：《大众传播对我国绿色事业的影响》，《中国林业》2001 年第 22 期。

［5］林涵：《为重视生态建设呐喊导引——兼评人民日报的环境保护报道》，《新闻战线》2001 年第 1 期。

（载自《新闻爱好者》2008 年第 8 期）

媒体融合时代下"职场类真人秀"节目的话语博弈初探

——从李开复发起万人投票抵制《非你莫属》说起

◎ 陈丽娜

【摘要】继 2012 年 1 月 10 日张绍刚和"海归"选手刘俐俐在"职场真人秀"栏目《非你莫属》起争执之后,同年 5 月 21 日从法国留学回来的郭杰和张绍刚在节目中再起异议,张直面称郭"你是在演戏吗?"此期节目播出以后,立即在网上引起了热烈的讨论,包括主持人张绍刚也自称是用语言暴力伤害了选手。5 月 30 日,在法国留学生请求创新工厂总裁李开复帮助后,李开复在微博中发起投票抵制《非你莫属》栏目,近 30 万网友参与投票抵制《非你莫属》,要求栏目道歉。为什么此档节目屡次被推向风口浪尖?在其中,李开复的参与对栏目最终道歉起到了什么作用?

本文对刘俐俐和郭杰两个求职者在栏目中的求职视频做相关的文本分析,结合文化研究的观点,从权力博弈的角度分析传统电视真人秀节目与网络上的讨论之间几方话语的博弈平衡关系。

【关键词】媒介权力 新媒体 博弈

一 引言

天津卫视《非你莫属》栏目创办于 2011 年 4 月,成为继江苏卫视《职来职往》栏目之后的又一大"职场真人秀"节目。《非你莫属》自开播以来,收视率连续增高,在 7 月份全国 35 个中心城市的收视率高达 1.21,在同时段省级卫视排名中,与湖南卫视、东方卫视、江苏卫视的娱乐选秀栏目分列前四位，深得观众喜爱。然而回顾近半年的节目，《非你莫属》屡次被推向舆论的风口浪尖。

2012 年 1 月 10 日，"海归"刘俐俐因"英雄双行体"和"祖国"等称呼与主持人张绍刚意见不同而起争执，引起网友热议。而四个月后，同样是"海归"的郭杰在节目中因为法国留学文凭问题与主持人及"波士团"的几位评委的对话再次被网友讨论。郭杰在栏目中被称"演戏"。创新工厂总裁李开复闻得此事后，于 5 月 30 日在微博上发起"万人抵制《非你莫属》"的投票，要求栏目道歉。30 多万网友参与了投票，有94.2% 的网友支持抵制《非你莫属》。《非你莫属》栏目瞬间再次成为众人津津乐道的话题。单是微博上的讨论就高达 1247512 条。有报道称，李开复伺机炒作自己，同时也是被消费了。就栏目来说，李开复和《非你莫属》栏目组，孰胜孰败暂不讨论。而栏目多次被网友所讨论，其除了要遵从真人秀栏目的商业原则和服务原则外，还有哪些原因影响着这些讨论？

笔者将栏目涉及的几方的话语博弈作为探究当下媒介文化的一个切入点，并通过此切入点分析栏目中的冲突话题文本，从参与栏目的对话分析在媒介融合时代的语境下话语权的博弈生态。

二 由栏目中三方的对话看其间的权力关系

从"职场类真人秀"《非你莫属》的定位来看，它的目标是将求职的真实场景搬到荧幕上，经过个人展示、评委互动提问等环节，评委以选择亮灯还是不亮灯给求职者打分，即留下还是离开，求职成功还是失败。

栏目中构建对话的几方由 12 位来自职场的招聘经理或总裁、主持人张绍刚，《非你莫属》的场外第二主持、咨询师，还有选手三方组成，通过三方的对话形成情节叙事从而构成三方的对抗关系。这也正如福柯所说，对抗关系之间的差异构成权力的对抗。权力体现不平等的利益关系，是通过斗争和抗衡在两方关系中发生效应。

对话意味着差异的存在，在与刘俐俐和郭杰的对话中可以看到：

（一）主持人张绍刚

冲突一：

张绍刚：不，你可以不在乎，我无所谓听懂听不懂，但是你说莎士比亚创制了一个叫英雄双行体。（已经受到了"攻击"和"冒犯"）

张绍刚：稍等，稍等，稍等，刘俐俐。为什么我在和你沟通的时候，我浑身一阵一阵的犯冷呢？（刘的眼神）（下定义，刘让张感到不舒服）

张绍刚：我很少和我的朋友沟通说，hello，你觉得中国怎么样？这是我们自己的国家，我们待在自己家里面，还需要用大写来称呼吗？（你不应该这样称呼祖国，是不礼貌和不对的）

张绍刚：你刚才这个交流方式又让我觉得有点冷。第一，放松；第二，正常聊天，正常聊天。好接着说你的经历。（你刚才不正常，是太紧张了吗？）

张绍刚：我不知道是我的问题你听不懂呢？还是我哪个问题伤害到了你，使得你开始具有了攻击性。（太具有攻击性，已经冒犯了我。）

张绍刚：我很少对一个求职者失去兴趣，各位请提问。（我对你无话可说，你让我失望。）

张绍刚：你听到声音的这个位置是导演的位置吗？观众只是问了一下，灯全灭了吗？你就又愤怒了。（你一直在愤怒，带着对我们的愤怒说话。）

张绍刚：当然任何人对你的话提出质疑的时候，你的眼神里都会流露出来恨和嘲讽、目露凶光。（我们的质疑使得你眼神里总是透出恨。）

冲突二：

张绍刚：文颐帮我们考一下法语。（帮我们验证一下他的法语水平。）

张绍刚：虽然我听不懂，但他好像说了四遍了。好了好了。他是个什么状况啊。（说了四遍，都没听懂，法语不好。）

张绍刚：我又说不该说的话，我强调一遍，我不愿在这个平台上做一个很费劲的工作叫打假和辨真伪。那个过程会使得咱们彼此双方处于特别不坦诚的，处于彼此试探的状态。你也不舒服，我也不舒服。但是我现在愿意把这层窗户纸捅破，原因是社会学很难念。（你是在骗人，我不想打假。）

张绍刚：你告诉我，你一年，拿到了一个社会学的本科。拿到了一个社会学的本科，你刚说的。你不知道社会学法国大家的名字。（多处都证明你说谎了。）

张绍刚：给我介绍一下，法国有个著名的导演叫戈达尔。（测验下你的知识，如果还不知道，那真的就是说谎了。）

从张绍刚和刘俐俐、郭杰的对话可以看出，张作为语言的权威者处于审判者的地位，"单声"强调选手的不礼貌、不正常，指认郭杰的造假。在这档栏目中，张绍刚原本应是作为贯穿节目的使者，但从上述文本中可以看到主持人是在用自己的价值取向来影响节目的进程，一方面违背了节目定位的职场真人秀节目的本质，另一方面通过自己的价值观来评判选手。"我很少对一个选手失去兴趣"，张绍刚对刘俐俐如是说。

（二）波士团评委

冲突一：
评委一：咱们都微笑一点。微笑一点。（放轻松，缓解刚才的不正常。）
评委二：你知道最有意思的是什么，她的凶狠、蔑视之后0.1秒钟就会变得非常温柔。我都被吓到了。（凶狠和蔑视之后还装作无辜，很可怕。）

冲突二：
评委：没有，其实我只是问他，因为他学的高端旅游嘛，所以我问的是在这个高端旅游的市场，中国和法国的市场有什么不同？但他给我讲自由啊，因为我在讲MARKETING，不是文化的东西。（他的法语水平不好。）

评委：他在法国生活10年的话，确实我觉得（一般），确实我只生活了那么几年，觉得（差不多），你一直在巴黎，是在南部？还是在什么地方？（他的法语水平不好。）

评委：恕我直言哈，如果你要是读哲学这一类的专业，它要求法文的基底是非常非常高的，而且（它的很多）你要非常熟知它的（这种）背景，包括文化，而且很多是很难读的。因为我有朋友读这个，读了很多年都没有毕业，所以我不知道您能够在法语这种状况下，这么快就能轻松毕业。（你对法国的毕业不太了解。）

评委：我是学社会学的，法国的社会学是非常好的，你跟我说法国最有名的几位社会学家的名字。一位都可以，就说一个。（你说出来可以证明你的学历是真的。）

评委：因为如果你是的话，法语会是 MASTER，他给你的证书里面会有 MASTER。（这个分明不是硕士学历，你在造假。）

波士团的评委作为整场节目的评委是由来自职场的 12 位经理或总裁组成。在上述对话中，评委的话语是受主持人张绍刚所主导，是出于被动的对话角色。进一步探究其原因，从栏目的设置上来看，节目的第一环节"自我介绍"由主持人和选手的对话构成，已为后面两个环节"天生我有才""谈钱不伤感情"提供好了语境。

（三）场外主持徐睿

冲突一：
场外主持：表情也太虚张声势了吧。马上就炸了，呈现出攻击性。心理素质太差。（心理素质差，攻击性太强）

冲突二：
场外主持：目前他的履历的状况就跟他今天的穿着一样，过度的修饰，过度的包装。现在该是他脱掉外套的时刻了。（你的学历和外表过度修饰，不够真实。）

场外主持徐睿在选手"自我介绍"环节对选手追加评论，以此来加强效果。而从场外主持的评论来看，通过评论将自己的价值观表达给在场外收看节目的观众。

（四）选手

冲突一：
刘俐俐：因为在那边，就是说费用稍微有一点高，然后我在新西兰

待了 3 年。回国后我就觉得中国变化好大。我要是再留在新西兰，我就会傻掉的。因为那边的节奏太平缓了。（矛盾的引爆点）

刘俐俐：你是在生我的气么？（我刚才冒犯你了吗？）

刘俐俐：那请问你和别人称呼的时候，你都说我的祖国吗？（你在所有场合都是如此正式吗？）

刘俐俐：哦，我以为在这里要用很书面的语言，所以我才用敬语的。比如说我对您称"您"。（书面语在这种正式场合不可以用么？）

刘俐俐：你可以给我出题啊。（我文笔确实很好）

刘俐俐：刚才脑子就很快啊。（我脑子转得快，刚才已经证明了。）

冲突二：

郭杰：是这样。忘记了，当时确实有背过。（我可能是忘记了。）

郭杰：哎，不好意思，我真的是晕倒了。（我刚才晕倒了。）

郭杰：张老师和（那些）各位评审点到的一些东西我没有想到，那肯定就是完蛋了。我觉得自己实际上是挺可悲的，你知道吗？我明显感觉到，我千万别晕倒了，晕倒了第一让人感觉我还是装的。然后，第二，一下就空白了。然后他说，你是在装的吗？我才意识我倒了一下。不过，没关系，应该是没有事儿的，确实是一个压力吧，确实是一个在场的压力。我最真实的感受是肯定是崩了，而且这个对我的人生来说肯定是一个特别大的打击。那你说我该怎么办呢？So 再努力吧，还好，就是真的学的这个，然后呢？希望能做一些东西，来证明吧。（问的那些东西我都没有准备，没想到会问到这些问题，我没有装，以后能努力吧。）

从上述文本来看，刘俐俐的态度虽比郭杰略显强硬，但也难逃主持人张的反问和否定。选手在对话中表现出自己优势面的同时还要不断平衡来自主持人、评委的提问和反击。

福柯认为，话语不是自生自灭的，它受到社会程序的制约，这些程序最为人所知的是排斥程序。排斥程序最主要的表现方式就是禁止，它是指有一些话语是被允许的，有一些是被禁止的，意即有些话是可以说的，有些话语是被完全禁止和不被允许的。控制程序的主体被看作权力的主体。

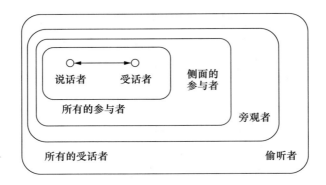

图 1   源自：《新闻话语对话性的文本分析与阐释》①

　　由图 1 可以看出，在栏目《非你莫属》中，主持人张绍刚通过热点话题"海归"求职构造话题冲突，使得整个节目贯穿以下定义、审判的语气，用一副主人的身份对选手发问，用"这样叫祖国"等语句隐喻选手的不礼貌和"作假"。说话者张绍刚与受话者选手以及 12 名评委构成一个话语群。侧面参与者场外主持徐睿则是作为侧面的参与者追加了选手和评委、主持人的对话。而亮灯环节的时间控制也是由张绍刚来把握。

　　栏目《非你莫属》可被看作为布尔迪厄所说的一个小型场域，它涉及知识、经济资本流通。在栏目《非你莫属》所构成的文化场域中，主持人张绍刚在场内主导着话语的走向，他和波士团的评委、选手构成三方权力关系。而主持人所代表的电视节目的话语主导着波士团的评委和场外主持，所以就栏目内部权力关系来说，实则是栏目和选手的两方对决，即传统媒体代表的话语权占上风位置。

三　媒介融合时代下"职场类真人秀"
栏目权力博弈的转型

　　对话的进行代表着力量的权衡和博弈。除了在《非你莫属》场内的对话权力的博弈之外，互联网也提供了可供讨论的场所。与传统媒体相

---

① 赖彦：《新闻话语对话性的文本分析与阐释》，博士学位论文，南京师范大学，2011 年。

比，网络不仅提供了公众表达交流的机会，还构建了一个打破了等级次序，颠覆了传统权威的空间。在此空间里，每个言说者都是平等的权利主体，都具有质疑、论辩、表达的权力，而不论言说的内容是对还是错。因此网络公共领域是哈贝马斯理论中的最为理想的交往空间及公共领域，其形成的公共舆论最能体现社会大众的民意。① 从郭杰"晕倒门"看，创新工厂 CEO 李开复在微博中发起万人投票抵制《非你莫属》使得对话不局限于栏目内部几方参与者，同时涉及微博博友、精英话语以及主流媒体对其报道，从而改变了话语的态势。

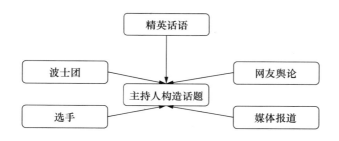

图 2　主持人主导叙事，其他参与者补充叙事

李开复通过微博发起抵制栏目的投票，截至 6 月 6 日，有 320329 人参加投票，94.1% 的博友投票给"我抵制《非你莫属》，直到节目道歉整改。"（如图 3 所示）

同时，笔者搜集了媒体关于郭杰"晕倒门"的报道共 28 篇，其中来自新华网和《人民日报》的报道有 6 篇。从这些报道中，笔者发现郭杰"晕倒门"在李开复发起"抵制"投票后深受媒体关注。事后，法国留学生也一同参与抵制活动，在优酷网上传视频，批评《非你莫属》栏目，并致信广电总局，要求栏目道歉；而质疑郭杰文凭的评委文颐的学历也同受质疑，其公司的网站也遭受攻击。

从报道来看，笔者总结出以下几种观点：1. 抵制栏目整改；2. 李开复有炒作之嫌；3. 事件最新走向；4. 张和李价值观不同，网络环境也放大了问题的严重性，同时节目体现了社会现实，不一定需要整改。而认

---

① 　方曙光：《网络公共领域及其二重建构》，博士学位论文，上海大学，2009 年。

为节目要整改的报道占 16 篇，占报道 28 篇总数的 57%。

图3 新浪微博投票榜

在凤凰网站上，还有对此事件的投票。其中，52.6% 的网友认为"栏目靠争议性博得收视，道德底线下滑"；71.05% 的网友认为"李开复的抵制是争议性，对栏目的行为恕不可赦"；72.05% 的网友认为"赞成李开复的抵制，过度娱乐化的栏目应该抵制"；38.81% 的网友赞成"《非你莫属》整改，抛开娱乐向专业化靠拢"。（如图4所示）

从媒体报道和发起的投票来看，网络技术的支持为事件的走向提供了变化的契机。越来越多的网友参与到该事件的讨论中。拥有强大公共话语权的电视在微博时代接受来自各方的挑战。电视所影响的价值观被人们拿到公共领域进行讨论。伊尼斯曾经说过，媒介的不断发展是处于时间维度和空间维度的不平衡中，而对于媒介融合的当下，我们看到了不同话语之间通过讨论来达到一种平衡。

在事态发展的过程中，李开复身为创新工厂 CEO，他的抵制意见也代表着一种精英话语。① 精英文化在价值导向上，宣传社会理想、真理、

---

① 樊莹莹：《网络文化的权力关系及其运作》，硕士学位论文，吉林大学，2011 年。

正义和伦理性；在审美趣味上，注重审美价值、严肃性和独创性；在文化功能上，以社会教化、价值规范为己任。有留学生在采访中说到，是自己把节目中留学生受到不公平的对待告诉李开复，希望李开复能够帮助。权力是具有生产性的，精英话语所代表的知识权力在该事件中也得到了体现。李开复在采访中说，栏目的定位虽是提供专业的职业指导，但在栏目中却传递着负面的价值观，一定程度上造成了留学生求职过程中的负面印象。

1. 你怎么看《非你莫属》栏目口水所体现出的问题？
   ○ 电视节目过度娱乐化，缺少专业气质
   ○ 栏目靠争议性博收视，道德底线下滑
   ○ 栏目凸显当今企业雇佣矛盾日趋僵化
   ○ 体现现代人职场心态，揭假学历现象

2. 你如何看李开复呼吁观众集体抵制《非你莫属》的行为？
   ○ 有正义感，对栏目的残忍行为怒不可赦
   ○ 善于炒作，借助公众舆论成就自身知名度
   ○ 没事闲的，隔行如隔山插手电视界多管闲事
   ○ 商机无限，IT巨子或有机会趁热打入电视界

3. 你是否赞成李开复所提出的抵制《非你莫属》的行为？
   ○ 赞成，对于过度娱乐恶俗的电视栏目应该抵制
   ○ 不赞成，纯粹正统的求职节目，收视率会好吗？
   ○ 无所谓，看这类节目仅仅为了解闷，真假不重要
   ○ 不置可否，反对恶俗但又觉得有趣，尺度很重要

4. 你希望看到的《非你莫属》栏目与李开复的口水战结局是？
   ○ 该栏目停播，以至于各类过度娱乐的栏目整改
   ○ 《非你莫属》整改，抛开娱乐向专业化靠拢
   ○ 维持现状，毕竟公众更像看到娱乐感强的栏目
   ○ 更换主持人，李开复接棒主持《非你莫属》

图 4   凤凰网娱乐版块调查

因此，在事件中，我们可以看到主流话语对其他文化形态进行归训和约制，在集体参与中被不断讨论和消解，在寻求话语合法化的同时"精英话语"或形成的意见领袖影响了话语导向。

在最新的报道中我们看到，评委文颐放弃了自己的坚持，选择道歉，并注销了自己的微博。而张绍刚说："错的自己会改，但是该坚持的，还是会继续做下去。"

四　"职场类真人秀"栏目权力博弈的背后

纵观我国媒介发展的道路，"四级办台"的政策影响了电视媒体的话语走向，取消后市场化要素的冲击为传统媒体——电视带来了竞争。作为娱乐化工具的电视①，一方面要顾及国家意识形态的渗入，另一方面又要为收视率的提升而做考虑。栏目《非你莫属》的制片人在采访中说，天津卫视此前一度名声平平，《非你莫属》栏目是考虑到当下求职难的因素后精心策划的。因为此节目的播出，收视率也一度上扬。在尊崇收视率为上的电视栏目背后，招聘公司、选手、主持人分别代表着不同的利益群体，经济资本和文化资本之间不断转换。

资本的转换影响了意见的偏向，使之形成了两派抗争。一边以李开复为代表，支持的还有海外留学生、受众的投票以及占据57%的媒体意见；一边是栏目《非你莫属》，支持者有主持人张绍刚，波团的评委，小部分受众和媒体意见。根据布尔迪厄权力场域和资本关系图（图5）可以看出：

布尔迪厄认为，权力场域同时涉及原场域的阶级利益。在意见的两边，原有的资本也影响了意见的流向。从李开复与《非你莫属》栏目的资本总量对比可以看出，在媒介融合的背景下，通过舆论助推意见、精英话语的加入与意见发生转向是分不开的。基于原本的资本，网络提供了舆论平台，从而达到意见的合理化。反之，如果事件通过舆论无法达到解决时，就如事件中的海外留学生，通过写信给广电总局，发起投票，寻求组织的帮助等合法化渠道使得意见达成共识。

---

① 波滋曼：《娱乐至死》，广西师范大学出版社2004年版。

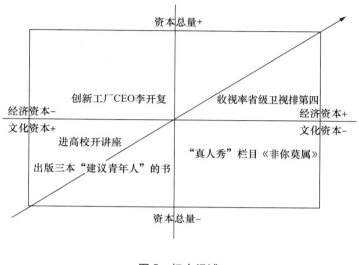

图5 权力场域

五 结语

从此事件可以看出,网络作为公共领域的平台只是为事件的讨论提供了对话的空间。通过精英话语的介入和网络平台的提供,媒介之间权力话语的博弈已不单单是"单声"的独奏,而是在公共领域多种力量形成的"合奏"。

传统媒体的话语导向由于参与新媒体讨论的权力主体的介入而发生变化。传统媒体在生产栏目时,以国家意识形态和市场原则为导向。而在新媒体上的讨论,主体发出了不同的声音,代表着不同的话语,使得公共领域的讨论发生了转型。但就话语力量来说,还是需要意见领袖或精英话语来主导意见,影响意见的走向。从此事件的文本所透露出来的权力关系来看,媒介融合时代权力的博弈同样也是依附着权力主体原有的资本权力。

然而,使用新媒体并参与讨论的受众在事件中成了助推者,投票、写信成为维护自我身份权力的一种方式。在这种背景下,权力博弈似乎不是因为权力主体的数量而变得复杂,它是在于意见气候的分流下权力主体争夺自我话语权的转变，从而使得对话不断趋于理性化。诚然，这对于当下的中国，已然是推动了媒介文化的发展，对推动社会的进步具有一定的意义。

参考文献

[1] 哈罗德·伊尼斯：《传播的偏向》，中国人民大学出版社 2003 年版。

[2] 戴维·莫利：《电视、受众与文化研究》，新华出版社 2005 年版。

[3] 尼古拉斯·阿伯克隆比：《电视与社会》，南京大学出版社 2001 年版。

[4] 刘利群、傅宁：《美国电视节目形态》，中国传媒大学出版社 2008 年版。

[5] 严锋译：《权力的眼睛：福柯访谈录》，上海人民出版社 1997 年版。

[6] 汪民安：《福柯的界限》，中国社会科学出版社 2002 年版。

[7] 戴维·斯沃茨：《文化与权力：布尔迪厄的社会学》，译文出版社 2006 年版。

[8] 尹嵩：《新媒体时代话语权的博弈和权力关系的重构》，硕士学位论文，辽宁大学，2011 年。

[9] 崔凌：《电视谈话节目中的权力：话语的建构效果》，硕士学位论文，山东大学，2010 年。

[10] 丁柏铨、陈月飞：《略论媒介权力》，广东外语外贸大学学报 2008 年第 3 期。

[11] 谷歌新闻搜索：《凤凰网娱乐版块科技频道：〈非你莫属〉求职者学历遭质疑竟当场晕倒》，http：//tech. ifeng. com/internet/detail_ 2012_ 06/01/14983678_ 0. shtml.

（载自《东南传播》2013 年第 4 期）

数字时代的电视节目市场建构

◎ 杨欣泉

【摘要】广播电视数字化的浪潮冲击中国各级广电已经是不争的事实，而内容瓶颈成为发展数字电视的关键所在。如何建构数字时代的电视节目市场成为当务之急，在版权保护的基础上推行节目辛迪加是解决问题的关键。

【关键词】电视节目市场 版权 电视节目辛迪加

数字电视的推广和付费频道的开播，使得受众的消费呈现碎片化的趋势。渠道的无限拓宽，面对的是市场发育不良所导致的电视节目的供应瓶颈，如何建构数字时代的电视节目市场成为当务之急。需要指出的是，本文主要探讨的是除新闻、咨询、互动、服务以外电视节目的市场建构。

一 当前电视节目市场现状

（一）产业链：节目发行商的弱化

电视节目市场完整的产业链包括节目制作商、节目发行商、节目播出商、广告商和受众。长期形成的资源向节目播出商倾斜的境况，导致产业链中节目发行商市场作用的弱化，从而使得整个市场呈现无序的较为混乱的状态。虽然随着制播分离与电视产业的发展，电视节目交易日趋活跃，形成了北京国家电视周、上海电视节、四川电视节等大型电视节目交易会，然而很多交易会变成了展览会，许多节目在参加交易会前就通过节目制作商构建的各种关系渠道达成交易。

（二） 自由市场 VS 寡头垄断市场：竞争的公平性

当前电视节目生产者主要是各电视台及其节目制作子公司、民营电视节目制作公司和中外合资节目制作公司。电视台用于节目制作的成本高而产业营利却徘徊不前，资源整合不力，尚未形成完整的产业链。在预选节目时电视台对各节目制作公司难以做到一视同仁。无论下属的电视节目制作子公司制作的产品优劣，电视台都不免要关照自家人。众多的节目制作方似乎形成了自由市场，而实际上却是电视台的寡头垄断市场。

（三） 收视率指挥棒：经济效益与社会责任的平衡

电视台主要考虑的问题还是以下两方面：第一是收视率，节目是否受到观众欢迎；第二是广告额，节目是否受到广告商追捧。节目的优劣，直接决定了电视台的经济效益。以中央电视台为例，其制定的《节目综合评价体系方案》和《栏目警示及淘汰条例》对客观指标、主观指标、成本指标进行加权，形成节目的综合评价指数。[①] 该指数很大程度上体现了以收视率为准则的节目评估标准。然而传媒所特有的政治属性，经济属性和文化属性，决定了它在实行成本核算、实施企业管理和实现经济效益同时，也要兼顾传承文化的社会责任和实现社会效益。

（四） 外资进入：利益与风险并存

《中外合资、合作广播电视节目制作经营企业管理暂行规定》的颁布，为外资传媒的进入打开了方便之门。虽然3个月后，广电总局发出通知明确规定每家外资传媒公司只能在中国建立一家合资公司，并明确外资不得进行频道经营业务以及借合作之名引进境外频道和节目，然而已成立的华纳横店影视公司、华索影视数字制作有限公司等必将对整个中国的电视节目市场产生深远的影响。[②]

二　从另一个角度思考制播分离
——版权保护是基础

"政府力量介入市场机能的运作，其目的在于通过公共政策所具有的

---

① http：//www. cctv. com/tvguide/20050701/101642. shtml
② http：//tech. sina. com. cn/it/2005 - 04 - 17/1423584966. shtml

强制力，弥补市场机能分配资源功能的不足，使产业之间的竞争处于活跃的状态。"① 在促进中国电视节目市场发展的过程中，我国政府制定电视节目市场结构规则与制播分离的推行紧密相关。

制播分离最早起源于英国（Commission），主要是指在电视台策划、投资并拥有版权的前提下，将节目制作业务委托给外部制作机构或独立制片人完成。通过委托制作，电视台在更多节目制作公司的节目中比较容易得到质优价廉的节目。而在我国，所谓制播分离是指国家电视播出机构在保证掌握舆论导向的前提下，将部分非新闻性节目的生产制作交由电视制作机构制作的管理体制，可以理解为节目制作和来源的多样化。②

从"鼓励制播分离"到"明文规定制播分离的相关法规"，标志着电视台垄断电视节目市场的局面彻底改变。它从法律的角度确定了民营电视节目制作机构的地位，明确了节目制作公司资质认定的相关标准。《中外合资、合作广播电视节目制作经营企业管理暂行规定》，进一步拓宽了市场的资金来源，为电视节目制作市场的境外资本注入提供了相关依据和发展平台。

然而这些改革所推行的制播分离，都没有涉及核心的问题，即独立制片人对节目的版权所有权问题。电视台出于自身利益，通常会利用其强势地位掌握其购买的节目版权，从而对处于弱势地位的独立制片商不利。以中央电视台购买电视剧为例，"对于精品电视剧，全部版权归中央电视台，每集有 1 分到 1 分 15 秒广告在一套播出；对于优秀剧目，首播权和国内版权归中央电视台，每集有 45 秒广告在一套播出；优秀电视剧，首播权归中央电视台，每集有 1 分钟到 1 分 15 秒广告在一套播出。"③ 由此可见，电视台对电视剧进行了明确的划分，对节目版权的争夺是寸步不让的。

除了对独立制片商的节目版权缺乏政策和立法保护以外，电视节目的版式保护在我国还是一片空白。我国《著作权法》只对电视节目图案施以保护，而对节目方法、节目规则、节目形式等创意性的版式尚无相

---

① 罗伯特·G. 皮卡德：《媒介经济学：概念与问题》，中国人民大学出版社 2005 年版。
② 李品齐、金钊：《"制播分离"新解读》，《荧屏内外》2002 年第 1 期。
③ 苏芳：《中国电视剧市场结构分析》，《中国电视实践论文选》2004 年。

关保护条款。有学者认为国外媒体对产品的版权销售转为版式销售是利用版式占有文化份额和市场份额从而造成垄断，主张不予承认版式。① 也有学者认为应该正视版式的问题，缺乏自主知识产权的电视节目版式是阻碍中国电视产业走向国际的重要因素，靠模仿别人的电视节目版式经营不是长久之计，重视电视节目的版式保护和开发乃当务之急。② 还有学者提出用栏目创意书这一实物来争取版权法的保护。③④ 我们应该认识到，维护市场正常运行的基础是建立在严格的电视节目产权制度之上的。

三 培育机能健全的节目辛迪加

推行制播分离，构建数字时代的电视节目市场，需要培育健全的电视节目辛迪加（Television Program Syndication），而其运行的关键在于保证节目的版权归节目制作方所有。这是由电视节目的公共产品性质决定的。"如果消费者对某个产品的消费并不减少其他人对该产品的消费，我们称这种产品为公共产品。"⑤ 电视节目是一种公共产品，电视节目的生产成本并不会因为使用者的多少而改变。获取持续利润的途径是形成通畅的节目网络和有序的流通市场即电视节目辛迪加。

（一）立法保障独立制片人的节目版权所有权

美国的辛迪加节目分为首播辛迪加（first - run syndication）和重播辛迪加（off - net syndication）。重播辛迪加由非电视网制作出售给电视网，制片人只从电视网收取一定的费用，如果该节目被证明具有相当高的收视率基础，则可以出售给其他电视台，进入下轮发行，从而为节目制片人持续地创造利润。获取利润的重要保证在于辛迪加公司在节目播出后仍然拥有该节目的所有权，购买节目的电视台只拥有节目的有偿特许权，即节目只能在当地市场内播出一定时间和一定次数。规则的实施在当时促进了新的辛迪加节目组织的快速发展，同时导致了媒体产业的垂直兼

① 张子扬：《警惕"版式化"引进节目对文化的垄断》，《电视研究》2003 年第 3 期。
② 程德安：《论电视版式（模版）的法律保护》，《新闻界》2005 年第 6 期。
③ 沈苹：《电视节目形式创意的版权保护》，《中国广播电视学刊》2005 年第 3 期。
④ 詹姆斯·沃克：《美国广播电视产业》，清华大学出版社 2005 年版。
⑤ 苏芳：《中国电视剧市场结构分析》，《中国电视实践论文选》2004 年。

并和水平兼并，促进了整个电视产业综合程度的提高。如果能借鉴美国对独立节目制作商版权的立法保护，那么将会刺激整个电视节目市场的创作热情，推动电视节目市场的良性竞争。

（二）建构垂直整合（vertical integration）的产业模式

首先，协作经济和规模经济要求电视节目制作商不断寻求节目种类和发行范围的最大化，通过多种传播渠道使得节目最大限度地到达观众，从而实现利益最大化。其次，"媒体产业有三大主要特点：制作和发行的高成本、消费者拒绝的风险和一成不变的收入。"我国的传媒产业集团虽然实现了电视台、电视节目制作子公司、电视报、网站的合并，但由于地域的行政划分，基本上是各自为据，并没有进行真正意义上的垂直整合。电视节目相关产品的开发更是一片空白。

关于垂直整合，我国媒体集团可以借鉴迪士尼的成功经验。首先是"蜘蛛结网"，建立和扩展传播渠道。1983 年增设的迪士尼频道，播放迪士尼自己制作的动画片，成功促进包括迪士尼相关书籍、杂志、录像带的各种商品的发行与销售。与麦当劳的携手则发挥了媒介产品与非媒介产品的交叉促销作用。1995 年兼并的 ABC 电视网衍生出 ESPN 电视频道。2001 年还收购了福克斯家庭频道。集团网络品牌如 ABCnews.com，Espn.com，Movies.com 和 Disney.com 的运营状态良好。其次是虚拟与现实，无形变有形。迪士尼的品牌优势，卡通明星效应加上沃尔特的天才构想，迪士尼在东京、巴黎和香港创建了迪士尼乐园。高级度假饭店和迪士尼产品专卖商店，将迪士尼形象以实物的形式予以固化，最后是采取"特许经营模式"。迪士尼与世界各地厂商合作，出售品牌特许经营权。此举不仅使迪士尼不断获取经济利润，还对节目产品的品牌建立起到了难以估量的作用。

（三）节目供应窗口化

数字电视、IP 电视、卫星直播电视等的迅速发展，节目模式的不断变化和频道的日益增多，意味着电视广播产业争夺观众注意力的战争会更加激烈。许多用户将成为"多渠道用户家庭"（MPH）。频道的竞争也成为节目的竞争，其核心是节目能否在观众的多元性选择中取胜。免费频道与付费频道的差异性为节目制作商提供了获得更多经济利益的机会，节目供应"窗口化"（Windowing）通过对节目流向不同分销渠道的精心控制，对节目的价格进行区分。电视节目从收费的首轮发行开始，首先

是付费频道，然后是录像带，最后在免费的电视频道上结束。沃克提道，
"这个'窗口化'的过程把广播电视节目纳入了首播、重播和后市场开发
的系列。这和电影产业的产品发行过程相似：首先面向电影院发行，然
后是家庭录像带，再后是付费有线电视，最后才卖给广播电视播出。"

随着中国媒介产业化进程的发展，未来的媒介传播内容也会逐渐向
专业化、个性化和互动化过渡，然而电视节目始终会占据传播内容的半
壁江山。在版权保护的基础上培育健全的电视节目辛迪加，积极建构数
字时代的电视节目市场，必将推动整个电视产业的健康发展。

参考文献

［1］http：//www. cctv. com/tvguide/20050701/101642. shtml

［2］http：//tech. sina. com. cn/it/2005 – 04 – 17/1423584966. shtml

［3］罗伯特·G. 皮卡德：《媒介经济学：概念与问题》，中国人民大
学出版社 2005 年版。

［4］李品齐、金钊：《"制播分离"新解读》，《荧屏内外》2002 年
第 1 期。

［5］苏芳：《中国电视剧市场结构分析》，《中国电视实践论文选》
2004 年。

［6］张子扬：《警惕"版式化"引进节目对文化的垄断》，《电视研
究》2003 年第 3 期。

［7］程德安：《论电视版式（模版）的法律保护》，《新闻界》2005
年第 6 期。

［8］沈苹：《电视节目形式创意的版权保护》，《中国广播电视学刊》
2005 年第 3 期。

［9］詹姆斯·沃克：《美国广播电视产业》，清华大学出版社 2005
年版。

（载自《湖南科技学院学报》2008 年第 2 期）

第二编

广 告 学

广告素养测量指标研究综述及体系建构

◎ 姜蕾蕾　周琼红

【摘要】本文通过对中西方的媒介素养与广告素养研究进行文献回顾，综述了中西方对广告素养内涵的界定，梳理以往相关的媒介素养测量和广告素养测量，在此基础上提出本文关于广告素养的界定，并试图从"广告知识水平""广告说服技巧辨识能力""使用广告信息的能力"三方面出发，建构一套完整的可操作性强的广告素养测量指标体系，并通过在深圳的问卷调查检验对该指标体系的可靠性和有效性进行了检验和修订，最终形成了一套较为科学的受众广告素养调查问卷。

【关键词】广告素养　测量指标　广告信息

一　广告素养含义综述

"广告素养"这一概念，是从"媒介素养"（media literacy）衍生而来的，媒介素养研究迄今已有 80 年，学术领域和教育领域都有非常丰富的研究成果，而关于广告素养的研究还比较少。目前广告素养还没有公认和通用的定义。现有的定义大致可划分为两种视角，第一种我们称之为"认知防御视角"①，这类定义以西方学者的研究为代表，将广告素养理解为对广告说服意图的分析、理解和评价能力，强调对广告这种说服

---

① 广告素养的知识和能力要求是从西方的"认知防御"（cognitive defense）等研究发展而来的。广告素养概念尚未形成时，就有学者提出了"认知防御"的概念，认为人们需要了解广告信息背后的目的、理解广告劝服技巧如何起作用，才能够防御广告的诱惑性（Rossiter, Robertson, 1974）。此后学者们对受众的广告目的辨识能力（Young, 1990；Ross, Campbell, 1981）、对广告劝服技巧的理解（Texas Education Agency, 1998；E. Rozendaal, 2011）、广告态度（Brucks, Armstrong, Goldbergm, 1988；Boush, Friestad, Rose, 1994）等问题进行了研究，最终发展出广告素养的知识和能力要求，因此西方的广告素养研究有"认知防御"研究的传统。

性信息的认知防御，其中最具代表性的两个定义是："对广告背后说服意图的更好理解"（Austin & Johnson，1997；Eagle，2007），"分辨、评价、理解广告和其他商业性信息的能力"（Malmelin，2010）。第二种视角我们称之为"综合能力视角"，以国内学者如张金海等为代表，将广告素养视作一种综合的能力，包括广告知识水平和对广告的认知、理解、使用能力。两个代表性的定义如，广告素养就是"受众在阅听各种媒介形式的广告及商品信息时，所必须具有的正确的分析和解读能力、评价和质疑能力，以及通过认真思辨，正确地利用广告和商品信息的能力"（卫修锋，2007）；"对广告说服技巧的辨识、对广告社会文化意涵的解读，以及在新的媒体环境下建构和使用广告的能力"（张金海，周丽玲，2008）。典型的广告素养定义如下表所列。

表 1-1　　　　　　　　　　　广告素养定义回顾

定义	来源
广告素养就是对广告背后说服意图的更好理解。	Austin & Johnson，1997；Eagle，2007
广告素养是分析、评价、生产各种形式及各种媒介上说服性信息的能力。	Young，2003
广告素养就是分辨、评价、理解广告和其他商业性信息的能力。	Malmelin，2010
广告素养就是对广告说服技巧的辨识、对广告社会文化意涵的解读，以及在新的媒体环境下建构和使用广告的能力。	张金海，周丽玲，2008
广告素养就是受众在视听各种媒介形式的广告及商品信息时，所必须具有的正确的分析和解读能力、评价和质疑能力，以及通过认真思辨，正确地利用广告和商品信息的能力。	卫修锋，2007
广告素养就是公众对广告信息的解读和批判能力，以及使用广告信息为个人生活、社会发展所用的能力。	刘灵，2009
广告素养是大众解读广告、思辨广告、欣赏广告，进而利用广告提高生活质量、完善自我、重建社会广告文化品位的能力。	周志平，2009

　　如上所述，广告素养的两种视角各有侧重，西方学者强调对广告的认知防御，我国大陆学者则更倾向于把广告素养视作一种全面的综合的能力。

二 广告素养测量指标研究述评

（一）媒介素养研究中的广告素养测量回顾

目前的广告素养测量较少，而媒介素养测量发展较为成熟，无论是西方国家、我国大陆还是台湾地区的部分媒介素养测量，都有涉及广告素养的指标或题项。西方相关的媒介素养研究涉及的内容比较有针对性，或是结合其媒介素养教育的发展实践，测量某种媒介教育课程的效果（Renee Hobbs，1998；Renee Hobbs，2003；PA Rubba，1978；D Brosard，2006），或是结合社会问题和个体行为展开研究，比如测量青少年对媒体中的零食广告、烟酒广告等的认知与其自身行为的关系等（EW Eintraub，1997；TD Wade，2003；BA Primack，2006）。这些研究通常以行动研究或实验法来展开，针对的问题也比较具体化。

我国台湾地区对媒介素养的测量，大多以《台湾媒体素养教育白皮书》中划分的五个维度为依据，操作化测量题项也大多是围绕这五个方面展开（吴翠珍，2002；张嘉伦，2006；林士珍，2007；秦梅心，2007；吴方馨，2011）。这五个维度分别是：了解媒体信息内容、思辨媒体再现、反思阅听人的意义、分析媒体组织、影响和近用媒体。其中，在"反思阅听人的意义"维度中，有部分内容与广告素养是直接相关的，即了解文本的商业意涵中"阅听人"的概念，认识广告工业的主要概念（收视/收听率、广告的社会与文化意涵）。这些内容是针对接受媒介教育课程的学生而制定的，较为专业化。

我国大陆学者对媒介素养的测量，主要采用问卷调查的方式，有对大学生媒介素养的测量（刘佳，2006；陈燕，2005；鲍海波，2004），对儿童和青少年媒介素养的测量等（江宇，2008；李苗，2009）。其中最为翔实的，是陆晔、周葆华在 2008 年和 2009 年所做的一系列研究，其中涉及商业广告的目的、明星代言的现象等，是和广告知识、广告说服技巧辨识直接相关的内容。两位学者将媒介素养划分为"媒介知识""媒介信息处理能力""媒介参与意向"这三个维度，针对北京、上海、西安、广州四个城市的 2409 名受众进行了随机面访调查，并对影响这三个维度的一系列因素进行了测量和分析。三个维度分别指的是人们对媒介组织的生产运作机制等相关知识的了解，对媒介信息的解读、批判、思考、核实能力，以及积极利用媒介、对媒介内容施加影响的意向。

（二）广告素养测量回顾

总体来看，现有的广告素养测量大体涵盖了广告基本知识、广告识别能力、广告劝服意图认知、广告劝服策略辨识能力，使用广告信息的能力等方面。西方学者侧重对广告劝服意图认知和广告劝服策略辨识能力展开研究，国内学者则倾向于建构全面性的测量指标，通常将广告知识、广告劝服策略和使用广告信息的能力都纳入测量。以下将分别对中西方的广告素养测量成果进行归纳。

1. 西方学者的广告素养测量

西方学者的广告素养研究，大多关注广告对儿童和青少年的影响，以及儿童和青少年对广告的认知和态度等。具体关注的问题如，儿童和食品广告（K Kotz，1994；Young，2003；Livingstone，2006）、青少年与烟害问题（C Pechmann，2000；M Wakefield，2003；C Lovato，2003）等。一方面是因为有学者认为儿童和青少年缺少成熟的批判性思维能力，更容易受到广告等劝服性信息的负面影响（Kunkel，2004；E. Rozendaal，2011）；另一方面是缘于开展广告素养教育课程的需求。其中涉及广告素养测量的研究包括，美国心理学会（2004）对儿童和电视广告的研究，Malmelin（2010）对广告素养的探索性维度划分和测量，E. Rozendaal（2011）对儿童和广告素养的研究，Renee Hobbs（2004）在广告素养教育视角下对广告素养的维度划分。

这些研究大多将广告素养划分为三个维度，一是对广告这一传播现象的基本认知，即是否能够区分广告和非广告，是否了解广告并非公正无偏误，是否能够欣赏广告的审美价值，对广告业的运作是否有基本的了解；二是对广告潜在意图的认知，即是否理解广告具有劝服意图、销售意图、促销意图；三是对广告劝服策略的认知，即是否理解广告会采用特殊的劝服策略，并能够辨识出广告常用的劝服策略，如明星代言、感性诉求、植入式广告等。

按照"对广告的认知"、"理解广告潜在意图"和"认识广告劝服策略"三个维度，西方学者的广告素养测量成果可归纳如下：

表 2 - 2 西方学者广告素养测量的维度及指标

维度	指标	阐释
1. 对广告的认知	1-1 区分广告和非广告信息	区分广告与电视节目、新闻等非广告信息（美国心理学会，2004；Louis J. Moses and Dare A. Baldwin, 2005；E. Rozendaal，2011）
	1-2 了解广告信息并非公正无偏误	认识到广告提供信息但一般是有偏误的信息（Louis J. Moses and Dare A. Baldwin, 2005） 含有劝服性的信息是有偏误的（美国心理学会，2004）
	1-3 欣赏广告的审美价值	聚焦于广告设计、审美、娱乐功用，测量的是人们对广告的审美评价，包括广告在视觉、听觉方面的表现手法，以及广告的风格，广告中的故事，广告引用典故的再创造等（Malmelin，2010）
	1-4 了解广告的运作	广告的商业化运作、广告主对媒体的资金支持等（Malmelin，2010） 对广告目标、目标消费群的理解（Renee Hobbs，2004；Malmelin，2010）
2. 理解广告潜在意图	2-1 理解广告销售和促销意图	理解广告天然是具有销售意图的（Malmelin，2010；Louis J. Moses and Dare A. Baldwin, 2005） 认识到广告的促销意图（Louis J. Moses and Dare A. Baldwin, 2005）
	2-2 理解广告劝服意图	广告意图通过改变消费者的产品认知和态度，进而影响其消费行为（E. Rozendaal，2011；Louis J. Moses and Dare A. Baldwin, 2005） 广告信息旨在劝服（美国心理学会，2004）
3. 认识广告劝服策略	3-1 理解广告会采用特殊的劝服策略	广告需要采用特定的策略，以求最有效地改变消费者认知、态度和行为。（E. Rozendaal，2011） 和公正无偏误的信息相比，有偏误的信息（广告）会采用不同的阐释策略。（美国心理学会，2004）
	3-2 辨识广告常用的劝服技巧	对广告目标、目标消费群、广告策略的理解（Malmelin，2010；Renee Hobbs，2004） 对赞助、宣传、品牌化的媒介内容、植入式广告的逻辑等的理解（Malmelin，2010）

从上表可以看出，同西方学者关于广告素养定义的"认知防御"视角一样，这些研究中，对广告素养维度的划分和指标的拟定也是围绕着"对说服性信息的认知防御技能"循序渐进展开，广告素养的三个维度其实是由低到高的三个层次：第一，了解广告这一传播现象；第二，认知到广告这种信息传播活动具有销售和劝服的潜在意图；第三，辨识广告的劝服策略，首先要理解广告会采用特殊的劝服技巧，其次辨识广告的劝服技巧。西方的测量比较全面完整地涵盖了广告知识水平、说服意图认知及说服技巧辨识能力，但其研究重心在于对说服性信息的认知防御，均未涉及对"使用广告信息的能力"的测量。

2. 国内学者的广告素养测量

相比来说，国内学者则尝试将广告素养发展为一个完整的概念，包括广告知识水平，对广告意图和说服技巧的理解能力，也包括使用广告信息的能力（张金海，周丽玲，2008；许衍凤，2009；刘灵，2009），但由于没有统一的理论框架，国内的各项研究对广告素养的维度划分差异较大，一些研究的测量指标无法计分，测量结果无法指数化，各项研究的测量结果也无法横向对比。

从目前掌握的资料来看，相对完整的是张金海、周丽玲的研究，两位学者对广告素养的概念进行了界定，并将广告素养划分为两个维度，一是广告知识维度，二是广告使用策略行为。广告知识维度中，包含受众对广告一般知识的了解，比如区分广告与新闻、了解广告有艺术化的表达手法，并非广告做得越多产品越受欢迎等；广告使用策略行为这一维度，衡量的是受众利用广告为其消费生活服务，并能适时维护自身权益的能力（张金海、周丽玲，2008）。另外，两位学者还测量了人口学因素、媒介使用、广告偏好等对广告素养的影响。该研究中的操作化测量题项可见表2-3所示。

表2-3中这些题项涵盖了广告素养的部分知识和技能，但有一些方面还可补充或改进：

第一，广告知识维度仅测量了受众对广告艺术化表达手法的认知，未测量受众对广告信息传播特性的认知、对广告目的和意图的认知。

第二，广告使用策略行为维度，将使用广告信息的能力划分为4个层面：是否能够通过主动搜索广告来获取商品信息，是否能将广告作为商品信息来源，是否会验证广告信息的可信性，被广告侵犯利益时是否

表 2 - 3   国内学者广告素养测量的维度及题项（张金海、周丽玲）①

维度	操作化测量题项	对应的知识或技能
1. 广告知识维度	1 - 1 广告里讲述的消费者与产品的故事一般来说是真实的 * 1 - 2 广告中应允许存在一定的夸张	对广告艺术化表达手法的认知
	1 - 3 有些广告做得像新闻 1 - 4 现在很多广告隐藏在电视节目中 1 - 5 明星代言广告是因为他们喜欢该产品 * 1 - 6 广告做得越多，说明产品越受欢迎 *	对广告说服技巧的辨识
2. 广告使用策略行为	2 - 1 当要购买某种东西时，我会主动搜索相关的广告	是否能主动搜索广告来获取商品信息
	2 - 2 广告是我购买新产品时的一个重要信息来源	是否能将广告作为商品信息来源
	2 - 3 我一般会在购买产品前先验证一下广告中的宣称是否属实	是否会验证广告信息的可信性
	2 - 4 当我感觉广告侵犯了我的利益时我会投诉	是否会维护自身权益

会维护自身权益。对应的 4 个题项中，题项 2 - 2 "广告是我购买新产品时的一个重要信息来源"衡量的是受众是否能将广告作为商品信息来源，但从经验来看，商品信息来源和广告素养水平并无相关性，广告并不是唯一的商品信息来源，我们也不能认为通过广告获取商品信息的受众，其广告素养就高于通过其他渠道（如人际传播等）获取商品信息的受众；题项 2 - 3 "我一般会在购买产品前先验证一下广告中的宣称是否属实"测量的是受众核实广告信息的能力，但是考虑到受众接触广告的行为一般是被动接触，对于被动接触广告的普通受众来说，主动核实广告信息是较高的要求，不适于针对一般大众的测量；题项 2 - 4 "当我感觉广告侵犯了我的利益时我会投诉"实际上涉及的是人们在日常生活中维护自身权益的能力，超出了广告素养的范畴。

综上所述，广告素养目前还没有普遍公认的确定概念，广告素养的

---

① 表 3 - 2 中维度和操作化测量题项均来自张金海、周丽玲（2008），但题项顺序有所调整。* 为反向计分题项。

测量也没有统一的标准和科学的指标体系，本人在参考国内外广告素养和媒介素养的相关研究的基础上，尝试对广告素养做出界定，并建构初步的广告素养测量指标体系。

本文认为，广告素养就是受众在接触各种形式的广告信息时，为了能够正确认识、理解和使用广告信息，所要具备的一系列知识和能力，具体包括三个方面：

1. 广告知识水平，即对广告基本知识的了解，包括对广告本质属性的认识，对广告劝服目的和意图的认识等。

2. 对广告说服技巧的辨识能力，即是否能够区分广告和非广告信息，是否能够辨识出广告常用的说服技巧。

3. 使用广告信息的能力，即购买重要商品时是否会参照广告信息，主动查阅或搜索相关的广告信息。

简单地说，广告素养就是人们对广告基本知识的了解，对广告说服技巧的辨识能力，以及合理使用广告信息的能力。

三 广告素养测量指标体系建构

在对以往广告素养测量指标进行回顾与分析的基础上，依据本文对广告素养的定义，本研究将广告素养划分为三个维度，七项指标，共设计了 27 个题项。三个维度分别是广告知识水平，广告说服技巧辨识能力，使用广告信息的能力。七个指标分别为：对广告属性的认识，对广告劝服意图的认识，对广告目的的认识，对广告的识别能力，对广告说服技巧的了解，购物时是否参考广告信息，购物时是否查阅或搜索广告信息。

前两个维度的内涵及指标拟定重点参考了西方学者的研究，第三个维度即"使用广告信息的能力"的测量，则在国内学者张金海的研究基础上，尝试设计了更易于将得分指数化的题项。以下对广告素养各维度、各指标和各题项的设计做详细说明。

（一）广告素养的维度和指标

1. 广告知识水平维度

广告知识水平维度，包含三个指标，通过 8 个题项来测量，每个题

项均有标准答案。该维度的三个指标，一是对广告属性的认识，即认识
到广告具有传播信息的特性，也具有艺术化的表达手法，因此，广告向
人们传递商品信息，但广告展现的商品功能和面貌并不完全等同于真实
的商品功能和面貌；二是对广告劝服意图的认识，即认识到广告具有强
烈的劝服意图，广告会通过各种方法让人们接受其主张或购买其产品；
三是对广告目的的认识，即认识到广告的目的在于改变人们对其产品、
服务和观点的认知和态度，进而影响人们的行为。

广告知识水平维度各指标的测量题项及答案：

1－1 对广告属性的认识

　　　广告给人们提供了丰富的商品信息。（对）

　　　通常广告会表现产品真实的功能和面貌。（错）①

　　　广告里可能存在一定的夸张。（对）

　　　大部分商品并不像广告里说的那么好用。（对）

1－2 对广告劝服意图的认识

　　　广告会用各种方法让人们同意它的主张。（对）

　　　广告会用各种方法让人们购买它的产品。（对）

1－3 对广告目的的认识

　　　广告试图改变人们的态度。（对）

　　　广告试图影响人们的购物选择。（对）

2. 广告说服技巧辨识能力维度

广告说服技巧的辨识能力维度，包含两个指标，通过 17 个题项来测
量，17 个题项均有标准答案。该维度的两个指标，一是对广告的识别能
力，即是否能区分广告和其他的媒体信息，这一指标的测量，本文选择

---

① 该题项是用来测量受众对广告艺术化表达手法的认识，也即广告通过艺术化的表达，所
展现出的产品功能和面貌已经不同于产品本身的功能和面貌。但调查结果证明该题项和广告属性
认知的其他题项之间不具有一致性，在最终的指标体系中也剔除了这一题项。后文将会对此进行
讨论。

了 6 篇文章的标题①，请被访者判断对应的标题是新闻还是广告来测量其对广告的识别能力；二是对广告说服技巧的了解，即是否能够辨识和破解广告常用的说服技巧，如明星代言，制造流行，诉诸感性，植入式广告等。

广告说服技巧辨识能力维度各指标的测量题项及答案：

2 - 1 广告识别能力

　　　　香港拟立法再提高奶粉质量（新闻）

　　　　清湖小产权房卖得火　每平六七千价格充满诱惑（广告）

　　　　动物园内游客掉钱　有爱熊猫"坐等"失主（新闻）

　　　　春天就要"花痴"　阿里山赏樱花仅需 2699 元（广告）

　　　　戏曲头饰配青花瓷　巴黎时装周劲吹中国风（新闻）

　　　　爱国者三款新品长焦相机震撼上市（广告）

2 - 2 广告说服技巧辨识

表 2 - 4　　　　　　　广告说服技巧辨识指标的题项及答案

题项	答案	对应的说服技巧
广告做得越多，说明产品越受欢迎。	错	诉诸流行
明星或专家代言某产品是因为他们使用过并喜欢该产品。	错	明星代言和专家证词，利用信息源的可信度和吸引力。
有些广告里没有明星，只有一些普通消费者在讲述他们使用产品的经历，他们说的一般都是真的。	错	用演员扮演普通消费者，以抵抗消费者对名人代言的认知防御。
有些广告中，能看到人们穿着白大褂在实验室里，说明这个产品的可靠性是经过实验验证的。	错	借助巴普洛夫条件反射理论，即借助人们的关联性学习模式来展开说服。
广告里的人物一般都成功、健康、美丽、自信，是为了暗示人们，如果选择广告里的商品，就会变得和广告中的人物一样。②	对	通过制造消费者自身形象和理想形象的落差来引发需求。

----

① 这 6 篇文章包括 3 篇新闻、3 篇广告，调查时先请被访者通过标题来判断是新闻还是广告，若被访者无法判断，则请他阅读文章全文后再做判断。

② 该题项是用来测量受众对"广告制造形象落差以引发需求"这一技巧的辨识能力，但调查结果证明该题项和广告说服技巧辨识的其他题项之间不具有一致性，在最终的指标体系中也剔除了这一题项。后文将会对此进行讨论。

续表

题项	答案	对应的说服技巧
广告里说某个商品很多人购买，是希望告诉人们这个商品非常流行，从而激发人们的购物欲望。①	对	诉诸流行
有些广告做得很温馨，是想通过感染人们的情绪，让人们接受它的产品或主张。	对	感性诉求
广告一般只会出现在广告时段或版面，不会出现在电视节目或新闻版面里。	错	植入式广告
在影视作品中，主人公使用某些有明显品牌标识的产品，或者故事发生在某些有明显标识的场地，是影视作品的剧情需要。	错	植入式广告
在影视作品中，主人公使用某些有明显品牌标识的产品，或者故事发生在某些有明显标识的场地，说明这个产品很受欢迎/质量好，这个场地值得前往。	错	植入式广告
广告里说，你购买它的产品它就捐 1 元钱给公益机构，说明这个企业热心公益活动。	错	借助公益活动来提升企业和产品的正面形象，达成说服意图。

3. 使用广告信息的能力维度

本文认为，使用广告信息的能力这一维度的测量，应结合广告在普通受众消费行为中的作用来展开，通常广告是作为受众的商品知识和商品信息来源，因此使用广告信息的能力应重点测量受众能否合理利用广告所提供的商品知识和商品信息，可以从两个方面来测量，一是购物时是否懂得参考广告信息，二是购买重要的产品时是否能够主动查阅或搜索相关的广告信息。本研究认为，购物时懂得参考广告信息，购买重要东西时能够主动查阅或搜索广告信息的受众，广告素养更高。

另外，使用广告信息的能力，应该是在正确了解广告的基本特性、理性看待广告现象的基础上拥有的一种能力，而不是简单地说，越多使用广告信息，就说明广告素养越高。因此后文将结合受众的广告知识水

---

① 该题项是用来测量受众对"诉诸流行"这一说服技巧的辨识能力，但调查结果证明该题项和广告说服技巧辨识的其他题项之间相关性较差，在最终的指标体系中也剔除了这一题项。后文将会对此进行讨论。

平、受众的广告态度等因素，对受众广告信息使用能力的测量结果进行综合分析。

使用广告信息的能力维度各指标的测量题项及答案：

3－1 参考广告信息

  通常我在购买重要的东西时，会参考广告信息。

3－2 查阅广告信息

  通常我在购买重要的东西时，会主动查阅和搜索相关的广告。

  在上述指标体系的基础上，本人初步构建了一套广告素养调查问卷，并在深圳针对800余人开展了问卷调查，以期检验指标体系的有效性和可靠性。

  同时，本研究将从受众的个体差异、一般性广告态度、广告接触情况和使用广告的经验四个方面来测量这些因素对受众广告素养水平的影响。

  1. 受众的个体差异指的是年龄、性别、教育程度、收入等人口学因素。

  2. 广告态度是人们通过日常生活中对广告信息的不断接触而相对固定下来的对广告的赞同或不赞同的倾向，它是由广告唤起的各种积极和消极的认知和情感反应（Lutz R. J.，1985）。广告态度又分为一般性广告态度和对具体的广告的态度（Sandage and Leckenby，1980），本文测量的就是一般性广告态度，即受众对一般的、总体的广告信息在认知和情感上的反映。用于问卷调查的题项分别是：通常情况下，我喜欢广告（感性态度）。通常情况下，我相信广告里的信息（理性态度）。

  3. 广告接触情况包括接触广告的渠道（电视/报纸/杂志/互联网/广播/手机/户外等），以及日常生活中接触到的广告数量。

  4. 广告使用经验主要指的是日常消费中是否有过不愉快的广告使用经历，比如是否曾被广告欺骗过，家人和朋友是否曾被广告欺骗过，是否在媒体上见到过其他人被广告欺骗的案例等。

四 对广告素养测量指标体系的检验及修订

调查涵盖两个样本，样本一是广告关联人群，包括媒体和广告行业从业者、媒体和广告专业的教师、学生，这部分人群了解媒体和广告行业的运作，或者接受过广告专业知识教育，具备一定的广告素养，因此本研究中将其作为参照组，统称为"广告关联人群"，样本规模为110人；样本二是普通市民，是本次调查的研究组，样本规模为714人。采取两个样本进行调查的原因，一是为了对比广告关联人群和普通市民的广告素养是否存在差异，存在怎样的差异；二是为了检验指标体系是否可以有效区分出两组样本。为了涵盖两组样本，分别进行了社会调查、对广告专业和其他专业大学生的调查。

鉴于篇幅，具体调查方法及数据分析过程省略。

（一）调查结果

从调查结果来看，深圳居民广告素养处于中等水平，广告说服技巧辨识能力良好，但使用广告信息的能力较差。具体到每个指标的广告素养状况，居民对广告的识别能力和广告技巧辨识能力较好，对广告意图、广告属性、广告目的有一定认识，使用广告信息能力的两个指标中，购物时主动查阅或搜索广告的能力相对较好，但购物时参考广告信息的情况较差。

教育程度、广告态度、广告接触数量、广告接触渠道、广告使用经验等与广告素养或广告素养的各维度显著相关。教育程度越高，广告素养水平可能越高；对广告的态度越趋于正面，广告说服技巧辨识能力可能更差，但可能会更多地使用广告信息；广告接触数量越多，广告素养水平可能越高；通过互联网接触广告较多的受众，广告素养水平可能越高；有过不愉快广告使用经验的受众，广告素养水平可能越高。

性别、年龄、收入、客观社会阶层、主观社会阶层等与广告素养和广告素养的各维度之间均无相关性，说明这些因素对受众的广告素养水平没有显著的影响。

（二）内容效度

内容效度是一种基本的判断题项有效性的方法，一般需要尽量收集和阅读与测量内容有关的资料和相关的研究报告，以便所设计的题项能够较好地覆盖有关内容的各个方面，使问卷题项能够代表研究者想要测量的内容（柯惠新，祝建华，孙江华，2003）。具体操作方面，本研究已收集了中西方以往的广告素养测量，对相关的媒介素养研究也进行了归纳，在此基础上设计了问卷，问卷题项覆盖了广告素养的三个维度和每项指标，使本指标体系具有较好的内容效度。

（三）结构效度检验

结构效度也称建构效度，具体有两层含义，一是评价量表中的各个题项能否有效地区分研究对象，即量表中的题项是否具有鉴别度；二是评价量表测量的结果是否和理论假设或理论框架相关。

对题项鉴别度的检验，本文采取的操作方法是，通过比较研究组和参照组的广告素养得分情况，来分析两组群体在广告素养及广告素养三个维度上的得分是否存在显著差异，即本套指标体系能否有效区分两组样本。从检验结果可以看出，一般市民的广告素养显著低于广告关联人群的广告素养，$t = -14.886$，$p = 0.000 < 0.001$，$d = 0.57$。由此可见，广告关联人群和一般市民的广告素养存在显著差异，一般市民的广告知识或能力均低于广告关联人群。说明本套测量指标体系具有较好的结构效度，能够有效区分两组样本。

对测量结果和理论框架是否相关的检验，本研究采取的方法是，通过分析广告素养每个指标的各题项之间的关系，来检验题项是否具有一致性，是否能够有效测量广告素养这一概念。

广告素养的7个指标，为论述之便依次称之为指标1－指标7。其中，指标4广告认知能力指标，通过判断6则标题是新闻还是广告来测量，无法分析各标题间的相关性；指标6参考广告信息和指标7查阅广告信息均只有1个题项，因此指标4、指标6、指标7各题项都不需进行题项间的一致性分析。

以下将分别对指标1、指标2、指标3、指标5各题项间的关系进行分析。

1. 指标1：广告属性认知指标各题项间的关系

指标1的4个题项间，题项2"通常广告会表现产品真实的功能和面貌"与题项1"广告给人们提供了丰富的商品信息"为负相关（$r = -0.298$，$p < 0.01$），与其他2个题项间均为正相关，因此我们认为题项

2 和其他 3 个题项不具有一致性，指标体系中应剔除题项 2，保留其他有效题项。

2. 指标 2：广告说服意图认知指标各题项间的关系

指标 2 的两个题项在 0.01 水平上显著相关，（$r = 0.568$，$p < 0.01$，$r^2 = 0.3226$），两个题项体现了相同的趋势，能够较好地测量广告说服意图认知水平。

3. 指标 3：广告目的认知指标各题项间的关系

指标 3 的两个题项在 0.01 置信水平上显著相关，说明这两个题项能够有效测量和解释广告目的认知能力（$r = 0.571$，$p < 0.01$，$r^2 = 0.326$）。

4. 指标 5：广告说服技巧辨识指标各题项间的关系

指标 5 广告说服技巧辨识能力指标，通过 11 个题项来测量，为论述简便称之为技巧 1 - 技巧 11，具体每项技巧对应的题项可参看"表 3 - 4：广告说服技巧辨识指标的题项及答案"。

其中，技巧 5 对应的题项为：广告里的人物一般都成功、健康、美丽、自信，是为了暗示人们，如果选择广告里的商品，就会变得和广告里的人物一样。该题项与其他各题项不具有一致性（技巧 5 与技巧 1、技巧 4、技巧 11 为负相关，与技巧 6、技巧 7、技巧 9 为正相关，与其他题项不相关）。技巧 6 对应的题项为：广告里说某个商品很多人购买，是希望告诉人们这个商品非常流行，从而激发人们的购买欲望。该题项与其他各题项的相关性较差（技巧 6 与技巧 2、技巧 5、技巧 7 显著相关，与其他题项均无相关性）。因此指标体系中剔除这两个题项。

其余 9 个题项间均具有较好的相关性和一致性，能够有效测量广告技巧辨识能力指标。

（四）问卷题项修订

通过广告素养各题项间的关系分析，最终的指标体系和问卷中，将剔除不具有一致性的三个题项，分别是：

通常情况下，广告会表现产品真实的功能和面貌。（和广告属性认知指标的其他题项不具有一致性。）

广告里的人物一般都成功、健康、美丽、自信，是为了暗示人们，如果选择广告里的商品，就会变得和广告中的人物一样。（和广告说服技巧辨识指标的其他题项不具有一致性。）

广告里说某个商品很多人购买，是希望告诉人们这个商品非常流行，从而激发人们的购买欲望。（和广告说服技巧辨识指标的其他各题项相关性较差。）

其他题项均能较好地测量广告素养。

（五）广告素养影响因素修订

影响因素如性别、年龄、收入、职业等，在本次调查中显示与广告素养没有相关性，但一方面这些因素仍是必要的人口学背景因素，另一方面还需要在其他各城市进行调查和反复检验，因此在最终的问卷中，这些因素均予以保留。

附：修订后的问卷

问 卷 编 号＿＿＿＿＿＿　　访问员姓名＿＿＿＿＿＿

访问员学号＿＿＿＿＿＿　　访问员电话＿＿＿＿＿＿

关于××居民对广告看法的问卷调查

尊敬的女士/先生：

您好！我是×××，在进行一项关于深圳居民如何看待广告的研究，想就此问题听听您的意见，大概占用您十多分钟的时间，非常希望得到您的支持，谢谢！

第一部分：下面有几段文字的标题，我读出来，请您判断它们是新闻还是广告。

标题	新闻	广告	不清楚
Q1 香港拟立法再提高奶粉质量	1	2	3
Q2 清湖小产权房卖得火　每平六七千价格充满诱惑	1	2	3
Q3 动物园内游客掉钱　有爱熊猫"坐等"失主	1	2	3
Q4 春天就要"花痴"　阿里山赏樱花仅需 2699 元	1	2	3
Q5 戏曲头饰配青花瓷　巴黎时装周劲吹中国风	1	2	3
Q6 爱国者三款新品长焦相机震撼上市	1	2	3

第二部分：下面是一组陈述，我逐个念，请您针对每一条陈述，根据提示卡上的选项，告诉我您的意见。

	题目	非常 不同意	不同意	说不清	同意	非常 同意
Q7	通常情况下，我喜欢广告。	1	2	3	4	5
Q8	通常情况下，我相信广告里的信息。	1	2	3	4	5
Q9	广告给人们提供了丰富的商品信息。	1	2	3	4	5
Q10	大部分商品并不像广告里说的那么好用。	1	2	3	4	5
Q11	广告做得越多，说明产品越受欢迎。	1	2	3	4	5
Q12	广告试图改变人们的态度。	1	2	3	4	5
Q13	广告试图影响人们的购物选择。	1	2	3	4	5
Q14	广告有可能引导人们购买自己原本不想买的东西。	1	2	3	4	5
Q15	广告里可能存在一定的夸张。	1	2	3	4	5
Q16	广告会用各种方法让人们同意它的主张。	1	2	3	4	5
Q17	广告会用各种方法说服人们购买它的产品。	1	2	3	4	5
Q18	明星或专家代言某个广告，是因为他们使用过并且喜欢该产品。	1	2	3	4	5
Q19	有些广告里没有明星，只是一些普通消费者在讲述他们使用产品的经历，他们说的一般都是真的。	1	2	3	4	5
Q20	有些广告中，能看到人们穿着白大褂在实验室里，说明这个产品的可靠性是经过实验验证的。	1	2	3	4	5
Q21	有些广告做得很温馨，是想通过感染人们的情绪，让人们接受它的产品或主张。	1	2	3	4	5
Q22	广告一般只会出现在广告时段或版面，不会出现在电视节目或新闻版面里。	1	2	3	4	5
Q23	在电视剧或电影里，主人公使用某些有明显品牌标识的产品，或者故事发生在某些有明显标识的场地，是影视作品的剧情需要。	1	2	3	4	5

续表

题目		非常 不同意	不同意	说不清	同意	非常 同意
Q24	在电视剧或电影里，主人公使用某些有明显品牌标识的产品，或者故事发生在某些有明显标识的场地，说明这个产品很受欢迎/质量好，这个场地很值得前往。	1	2	3	4	5
Q25	广告里说，你购买它的产品，它就捐1元钱给公益机构，说明这个企业热心公益活动。	1	2	3	4	5
Q26	通常我在购买重要的东西时，会参考广告信息。	1	2	3	4	5
Q27	通常我在购买重要的东西时，会主动查阅或搜索相关的广告。	1	2	3	4	5

第三部分：个人背景

Q28 您的性别

1. 男　　　　2. 女

Q29 您出生在哪一年？ _____

Q30 您的最高学历是？

1. 初中及以下　　2. 中专或高中　　3. 大专

4. 大学本科　　　5. 研究生及以上

Q31 您目前从事什么工作？ _____

1. 国家机关、党群组织领导干部

2. 企业/事业单位中的高中层管理人员

3. 私营企业主　4. 专业技术人员　5. 办事人员和有关人员

6. 个体工商户　7. 商业、服务业人员　8. 产业工人

9. 媒体、广告行业从业人员，媒体、广告行业教师及学生

10. 学生（非媒体和广告专业的）　　11. 择业中/待业中

12. 家庭主妇　13. 离退休人员　14. 其他（请注明）_____

Q32 过去三个月，您平均每月收入大约多少元？（包括工资、奖金、

投资收入等）

1. 还是学生，没有收入　2. 0 - 2000 元　3. 2001 - 4000 元

4. 4001 - 6000 元　5. 6001 - 8000 元　6. 8001 - 10000 元

7. 10001—12000 元　8. 12001 - 14000 元　9. 14001—16000 元

10. 16001—18000 元　11. 18001—20000 元　12. 20001 元及以上

Q33 您日常生活中，从哪些渠道接触的广告比较多？（最多选 3 个）

1. 电视　2. 报纸　3. 杂志　4. 互联网　5. 广播　6. 手机

7. 户外（候车厅、路牌、电梯、商场内促销广告等）

8. 其他途径_____

Q34 您感觉日常生活中接触到的广告数量如何？

1. 非常少　2. 比较少　3. 适中　4. 比较多　5. 非常多　6. 太多了

Q35 您是否有过被广告欺骗的经历？

1. 有过　2. 没有　3. 记不清

Q36 据您所知，您周围的亲戚/朋友/同学/同事是否有过被广告欺骗的情况？

1. 有过　2. 没有　3. 不清楚

Q37 您是否在媒体上看到过别人被广告欺骗的案例？

1. 看到过　2. 没看到过　3. 没留意

感谢访问员的认真和负责，请告诉访问对象，我们的问卷到此结束，非常感谢他的支持！

广告播出频次对儿童的广告好感度、记忆度影响研究

——以卡通广告为例

◎ 何建平　罗　爱

【摘要】 由于儿童对广告具有不同于成人的感知与记忆规律，当广告播出频次发生变化时，儿童对广告的好感度和记忆度将会发生怎样的变化？ 它和成人对广告的认知规律是否相同？ 本文通过控制实验的方法，来研究这一课题。研究发现，从统计学意义上来看，广告的播出方式与儿童对广告的好感度、记忆度无关；广告的播出次数与儿童的广告好感度无关，与记忆度相关；广告的好感度和记忆度之间存在相互关联；儿童的卡通片收视行为影响到对广告的好感度与记忆度。

【关键词】 广告频次　儿童　好感度　记忆度

学者们对儿童与广告的研究主要包括三个议题：一是低幼儿童对电视广告是否有清晰的认知？ 能否区分电视广告与电视节目？ 二是广告对儿童的家庭亲子关系、对儿童的观念是否产生影响？ 三是广告中的儿童形象问题。基本结论是，七岁以下的儿童很难准确表达出对电视广告推销意图的看法[1]，也无法区分电视广告与电视节目之间的差异[2]。当儿童的购买欲望被激发出来而又得不到满足时，会导致亲子关系的紧张[3]。电视广告的内容和诉求方式容易左右儿童的观念。比如宣称"学习没问题"

---

[1]　Palmer E. L.，Dorr A.．（1980）．Children and the Faces of Television：Teaching，Violence，Selling. Academic Press：London.

[2]　Young B. M.．（1990）．Television Advertising and Children. Clarendon Press：Oxford.

[3]　Ward，S.，Wackman D. B.（1972）Children's Purchase Influence Attempts and Parental Yielding. Journal of Marketing Research，（9）．

的学习用品广告，会助长儿童投机取巧的心理①。同样，电视广告对语言的广告化处理，比如默默无"蚊""骑"乐无穷等，对儿童的语言学习造成了误导②。陈筱雯对儿童形象的成人化问题进行了深入分析，并将成人化现象分为语言的成人化、动作的成人化以及形象的成人化③。不难发现，在儿童与广告关系的研究领域，学者们更多是将关注焦点集中于电视广告如何影响儿童的认知、行为、观念、语言以及社会化等方面，而对儿童如何认知和记忆广告这一领域却鲜有提及，特别是广告的播出形式与播放次数是否会影响到儿童的广告好感度与记忆度，几乎无人研究。

本文研究的问题是：卡通广告不同的播出频率是否会对儿童的广告记忆度、好感度产生影响？它们是否与我们的直观认知相一致？本文所说的播出频次是指广告播出的方式与播出次数。

一　研究设计

（一）自变量的设计

本文将广告的连续式播出（中间不穿插其他广告）与间隔式播出（中间穿插其他广告）作为一组自变量，研究不同的播出形式对儿童的广告好感度、记忆度的影响。

同样，广告的播出频率也是影响消费者购买决策的重要因素。Krugman 的"三打理论"认为，广告的不断重播，并不如广告最初发布的二、三次有效，他认为当消费者内心达到了"饱和点"后，无论之后再看多少次效果都是一样④。借用 Krugman 的"三打理论"，本文将播出的次数分为 1 次和 3 次，来考察播出次数与儿童广告的记忆度和好感度之间的关系。

（二）因变量的设计

本文将"好感度"和"记忆度"作为因变量，来考察自变量与因变

---

① 阳林、刘卫华：《透析儿童广告》，《经济论坛》2002 年第 2 期。
② 阮卫：《儿童广告的误区》，《江汉大学学报》2001 年第 1 期。
③ 陈筱雯：《电视广告中的儿童成人化现象研究》，《新闻世界》2010 年第 2 期。
④ KrugmanHerbert E.. （1972）Why Three Exposures May be Enough. Journal of Advertising Research，12（12）.

量之间的关系。针对广告好感度的测量，将采用李克特十级量表。针对广告记忆度测量，问卷主要采用线索回忆法进行测试，要求被试对象根据广告片段及提示线索，回忆选出相应答案。

（三）研究假设

根据对自变量和因变量的设计，本文的基本假设是：

H1：广告播出形式与广告好感度之间存在显著相关。

H2：广告播出形式与广告记忆度之间存在显著相关。

H3：广告播出次数与广告好感度之间存在显著相关。

H4：广告播出次数与广告记忆度之间存在显著相关。

（四）实验方案

本研究采用控制实验法，被试对象为儿童，实验中的测试广告为卡通代言广告。为保障实验效果，实验中除测试广告外，还将设有干扰广告。所有广告均为食品类广告，保证广告时长相同，广告的整体表现形式相近。

实验中自变量（广告播出形式和次数）将通过不同的分组来实现，因变量（广告的好感度和记忆度）则通过一份试卷来测量。

二 实验实施

本研究选取深圳市某小学的三年级 144 名学生作为研究对象，共三个班级：一班、四班和七班。

实验 1：广告播出形式对广告好感度、记忆度影响研究

整个实验分为两个阶段。首先，针对广告播出的不同形式进行了第一次实验。将一班作为广告的间隔性播出被试班，四班作为广告连续性播出被试班，两个班的播出次数均为 3 次。

在正式实验前，首先对两个班级学生的家长进行了一次儿童平日动画片、广告片观看情况的问卷调查，发放问卷 97 份，回收有效问卷 97 份。实验中选取 5 则广告作为研究测试物，均为食品类广告，且广告的整体表现形式相近。选取卡通代言广告福娃糙米卷（15 秒），作为研究的主要测试广告，记为 A 广告，其他两则干扰广告分别为奥利奥巧克棒（15 秒）、乐事薯片（15 秒），分别记为 B 广告和 C 广告。一班进行间隔

性播出测试，四班进行连续性播出测试。具体播放形式如下：

一班播放内容（47人）：A＋B＋A＋C＋A（间隔性播出）

四班播放内容（50人）：B＋A＋A＋A＋C（连续性播出）

实验2：广告播出次数对广告好感度、记忆度影响研究

一周后，针对广告播出次数进行了第二次实验。本研究将播出次数分为1次和3次两种情况，去探究不同的广告播出次数与广告好感度及记忆度之间的关系。

将一班、四班作为广告播出次数为3的被试班级，七班作为广告播出次数为1的被试班级。因实验1已完成针对播出次数为3的测试，放第二次实验只需要完成次数为1的测试即可。实验中七班学生观看的5则广告也均为食品类广告，选定卡通代言广告为福娃糙米卷（15秒），记为A广告；其他四则不相关广告分别为奥利奥巧克棒（15秒）、乐事薯片（15秒）、亲亲果冻（15秒）、雅克糖果（15秒），分别记为B广告、C广告、D广告和E广告。播放情况具体如下。

一班播放内容（47人）：A＋B＋A＋C＋A（播放次数为3）

四班播放内容（50人）：B＋A＋A＋A＋C（播放次数为3）

七班播放内容（47人）：B＋C＋A＋D＋E（播放次数为1）

观看结束后，学生对实验问卷进行作答。整份试卷分为四个部分：a. 确定学生在实验前是否观看过糙米卷广告；b. 确认学生是否吃过及喜欢糙米卷；c. 广告好感度测量；d. 广告记忆度测量。

三　数据分析

汇总三个班级学生的数据，考虑到之前是否观看过糙米卷广告可能会影响到学生对卡通代言广告的好感度及记忆度。故先将三个班级（n＝144）数据进行整合，将是否观看过糙米卷广告作为自变量，广告好感度作为因变量，使用 independent samples t – test 进行统计检验时，发现实验前是否观看过糙米卷广告与广告好感度之间具有统计显著性（t＝－4.556，df＝41.219，p＝0.000）。因此，实验前是否观看过糙米卷广告同广告好感度相关。将是否观看过糙米卷广告作为自变量，广告记忆度作为因变量，发现实验前是否观看过糙米卷广告与广告记忆度之间也具

有统计显著性（t = -2.098，df = 36.725，p = 0.0215）；实验前是否观看过糙米卷广告同广告记忆度也相关。因此，需要将实验前观看过糙米卷广告的学生样本数据剔除。

（一）广告播出形式对广告好感度、记忆度影响

汇总广告的间隔性播出被试班级（一班）学生数据和广告的连续性播出被试班级（四班）学生数据，剔除实验前观看过糙米卷广告的学生数据（14 个）。将间隔性播出同连续性播出合为一个定类变量，即播出形式。以播出形式作为自变量，广告好感度作为因变量。结果显示，间隔性播出班级（一班）的学生（$n = 41$）广告好感度均值为 6.63（满分为10 分）；连续性播出班级（四班）的学生（$n = 42$）广告好感度均值为6.33（满分为 10 分）。两组之间的广告好感度均值差异为 0.301，不具有统计显著性。因此 H1 被拒绝，播出形式同广告好感度不相关（如表 1 所示）。

表 1　　　　　　　　　　　　频次形式对好感度的影响

	均值	方差	组内差异
间隔频次（$n = 41$）	6.63	5.638	0.301
连续频次（$n = 42$）	6.33	2.02	

注：* p < 0.05，** p < 0.01，*** p < 0.001。

再以播出形式作为自变量，广告记忆度作为因变量，结果显示：间隔性播出班级（一班）的同学（$n = 41$）广告记忆度均值为 4.37（满分为 5 分）；连续性播出班级（四班）的同学（$n = 42$）广告记忆度均值为4.57（满分为 5 分）。两组之间的记忆度均值差异为 0.206，不具有统计显著性。因此 H2 被拒绝，广告播出形式同广告记忆度不相关（如表 2 所示）。

表 2　　　　　　　　　　　　频次形式对记忆度的影响

	均值	方差	组内差异
间隔频次（$n = 41$）	4.37	0.688	0.206
连续频次（$n = 42$）	4.57	0.495	

注：* p < 0.05，** p < 0.01 *** p < 0.001。

（二）广告播出次数对广告好感度、记忆度影响

汇总广告播出次数为 3 的班级（一班和四班）的学生数据和广告播出次数为 1 的班级（七班）的学生数据，剔除实验前观看过糙米卷广告的学生数据（23 个）。将播出次数为 1 同播出次数为 3 合为一个定类变量，即播出数值。以播出数值作为自变量，广告好感度作为因变量。结果显示，广告播出数值为 3 的班级（一班和四班）的学生（$n = 83$）广告好感度均值为 6.48（满分为 10 分）；广告播出数值为 1 的班级（七班）的学生（$n = 38$）广告好感度均值为 5.92（满分为 10 分）。两组之间的广告好感度均值差异为 0.561，不具有统计显著性。因此 H3 被拒绝，播出次数同广告好感度不相关。（如表 3 所示）

表 3　　　　　　　　　　　频次数值对好感度的影响

	均值	方差	组内差异
频次为 1（$n = 38$）	5.92	7.534	0.561
频次为 3（$n = 83$）	6.48	4.814	

注：* p < 0.05，** p < 0.01 *** p < 0.001。

再以广告播出次数作为自变量，广告记忆度作为因变量。结果显示：广告播出次数为 3 的班级（一班和四班）的学生（$n = 83$）广告记忆度均值为 4.47（满分为 10 分）；广告播出次数为 1 的班级（七班）的学生（$n = 38$）广告记忆度均值为 3.47（满分为 10 分）。两组之间的广告记忆度均值差异为 0.996，具有统计显著性。因此 H4 被支持，广告播出次数与广告记忆度相关，播出次数越高，记忆度越高。（如表 4 所示）

表 4　　　　　　　　　　　频次数值对记忆度的影响

	均值	方差	组内差异
频次为 1（$n = 38$）	3.47	0.743	0.996 ***
频次为 3（$n = 83$）	4.47	0.594	

注：* p < 0.05，** p < 0.01 *** p < 0.001。

（三）补充发现

研究者还针对父母的辅助问卷，将学生平时观看卡通片、广告片的

收视行为进行了如下分析：（1）以学生是否喜欢观看卡通片作为自变量，是否会喜欢卡通代言广告作为因变量，进行交叉分析，发现两者之间具有统计显著性（$X^2 = 5.65$，$df = 1$，$p = 0.0085$）。因此，学生是否喜欢观看卡通片同他们是否喜欢卡通代言广告具有相关性；（2）收视行为方面，样本中的 13.3% 的家庭平日里不允许孩子观看卡通片，69.9% 的家庭一周允许孩子观看 1 - 3 次的卡通片，12% 的家庭一周允许孩子观看 4 - 6 次的卡通片，仅有 4.8% 的家庭允许孩子每天都看卡通片。以学生一周的卡通片观看次数作为自变量，是否会喜欢卡通代言广告作为因变量，使用 independent samples t - test 对两者进行统计检验，发现一周观看卡通片的次数同他们是否会喜欢卡通代言广告两者之间具有统计显著性（$t = -2.028$，$df = 65.173$，$p = 0.0235$）。因此，学生对于卡通代言广告的喜爱会受到其日常观看行为的影响。

最后，基于所获取的数据，进一步分析了广告好感度和广告记忆度是否相关。将三个班级（$n = 121$）的数据进行整合，使用 pearson correlation 进行统计检验，发现广告好感度同广告记忆度两者之间具有统计显著性（$r = 0.181$，$p = 0.024$）。因此，对同一则广告来说，广告的好感度同广告的记忆度之间会相互影响。

（四）假设验证与总结

综上研究，得到如下验证结果：假设 1、假设 2、假设 3 被拒绝；假设 4 被支持。说明广告播出次数与广告记忆度之间存在显著相关。

四　总结与讨论

数据统计发现：在四个基本假设中，只有"广告播出次数与广告记忆度存在显著关系"这一假设被验证，其他三个假设均被拒绝。原因可能有以下几点：（1）本控制实验的样本量尽管达到了实验要求，但整体上仍然偏小，导致实验结果可能不具有普遍性；（2）选择的广告片时长仅为 15 秒，导致间隔式播出与连续式播出之间的差异不明显；（3）至于广告片的播放次数与广告好感度不相关，则可能与选择的广告片本身有关。

需说明的是，尽管从统计学意义上看，数据差异不具有显著性，导致本研究中的前三个假设未能得到支持。但是，当我们仔细研究数据，却发现数据之间的差异却能够印证我们的基本判断。当广告间隔播出时，广告好感度均值为 6.63，连续播出时，广告好感度均值为 6.33，两者相差 0.30，印证了我们的常识，广告连续播出会导致受众好感度降低。同样，广告间隔性播出的记忆度均值为 4.37，连续性播出记忆度均值为 4.57，两者相差 0.20，说明连续播出比间隔播出的记忆度要高。

比较有意思的是，广告播出三次的好感度为 6.48，广告播出一次的好感度为 5.92，两组之间的广告好感度均值差异为 0.56，不太符合我们的常识判断。可能有几个原因：（1）由于被测试物本身为卡通形象广告，被试者可能没有意识到这是一则推销产品的广告，和成人不同，他们不会产生抵触心理；（2）从儿童心理学的角度看，儿童比较喜欢做重复的事情。奥地利心理学家蒙特梭利曾经对儿童喜欢反复听同一故事的心理逻辑进行了分析，儿童从故事里吸收的首先是逻辑，其次是情景，最后才是概念，而这个过程是依靠不断地重复来实现的。[1] 因此，我们可以大胆揣测，观看三次的学生比只观看一次的学生从被测试广告中获得了更多的信息，理解也更加深入，因而好感度反而比观看一次要高；而成人一次即可吸收全部信息，因此，多次播放会造成信息干扰。

综上所述，我们不难发现，在儿童广告传播效果的研究领域，儿童有着不同于成人的心理特征和记忆规律，这也正是本次控制实验的独特发现。我们也希望后续研究能够用更多类型的广告测试素材、更大的样本进行测量，以进一步确证本研究中的相关结论。

（载自《现代传播（中国传媒大学学报）》2016 年第 9 期）

---

[1] 参见玛丽亚·蒙台梭利：《童年的秘密》，中国长安出版社 2010 年版。

SIVA 理论下企业品牌的精准营销及适用研究

◎ 杨玉婷

【摘要】全球经济一体化的背景下，企业越来越重视自身品牌的营销效果。本次研究将 SIVA 理论与企业品牌的精准营销相结合，认为企业品牌在精准营销实践方面应该根据 SIVA 理论四个步骤的特性，在内涵解决方案，信息、价值和途径方面逐个击破，与消费者实现实时沟通，从而真正实现一对一的营销方式。

【关键词】品牌　SIVA 理论　精准营销

一　引言

置身于信息化时代，全球经济一体化，市场呈现动态性，企业越来越重视自身品牌的营销效果，各大企业每年的营销费用，都比以往有了很大提高。但实际却如营销专家菲利普科特勒先生抱怨说：费用的大部分都打了水漂，仅有 1/10 的促销活动能得到 5% 的响应率。面对这种情况，部分企业提出并实施了精准营销策略，这是动态性市场的最大特征。动态性市场的另一个特点就是顾客消费理性化，企业越来越意识到消费者地位的重要性。2005 年"整合营销之父"，西北大学整合营销传播教授唐·舒尔茨提出新的研究成果"SIVA"模型，其核心理念是品牌营销必须以消费者为中心，满足消费者需求，与消费者深度对话和沟通。

本文主要基于 SIVA 理论，探讨企业品牌如何在 SIVA 理论指导下实现品牌精准营销，并找出 SIVA 理论在精准营销中的适用范围。

二 SIVA 营销理论及其意义

处于互联网大数据时代，消费者获取和接收信息的方式与量级完全改变了。在这个背景下，唐·舒尔茨提出的 SIVA 营销理论具有深刻的时代意义，他认为品牌营销必须以消费者为中心，与消费者进行全程沟通和交流。

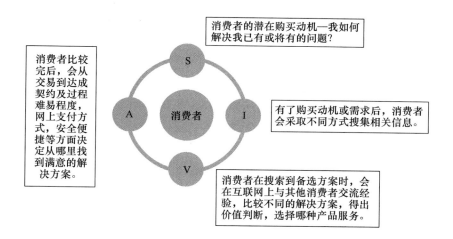

S－I－V－A 模型 4 个字母含义是：S 代表解决方案 Solution，消费者的购买动机是"我如何解决我已有或将有的问题"；I 代表 Information，有了购买动机或需求后，消费者会在互联网上搜集相关信息；V 代表 Value，消费者在搜索到备选方案时，会在互联网上通过文字、图片等方式与其他消费者交流经验，比较不同的解决方案，得出价值判断，选择哪种产品、服务；A 代表 Access，消费者在比较后，会从交易到达成契约及过程的难易程度、网上支付方式、安全便捷等方面决定从哪里找到满意的解决方案。

从以上 SIVA 理论贯穿着营销全过程的特点看来，与已有的 4P、4C 营销理论相比，SIVA 代表着营销最新思维的新理论，即回归消费者需求，一切以消费者为中心。唐·舒尔茨表示：SIVA 理论适用于各种营销组织，无论是产品制造商，还是服务提供商；无论是 B2C 企业，还是 B2B 企业；

无论是中间商销售企业，还是直接面对用户销售企业，都会从中受益。

三　企业品牌精准营销的现状

（一）精准营销的含义

20世纪60年代，麦卡锡将营销组合因素概括为4P，即产品（Product）、价格（Price）、渠道（Place）和促销（Promotion），奠定了现代营销理论的基本框架。随着买方市场的逐步形成，4P理论渐渐显露出局限性。20世纪90年代初，劳特明提出了4C理论，提出现代企业应该转变为"以消费者为中心"，但无论是4P还是4C理论，都只是基于"大众市场"。

现代社会中，需求的多元异质性越来越突出，消费者的需求越来越分化，这就要求营销策略对各细分市场更加具有针对性，也就是要更加"精准"。科特勒近年明确提出了"精准营销"，他认为：企业需要更精准、可衡量和高投资回报的营销沟通，需要制订更注重结果和行动的营销传播计划，还有越来越注重对直接销售沟通的投资。

本文认为，"精准营销"是通过定量和定性相结合的方法对目标市场的不同消费者进行分析，根据他们不同的心理表现和行为特征，企业采用有针对性的营销方法和手段，实现对目标市场不同消费者群体有效的、高投资回报的营销交流和沟通。

（二）精准营销的实现途经

1. 借助互联网实现的精准营销

借助互联网的精准营销是指通过互联网来识别网民的消费心理和行为特征，相关企业再根据这些网民的显著特征来开展针对性很强的精准营销活动。目前，衍生的精准营销方式也随着互联网技术的发展在不断创新和丰富，如点告、竞价排名搜索等。互联网凭借自身的特点可以说是实现精准营销的最优平台。

2. 借助数据库实现的精准营销

建立一个有规模，相关信息比较完备的潜在消费者数据库，是进行精准营销的重要基础。建立一个潜在消费者数据库需要企业长期的积累，企业也可以借助其他组织的消费者数据库，筛选出符合本企业自身需要的潜在消费者的信息，来开展品牌的精准营销活动。

3. 借助第三方渠道实现的精准营销

对于有些难以直接找到潜在消费者的企业，可以借助其他企业（通常是非竞争企业）渠道来发现自己的潜在客户，这是因为两个企业的产品不同，但正好针对相同的目标顾客群体。这种借助第三方的渠道能够让企业很好地进行精准营销活动。

四 SIVA 理论下的实现精准营销途径

基于上文阐述的 SIVA 理论的内涵和企业品牌实现精准营销的途径，本文试图把二者联系起来，总结出企业可以利用 SIVA 理论实现品牌的精准营销。

首先，企业应该主动考虑消费者购买的动机和目的。"我如何通过获得企业品牌解决我已有或将有的问题"，即 Solutions，但是一般来说消费者的需求是模糊的、不明确的。或者他们知道自己想要什么，却经常无法用言语表达出来，这时企业可以运用大数据和云技术进行测试、比较、评估和识别消费者的问题，做到把握问题的本质。

信息有多种形式和来源，消费者一旦有了购买动机或需求后，渴望知道自己的需求有什么选择，主要会在互联网上搜集相关信息 Information，在这个阶段，企业需要做的是提供一系列清晰、完整、真实信息，并迅速反映消费者不同的信息搜索方式，通过这样全新的传达信息的方式，品牌才能获得消费者的持续关注。

到了 V（Value）阶段，消费者会在互联网上通过文字、图片等方式与其他消费者进行交流，比较不同的解决方案，最后得出两点结论：一是购买了品牌后解决问题的价值；二是为了获得解决方案消费者付出的成本。在这阶段，企业可以协助消费者进行价值衡量，勾画出品牌带来的价值愿景，引导消费者共享品牌价值。这点恰恰是与传统营销方式不同的地方。

最后一阶段是途径，（Access）途径是指消费者可以获得问题解决方案的所有方式。消费者在比较完价值后，会决定从哪里找到满意的解决方案。这个阶段企业要把握在线销售引导，并且要兼顾零售实体店和用户的利益，做到以便捷的、切合实际的方式满足消费者的需要。

五　SIVA 理论的适用范围

　　将 SIVA 理论应用到企业品牌的精准营销实践方面是企业营销方式的一大飞跃，对营销人员，品牌经理人是一次思维的革命。过去几十年中，营销研究偏向如何找到潜在客户、如何销售产品，目光往往局限于如何提高营业收入问题。SIVA 理论是交互市场中进行营销传播的全新理论和方法，本质上是以消费者为中心的理论，所有商业活动最终目的是解决消费者的问题。

　　SIVA 理论越来越得到中国企业的重视和利用。一系列知名企业如苹果、宝洁、百度、沃尔沃等，已经应用 SIVA 理论创造很多营销神话。但是任何理论总会有其适用范围，SIVA 理论也不例外。从上文可知，SIVA 理论应用在精准营销实践时，非常注重连续性、时效性，这样不免有些偶然性因素，不可控因素在里面，加上消费者需求是一个线性变化的因素，企业没有百分百掌握的可能。经过本人的归纳和总结，得出 SIVA 理论的适用范围需具备几个要素：1. 消费者的需求持续且方向明确；2. 企业与消费者的沟通阶段完整不间断；3. 企业本身有良好的消费者洞察能力。

　　总之，SIVA 理论作为一个符合时代需求的营销理论，其内涵解决方案（Solutions）、信息（Information）、价值（Value）和途径（Access）构成了实现精准营销时解决消费者问题的组合，企业应该根据四个步骤的特性，与消费者实现实时沟通，才能真正实现一对一的营销方式，真正满足消费者的需求。

参考文献

　　[1] 唐·舒尔茨：《SIVA 范式——搜索引擎触发的营销革命》，《中国科技财富》2013 年第 12 期。

　　[2] 专访"整合营销传播之父"唐·舒尔茨："大多数市场营销规则已经过时了"，来源：经济网：《中国经济周刊》，www. ceweekly. cyhtml/Article/20121210380966059. html. 2012 年 12 月 10 日。

［3］梁朗：《基于第三方渠道的精准营销优势研究》，《安徽水利水电职业技术学院学报》，2008 年第 4 期。

［4］陈悦棠、吴春平：《基于动态能力整合视角下营销新思维探讨——SIVA 理念》，《现代商贸工业》2010 年第 6 期。

［5］范红召：《基于搜索引擎的"SIVA"网络营销理论模型的应用研究》，《现代经济信息》2013 年第 9 期。

［6］伍青生、余颖、郑兴山：《精准营销的思想和方法》，《市场营销导刊》2006 年第 5 期。

［7］初广志：《美国整合营销传播新动向》，《市场观察》2010 年第 5 期。

［8］唐·E·舒尔茨、董婧、刘志一、王安妮：《整合营销传播与未来——美国西北大学唐·E. 舒尔茨教授北大演讲实录》，《广告大观（理论版）》2013 年第 6 期。

（载自《商》2014 年第 39 期）

STP 战略下的真人秀类电视节目品牌建构

◎ 宋　词

【摘要】电视节目品牌建构是电视媒体市场化运营中必不可少的环节。真人秀类电视节目在构建其品牌的过程中，可以借鉴 STP 战略，通过细分受众、合理包装节目内容、满足受众的多元心理需求等举措，合理制定其品牌战略，进而建构其节目品牌。

【关键词】STP 战略　真人秀　电视节目　品牌

电视节目品牌标志着一种超越时空的品位和文化。① 在当下日趋白热化的竞争环境中，真人秀类电视节目的生存之道无疑就是打造其自身品牌。在品牌建构中，真人秀类电视节目可以合理运用市场营销学中的 STP 战略作为其理论支撑。

1956 年，美国营销学家温德尔·史密斯提出了市场细分概念。此后，美国营销学家菲利普·科特勒进一步完善了温德尔·史密斯的理论，并最终形成了成熟的 STP 战略。作为营销核心内容的 STP 战略，其中 S 是指市场细分（Segmentation），即根据购买者对产品或营销组合的不同需要，将市场分为若干个不同的顾客群体；其中的 T 是指目标市场选择（Targeting），即确定目标市场以满足消费者的需要；其中的 P 是指定位（Positioning），即针对潜在消费者心理，强化并传播该产品的关键特征。② 从本质上而言，真人秀类电视节目的运营，始终离不开市场营销。因此，真人秀类电视节目在其品牌建构过程中，为更好地满足受众需求，可以借鉴 STP 战略，在细分受众的基础上，合理包装节目内容，以满足受众

---

① 陈兵：《电视品牌建构》，中国传媒大学出版社 2006 年版。

② （美）菲利普·科特勒（Philip Kotler）、加里·阿姆斯特朗（Gary Armstrong）：《营销学导论》，俞利军译，华夏出版社 1998 年版。

的多元心理需求，进而建构其节目品牌。

一　细分受众

在当下的消费环境中，受众往往比较认可品牌化的产品，而电视节目品牌能够明确传递节目的属性和意义，从而更好地吸引受众。真人秀类电视节目虽有自己固定的收视群体，但不同的观众之间，存在着不同的收视喜好与需求。虽然没有一档电视节目能完全满足所有受众的需求，但一档电视节目可以通过尽可能地满足大部分受众的需求，来赢得较高的收视率。从这一意义而言，运用 STP 战略中市场细分的方法分析目标受众群，可使真人秀类电视节目在建构其品牌时，目标更为明确。因此，细分受众，是建构真人秀类电视节目品牌的第一步。

细分受众，就是从受众群体出发，将多元化的收视群体，分为几个具有差异性的更小的群体。在这一过程中，每一个受众都是一个细分群体中的一员，而每一个群体又都是由具有类似收视动机的受众构成。因此，细分受众最直接的方法，就是按照性别、年龄、兴趣爱好、文化程度等的不同，将相关受众予以准确分类。当前收视率较高的真人秀类电视节目之所以能获得成功，很大程度上，就在于其能对受众群体予以准确细分。比如婚恋类真人秀节目《非诚勿扰》的嘉宾以年轻人为主。这些年轻人之所以愿意参加该节目，并不是因为其在交友上处于劣势，而是想借此与许多有魅力、有个性的年轻人聚会。这些年轻人的交往对象，大多有着相似的兴趣爱好与文化程度等。因此，从这一层面而言，这些年轻人及其亲朋好友中的 80% 的受众，都可以锁定为该节目的目标受众群。通过细分受众群体，真人秀类电视节目《非诚勿扰》在品牌建构中，便奠定了坚实的基础。

真人秀类电视节目与其他电视节目的主要区别之处在于，其嘉宾本身可能就是普通观众里的一员。这就意味着，在真人秀类电视节目的传播活动中，受众始终居于十分重要的地位。因此，对于真人秀类电视节目而言，受众细分尤其重要。正是在这一意义上，越来越多的真人秀类电视节目开始直接将观众纳入其节目制作中，使其成为节目主角并决定节目走向，如在《超级女声》等选秀类节目中，观众的参与及投票，便直接影响了节目环节的设置。这一变化的出现，意味着真人秀类电视节目已开始有意识地细分受众了。

细分受众，为真人秀类电视节目品牌建构打下了坚实的基础。细分受众之后，节目制作部可以从不同的受众那里，得到更为及时全面的反馈，从而更敏捷地对节目内容做出相应的调整；与此同时，节目制作部还可以通过对比分析不同的小收视群体，有针对性地制作新节目，以更准确地开拓市场。

二　节目包装

在市场细分的基础上，企业根据自身优势，从细分市场中选择一个或者若干个子市场作为自己的目标市场，并针对目标市场的特点开展营销活动，以期在满足顾客需求的同时，实现企业经营目标，此即确定目标市场。确定目标市场是 STP 战略的核心步骤。将其移之于真人秀类电视节目品牌建构，指的便是在细分受众的基础上，打造自身特色以服务于受众。这是建构真人秀类电视节目品牌的第二步。

真人秀类电视节目往往与受众的情感需求直接相关联。因此，确定真人秀类电视节目目标市场的前提，便是从受众需求出发，从内容版块、主持人风格、场景布置等方面来合理包装节目，而其中最为重要的是针对节目内容的包装。在这方面做得比较成功的，有湖南卫视推出的《天天向上》节目。该节目是一个大型礼仪脱口秀节目，主要内容是传播中国传统礼仪文化，使受众在娱乐之中，感受中华传统美德的精髓。由于该节目目标市场明确，故节目内容包装颇有创意，比如：运用了全国第一支偶像团体概念，尤其是嘉宾职业秀的推出，营造了熟悉的陌生化的传播效果，很好地诠释出节目在传播中华文化及道德礼仪过程中的意义与价值。

除本土节目外，不少电视媒体还购买了国外真人秀电视节目的相关版权。为使其更好地适应国内市场，电视媒体对其进行了本土化包装。分析这些包装成功的范例，我们便会发现，其内容包装始终围绕着确定目标市场而展开。其具体举措有三：其一，将富有中国特色的相关内容融入节目版块之中。这一点，从中国版《爸爸去哪儿》节目与韩版《爸爸我们去哪儿》节目的对比中，便可以分明地看出。中国版《爸爸去哪儿》节目所选取的活动地点，均为极具中国地域特色或有着深厚文化积淀的景区。该节目不仅展现了祖国的大好河山，更在潜移默化中弘扬了中华民族五千年的历史文化，因而巧妙地迎合了目标市场的受众需求；其二，节目播出时间的相应调整。仍以中国版《爸爸去哪儿》节目与韩版《爸爸我们去哪儿》节目为例，由于中国观众的收视习惯不同于韩国观众，因而中国版《爸爸去哪儿》节目针对目标市场受众的实际情况，在节目播出时间段上做出了相关调整，即将节目放在周末晚上的黄金时段播出，而韩版《爸爸我们去哪儿》则是在晚饭时间播出。这一调整，不仅迎合了目标市场的受众需求，且带来了节目内容包装的相应变化。与韩版《爸爸我们去哪儿》节目相比，中国版《爸爸去哪儿》节目节奏更快，内容更加紧凑，以至于拍摄片比达到了 1000∶1。目标市场的确定，以及随之而来的包装的成功，奠定了中国版《爸爸去哪儿》节目成功的基础；其三，游戏竞技设置更富人情味。在游戏竞技真人秀类电视节目中，国外相关节目的参与者，为了赢得丰厚的奖金，往往会不择手段。这一做法，与伦理中国的实际格格不入。因此，在将该类节目引入国内时，电视媒体往往会在确定目标市场的前提下，对相关节目予以中国化，即在游戏竞技设置中凸显人情味，以竞技方在宽容合作的基础上达至双赢为上策，从而使其更好地迎合国内受众的审美情趣。不同的目标受众具有不同的观赏习惯与审美情趣。因此，真人秀类电视节目只有在确定目标市场的前提下，有针对性地对节目予以相关包装，才能更好地建构自身品牌，最终赢得市场。

三　满足受众需求

STP 战略中的市场定位是指企业从各个方面为产品打造特定的市场形象，使之与竞争对手的产品显示出不同的特色，进而使目标顾客对其产生一种特殊的偏爱。市场定位虽然是以产品为出发点，但定位的对象并非产品，而是顾客的心理。将其移之于真人秀类电视节目品牌建构，这便意味着，分析受众心理。这是真人秀类电视节目建构品牌的第三步。

为满足自身特殊的消费体验，受众往往会支持迎合其观念的电视节目。有一千个读者，便会有一千个哈姆雷特，面对同一档电视节目，不同的受众会有不同的感受与体会。换言之，受众会按照自己的方式去理解节目，并在其中掺入自己的情感。① 真人秀类电视节目在建构其自身品牌时，必须充分考虑受众的这一心理，以便更好地满足不同受众的心理需求，使其在观看节目时，获得充分的消费体验。只有这样，才能更好地建构真人秀类电视节目品牌。在这方面，可借鉴的成功案例有韩国真人秀类电视节目《奔跑吧兄弟》。该节目于 2010 年 7 月开播，在最初播出的一年多时间里，节目的收视率不高。通过认真分析受众心理，节目组最终找到了问题症结所在：由于节目形式（分组举行游戏对抗赛，最后惩罚输家）过于单一，不仅游戏参与者难以在其中找准自身定位，无法形成一个有凝聚力的整体，且无法满足不同受众的心理需求。于是，节目组改变了节目形式，在分队定输赢的基础上，在游戏过程中适当穿插了一些小故事。节目内容的多样化，不仅有利于节目参与者发挥自身特长，更好地找准自身定位，也有助于满足受众多样化的心理需求。如此一来，该节目很快便走出了收视低谷。与此相似的成功案例，还有美国的电视节目《极速前进》。这是一个一群人环游世界举行竞速比赛的真人秀类电视节目。自 2003 年艾美奖设立黄金时间最佳竞技类节目奖以来，该节目在 12 年中前后共十次摘得美国最佳真人秀类电视节目桂冠。截至 2014 年底，包括中国在内的 13 个国家或地区，共制作推出了 14 个该节目的当地版本。该节目之所以大获成功，其中一个很重要的原因就在于充分满足了受众的心理需求。具体而言，该节目的成功经验有三。其一，该节目以旅行为主题，充分展示了节目的独特魅力与个性。无论在该节目第一季播出的 2001 年或当前，环球旅行始终都是一个全民热门的话题。如此一来。该节目便很好地迎合了受众的心理需求，且旅途中的种种未知，不仅可以有效地激发受众的好奇心，还可以成为节目中层出不穷的亮点。在这档节目中，节目参与者不仅可以体验一段终生难忘的环球旅行经历，而且可以在饱览异国风光的同时，体验各地独特的民俗风情；而不同的受众则可以跟随节目参与者一路行进，在不同的景物风情的更替中，获得极为丰富的消费体验。其二，该节目的主角锁定为普通人，这无形中拉近了其与受众之间的距离，充实了受众的情感体验，使受众

---

① （美）李普曼：《舆论学》林珊译，华夏出版社 1989 年版。

感到格外亲切。其三，该节目虽以环球旅行为主题，但在环球旅行的过程中，同时也存在种种考验参与者智力体能的生存挑战，只有配合默契的参赛组，才能在各个环节中胜出。由此可见，参赛成员的通力合作、共同进步，才是该节目设置的真正目的。对于受众而言，该节目不仅满足了其多元化的情感诉求，如能力的挑战、团体意识的培育等，亦是其承载梦想的舞台。该节目正是由于充分满足了受众多元化的心理需求，因而成功地建构了节目品牌。

真人秀类电视节目要打造节目品牌，就必须在更大的市场范围内赢得更为广泛的受众，而 STP 战略就在市场细分的基础上，对如何确定市场目标提供了理论支撑。STP 战略也因此与真人秀类电视节目品牌建构走到了一起。

参考文献

［1］陈兵：《电视品牌建构》，中国传媒大学出版社 2006 年版。

［2］（美）菲利普·科特勒（Philip Kotler）、加里·阿姆斯特朗（Gary Armstrong）：《营销学导论》，俞利军译，华夏出版社 1998 年版。

［3］（美）李普曼：《舆论学》，林珊译，华夏出版社 1989 年版。

（载自《长江大学学报（社科版）》2016 年第 3 期）

大学生网络游戏成瘾归因分析

◎ 李志甜

【摘要】在文献回顾及对网络游戏重度使用者访谈的基础上，笔者制定网络游戏成瘾测量量表和网络游戏使用原因量表，在深圳大学对200名近期使用过网络游戏的学生进行入户调查，对调查结果进行探索性因子分析后，网络游戏成瘾测量量表涵盖了三个维度：管理障碍（包括时间管理障碍和情绪管理障碍）；社交冲突与行为反复；生理及学习危害，共12个有效测项。三个维度的量表信度在0.754—0.870，成瘾测量量表整体信度值为0.873，累计方差贡献率达到65.905%。网络游戏使用原因聚合为三个因子：玩家自身原因、外部环境和游戏特征，各个因子的信度值为0.575、0.564、0.771，量表总体信度值为0.775，累计方差贡献率达到57.712%。最后，以网络游戏成瘾为因变量，以网络游戏使用原因量表中得出的三个因子为自变量进行回归分析，网络游戏使用原因三个因子均与网络游戏成瘾之间有显著联系，其中外部环境对于网络游戏成瘾者的影响最大。

【关键词】成瘾　网络游戏　测量　归因　中国

一　研究背景

2008年11月8日，我国发布了首个《网络成瘾诊断标准》（以下简称《标准》），正式把网络成瘾纳入了精神病的范畴，该标准一出，引起了网友的热议，不少参与讨论的人表示若按照该标准算自己也是精神病。因此，《标准》的科学性引起质疑。其实，目前业界对界定网络成瘾的标准仍然没有一致意见。《标准》中则把网络成瘾分为网络游戏成瘾、网络色情成瘾、网络关系成瘾、网络信息成瘾、网络交易成瘾 5 类，并且指出在已经掌握的网络成瘾确诊者中有 80% 的为网络游戏成瘾。然而，《标准》中却没有给出网络游戏的定义。既然八成以上的网络成瘾者为网络游戏成瘾者，那么这些网络游戏成瘾者是怎样界定出来的呢?《标准》中也没有针对网络游戏成瘾给出界定，给出的网络成瘾的界定标准其实和 Young（1996）[23] 的 8 条界定标准类似，并没有进行细化。

本文通过对深圳大学 200 名学生的抽样问卷调查，主要解决以下三大问题：

①在已有研究以及网络游戏玩家访谈的基础上，针对网络游戏制作一份网络游戏成瘾测量量表；

②在已有研究以及网络游戏玩家访谈的基础上，制作网络游戏使用原因量表；

③探讨网络游戏成瘾与网络游戏使用原因之间的因果关系。

二　文献回顾

（一）网络游戏成瘾

网络成瘾在 1995 年由美国纽约的精神病医生 Goldberg（1995）[15] 根据网络使用过程中引发的相关障碍提出，并命名为"网络成瘾"（Internet Addiction，IA），或"互联网成瘾症"（Internet Addiction Disorder，IAD）。在随后的一些研究中，有人把网络成瘾称为"病态网络使用"——Pathological Internet Use，PIU（Davis，2001）[13]。而网络游戏成瘾则是最近几年获得了广泛关注，对于网络游戏成瘾目前还没有一个确定的定义。王澄华（2001）[6] 提到，学者周倩将国际卫生组织对于成瘾的定义加以修改，将网络成瘾定义为：由重复地使用网络所导致的一种慢性或周期性的着迷状态，并产生难以抗拒的再度使用的欲望。同时会产生想要增加使用时间的张力与耐受性、克制、退瘾等现象，对于上网所带来的快感会一直有心理与生理上的依赖。

根据网络成瘾的概念，笔者认为可以这样定义网络游戏成瘾：由于重复使用网络游戏导致的一种慢性沉迷状态，并产生难以抗拒的重复使用欲望，由此带来的复发、冲突、管理障碍、生理危害等一系列现象，对网络游戏产生依赖。

（二）网络游戏成瘾测量

由于网络成瘾可以分为五类（Armstrong，2001）[10]，针对各个具体类型成瘾的问卷还没有权威的定论。我国在网络游戏成瘾量表的研究方面稍显落后，目前主要有聂晶等（2006）[5]、刘惠军等（2007）[4]编制的大学生和青少年网络游戏成瘾问卷。但是这三份测量问卷存在以下两个问题：

其一，问卷的因素构成上和网络成瘾的测量构成几乎一样，只是从外国网络成瘾量表确定的几个维度进行细化。

国外学者中最早提出网络游戏成瘾的学者为 Griffiths（1998）[16]，他根据此前 Young（1996）[23]，Beard 和 Wolf（1998）[11]，Goldberg（1995）[15]等提出的网络成瘾概念，提出了网络游戏成瘾的测量标准，主要包括成瘾行为突显性、心境转变、耐受性、戒断症状、冲突性和复发性。北京大学心理学教授 Qian，et al（2007）[20]在对 1029 名大学生进行调查后，运用探索性因子和验证性因子分析之后得出大学生网络成瘾三个因子，分别是冲突性、情绪管理和依赖性。其中冲突性包含了前人研究中的使用产生的不良后果、突显性和复发性因素。情绪管理因子包含了情绪管理障碍和逃避现实因素。依赖性因子则包含了 Griffiths（1998）[16]中提到的戒断症状和耐受性。

我国聂晶等人（2006）[5]在网络成瘾测量标准的基础上编制的大学生电脑游戏成瘾量表包含 33 个条目，四个维度：依赖、成瘾行为表现维度；情绪唤起维度；功能损害维度；对现状羞耻或者不满维度。黄思旅和甘怡群（2006）[24]编制的青少年网络游戏量表在聂晶等（2006）[5]的基础上进行修改，得出青少年网络游戏成瘾量表包含四个因素：成瘾行为、情绪唤起、羞耻不满和功能损害。这四个因素与聂晶等人（2006）[5]编制的大学生电脑游戏成瘾量表中的维度基本相同。此外，刘惠军等人（2007）[4]编制的大学生电脑游戏成瘾问卷通过探索性和验证性因子分析后包含了 24 个项目，五个因子，分别为时间管理、情绪体验、生活冲突、牺牲社交、戒断困难。李欢欢等人（2008）[25]直接使用 Young（1996）[23]的量表，分析了大学生网络游戏认知与成瘾之间的关系，但是没有对网络游戏概念进行具体界定，使用的网络游戏量表也仅仅是把 Young（1996）[23]制定的 8 条网络成瘾判断标准中的网络更改为网络游戏。

从以上文献回顾可以看到，国内目前对于网络游戏成瘾的量表设计几乎和网络成瘾量表设计雷同，单纯从行为上进行测量，甚少有研究纳入了心理因素和生理指标因素。对于心理因素而言，网络成瘾的测量研究首先进行了心理因素方面的测量，Leo & Whang, et al（2003）[19]认为Young（1996）[23]的量表中没有涉及心理方面的因素，反而是众多韩国学者在2001年开发制定的心理测定量表弥补了这方面的不足，因此他们在2003年的测量中使用了韩国2001年的量表并得到验证。我国对于网络成瘾的研究于2003年开始纳入了心理学的因素（陈淑惠等，2003）[1]，对于网络游戏成瘾的研究虽然承袭了在心理指标方面的测量，但是主要表现在情绪管理方面。

同时，网络游戏成瘾测量中纳入生理指标的还不多见（马宁 & 王辉，2005[2]；杨晓峰、陈中永，2007[8]）。因此，本次问卷中在承袭心理指标方面的测量外，还将增加生理方面的测量指标，探索测量网络游戏成瘾的量表。

其二，已有的研究成果中没有对网络游戏进行清晰准确的定义，编制的问卷中大多数把单机游戏、局域网游戏与网络游戏混杂在一起进行测量，忽略了网络游戏尤其是MMORPG（大型多人角色扮演）游戏的近乎接近现实性的模拟互动交流（Yao, 2006）[21]，这类游戏的玩家大多数都有强烈的团队感和组织归属感，游戏中设置的升级规则也与单机游戏和局域网游戏存在巨大差异，大学生网络游戏成瘾的主要表现为大型多人角色扮演游戏成瘾，如魔兽等。因此在具体的测量中应该具体指明何种游戏类别。

综合以上分析，笔者首先对网路游戏进行定义，即本文中所说的网络游戏是真人互动网络游戏，即游戏需要借助网络进行，最少由两个人参加，参与游戏者之间形成竞争或者合作的关系。因此，可以一人完成的或者不需要联网的单机游戏并不在此次调查范围之内。同时，由于此前量表中加入生理指标较少，因此笔者提出下面假设：

假设1：生理危害因素是网络游戏成瘾测量量表的指标之一。

（三）网络游戏使用原因

在网络游戏成瘾原因方面，国内外学者得出的结论基本一致，但是研究方法却不一样。国内对于网络游戏成瘾原因研究起步较晚，而且很多脱胎于网络成瘾原因的研究，这方面的理论研究多，实证研究少，大多是对网络游戏成瘾的原因以及网络游戏成瘾对青少年所带来的危害进行理论探讨，并提出相应的宏观对策，如赵洪亮、施国盘（2004）[9]，李琳（2004）[3]，王景芝（2005）[7]等。

国外学者对于网络游戏成瘾的原因研究采用的大多为经验性的定量研究，自己编制的网络游戏使用原因量表，一般为李克特 5 级量表，采集问卷数据后利用因子分析的方法归纳出网络游戏成瘾的原因。这些研究主要把原因归纳为三个方面：玩家自身原因、外部环境因素和网络游戏自身特点。

归纳起来，国外的定量研究往往只集中研究其中一个方面对于网络游戏成瘾或者网络成瘾的作用，很少把三个原因综合在一起与网络游戏成瘾进行研究。国内的研究虽然把上述三个原因归总进行分析，但是却没有进行定量的研究。因此，本次调查综合三个方面的因素进行定量研究，考察各个因素与网络游戏成瘾之间的关系以及哪个因素对于网络游戏成瘾影响最大。

综合以上，笔者提出假设 2，即：

网络游戏使用各原因对网络游戏成瘾有显著影响。

假设 2 中包含以下几个小假设：

假设 2.1：玩家自身原因对网络游戏成瘾有显著影响。

假设 2.2：外部环境因素对网络游戏成瘾有显著影响。

假设 2.3：网络游戏本身特征对网络游戏成瘾有显著影响。

假设 2.4：玩家自身原因、外部环境因素、网络游戏本身特征三者对于网络游戏成瘾的影响程度不一。

Lee, et al.（2007）[18]在一项网络游戏调查中指出网络游戏成瘾群体中男性比例高于女性，已有的对于网络成瘾的研究中，认为性别对于网络成瘾的影响巨大，男性比女性更易于网络成瘾（Young，1996）[23]。同时，笔者认为其他人口学变量（年龄、月收入、年级）对网络游戏成瘾也有显著影响。因此，笔者提出以下假设：

假设 3：玩家人口学变量（性别、年龄、月收入、年级）对网络游戏成瘾有显著影响。

假设 3.1：玩家性别对网络游戏成瘾有显著影响。

假设 3.2：玩家年龄对网络游戏成瘾有显著影响。

假设 3.3：玩家月收入对网络游戏成瘾有显著影响。

假设 3.4：玩家年级对网络游戏成瘾有显著影响。

此外，Chou & Hsiao（2000）[12]等人对网络成瘾的研究中发现网络使用类型对网络成瘾有显著影响，使用网络互动功能的人更容易网络成瘾。Yao（2006）[21]指出大型多人互动游戏成瘾产生的生理和心理问题被忽视，而这种网络游戏类型是目前最受欢迎的网络游戏种类之一。因此，笔者提出以下假设：

假设 4：网络游戏使用模式（使用时间、网络游戏类型）对网络游戏成瘾有显著影响。

假设 4.1：玩家使用网络游戏时间对网络游戏成瘾有显著影响。

假设 4.2：玩家使用的网络游戏类型对网络游戏成瘾有显著影响。

三　研究方法

（一）样本

本次问卷调查采用整群分层抽样入户调查的方法，以深圳大学 18744 名全日制在校学生为母本，根据在校男女生比例、各年级人数比例选取大学一年级至大学三年级、研究生一年级和二年级的共 200 名大学生和研究生，年龄分布在 18－26 岁，平均年龄为 20.8 岁。根据各年级入住的宿舍楼情况，从全校 95 栋学生宿舍楼中抽取 32 栋进行问卷发放。问卷发放过程中的抽样规则为每层楼抽取一名受试者。并且，受试者必须在近半年内进行过互动网络游戏的活动，若该宿舍无人或无人玩网络游戏，则采取向右向上的办法发放问卷。共发放 200 份问卷，回收 195 份有效问卷，回收率 97.5%。

（二）测量

1. 问卷编制

根据文献分析（Suler，1999；Davis，2001）[13]以及访谈情况，笔者在设计网络游戏成瘾的问卷时首先对网络游戏定义进行了界定，网络游戏为由两个真人以上利用互联网，在一定规则之下进行的互动游戏。这个定义一方面要求玩家一定要是网络使用者，另一方面要求玩家进行过网上互动的游戏体验。

我们初步设计的问卷包括四个部分，分别是包含 16 个测项的网络游戏成瘾测量量表；该量表是经过 5 位网络游戏玩家和 3 位心理学研究生通读问卷，剔除他们认为语义重复的问题后，调整得来的。11 个测项的网络游戏使用原因量表；网络游戏使用模式量表和人口学一般测项。

分析

对 16 个测项采用主成分分析方法做探索性因子分析，用最大方差法进行旋转，第一次探索性因子分析后显示其中四个测项旋转后因子负荷在两个因子上超过 0.4，删除这四个测项后，再采用主成分和最大方差旋转法进行因子分析，提取特征值大于 1 的因子，最后聚合为三个因子，分别命名为，管理障碍（时间管理障碍和情绪管理障碍）（$\alpha = 0.82$）、社交冲突与行为反复（$\alpha = 0.87$）和生理及学习危害（$\alpha = 0.75$），方差总贡献率达到 65.905%，比聂晶（2006）等人的 55.11% 方差贡献率略高。具体因子载荷、特征值以及贡献率如表 1 所示：

表 1   探索性因子分析结果

测项	因子载荷		
我玩游戏的时间常常超过最初的设想		0.63	
我玩网络游戏时间越久，我越聚精会神		0.73	
玩游戏时，如果因故必须停止我会觉得心烦意乱		0.76	
如果我玩的网络游戏没有过关，会忧心忡忡		0.75	
当有人打扰我玩网络游戏时，我就会郁闷甚至发火		0.81	
我宁愿玩网络游戏也不愿意做其他事情	0.75		
我因为玩网络游戏而减少和家人的交流	0.84		
我因为玩网络游戏而减少了与同学和朋友在一起的时间	0.79		
我曾经试图戒除网络游戏，但后来又回到了原来的状态	0.73		
我曾试图减少玩电脑游戏，没过多长时间就又玩起来了	0.71		
因为玩网络游戏经常让我感觉很疲惫			0.86
网络游戏影响了我的身体健康			0.82
特征值	5.06	1.71	1.14
贡献率	26.61	25.02	14.28

进一步考察问卷各维度以及各维度与总分的相关性，结果见表2。各维度与总分之间存在高相关性，说明每个维度对总分都有较大的贡献，且各维度之间的相关性低于各维度与总分之间的相关性，表明不同维度之间存在相对独立性。同时，各个维度之间的相关系数都小于0.5，维度之间的独立性良好。本次调查所使用的问卷有结构效度。

2. 网络游戏使用原因测项

笔者参照已经有的理论性研究以及访谈制订了包含11个测项的网络游戏使用原因问卷。11个测项基本按照玩家自身原因、外部环境因素以及网络游戏特征三个方面进行制定。其中，玩家原因量表包含4个测项，如玩家心理状况、个人感受等；外部环境因素包含3个测项；游戏特征包含4个测项。这些测项制定是否合理，有待对采集的195份问卷进行因子分析。

表2   三因子相关性

维度	管理障碍	社交冲突与行为反复	生理及学习危害
均值	13.46	9.73	5.31
方差	4.16	4.33	2.13
信度值	0.82	0.87	0.75
社交冲突与行为反复	0.478(**)		
生理及学习危害	0.335(**)	0.490(**)	
总分	0.819(**)	0.857(**)	0.650(**)

注：** p < 0.01 level (2 – tailed)。

分析

对11个测项采用主成分分析方法做探索性因子分析，用最大方差法进行旋转，结果显示其中一个测项旋转后因子负荷在两个因子上超过0.4，删除该测项后，得出网络游戏使用的三个原因，分别是玩家自身原因（$\alpha = 0.58$），外部环境（$\alpha = 0.56$）与游戏自身特点（$\alpha = 0.77$），如表3所示。

表3　　　　　　　　　　　　　网络游戏使用原因因子分析

测项	因子载荷		
	1	2	3
我没有什么朋友，以网络游戏来打发时间		0.78	
父母很忙总是没有时间与我沟通，觉得网络游戏中的其他玩家让我觉得亲切			0.70
我经常觉得郁闷和压抑，网络游戏能帮我缓解这种情绪		0.50	
我比较内向，想通过玩网络游戏结识更多的朋友		0.77	
周围同学都在玩			0.75
父母不在身边，管不了			0.45
网络游戏中能随意表达意见	0.76		
我觉得玩网络游戏很刺激	0.77		
网络游戏中完成任务后获得奖赏的感觉让我会继续玩	0.79		
我觉得玩网络游戏时，我比现实中厉害	0.64		
特征值	3.41	1.35	1.00
贡献率	24.03	17.64	16.04

　　问卷整体信度良好，但是其中两个分量表信度在0.6以下，可能在于问卷的表达方式上出现问题，在后期进一步研究中将对这个进行验证性因子分析并做出进一步的改进。进一步考察网络游戏使用原因各维度以及各维度与总分的相关性，结果见表4。表4显示，各维度与总分之间存在高相关性，说明每个维度对总分都有较大的贡献，且各维度之间的相关性低于各维度与总分之间的相关性，表明不同维度之间存在相对独立性，同时，各个维度之间的相关系数都小于0.5，维度之间的独立性良好。本次调查所使用的问卷是有结构效度的。

表4　　　　　　　　　　　　　三因子相关性

	玩家自身原因	外部环境原因	游戏自身特点
均值	6.64	7.45	9.12
方差	2.59	2.52	2.79

续表

	玩家自身原因	外部环境原因	游戏自身特点
信度值	0.575	0.564	0.771
外部环境原因	0.404(**)		
游戏自身特点	0.351(**)	0.440(**)	
使用原因总分	0.747(**)	0.786(**)	0.786(**)

注: ** p < 0.01 level (2 - tailed)。

四　研究发现

(一) 总体情况

通过对网络游戏成瘾测量量表所得数据的正态分布情况得知均值为 28.2，方差为 8.4，因此确定网络游戏成瘾分数为 37 分以上，网络游戏依赖为 28—36 分，而 28 分以下则为正常使用群体。通过统计发现，深圳大学中网络游戏成瘾群体占的比例为 14.3%，这一比例在众多研究中提出的 6% – 30% 的范围之内 (Young, 1996[23]; Eppright, Allwood, Stern& Theiss, 1999[14]; Chou& Hsiao, 2000[12]; Huisman, Eijnden & Garretsen (2001)[17])。网络游戏成瘾群体中，男性网络成瘾比率高达 85%，女性只占 15%，这与 Lee, et al. (2007)[18]对于网络游戏调查得出的结论一致，网络游戏成瘾群体中男性比例高于女性。

(二) 假设检验

对网络游戏成瘾测量量表的探索性因子分析后形成了三个因子，且因子的负荷基本都超过了 0.7 (除因子 2 中有一个测项为 0.634)，在这三个因子中，笔者加入的生理指标的测项与学习危害的测项聚合为一个因子，命名为生理及学习危害，因此，假设 1 得到验证。

同时，以网络游戏成瘾为因变量，网络游戏使用各原因、网络游戏使用模式、玩家人口学一般变量为自变量，采用向后逐步剔除法进行多元线性回归，结果如表 5 所示。

表5   多元线性回归分析

网络游戏使用原因	成瘾	人口学变量	成瘾
玩家自身原因	0.064(***)	F检验值	30.969(***)
外部环境原因	0.074(***)	常数	-0.064
游戏自身特点	0.062(***)	R^2	0.482
网络游戏使用模式		样本数	179
网络游戏使用类型	0.076	性别	0.207(**)
网络游戏使用时间	0.036(*)	年龄	0.057
		年级	-0.060
		月生活费	0.033

注:* $p < 0.05$;** $p < 0.01$; *** $p < 0.001$

a Dependent Variable:成瘾情况。

从上表可以看到,在网络游戏使用原因方面,玩家自身原因、外部环境原因、游戏自身特点对网络游戏成瘾有显著影响,其中对网络游戏成瘾影响最大的原因为外部环境因素,包括家庭和学校环境因素。因此,假设2得到验证,假设3.1得到验证,假设3.2、3.3和3.4并没有得到验证,这与美国学者 Yee(2006)[22]对网络游戏的研究结果一致。假设4.1得到验证,而4.2并没有得到验证。

综上所述,本研究可以概括为以下模型,如图1所示。

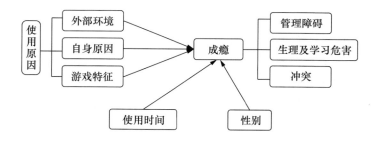

图1　网络游戏成瘾原因与预测模型

五 研究存在的不足

本文中的不足主要存在以下几个方面，首先，在网络游戏成瘾测量量表方面，前文讨论的量表效度只是从数据上分析而来，虽然能证明一定的问题，但是在理论上证明其量表的信度还存在一定的困难。量表主要针对的是使用互动游戏的群体，其适用性存在一定局限，如在设计危害性这个因素的具体项目时，考虑到了学生的特殊身份，而没有针对其他职业的人设计测量项目，所以问卷如若在学生群体中推广使用会达到较好的测试效果，但若用于其他人群的网络游戏成瘾测量则还需要进一步的修改。问卷的样本数量有限，若需要进一步证明问卷有效性，还需要进行再采样进行验证性因子分析以检验网络游戏成瘾量表的因子结构模型，进一步证明问卷的可用价值。其次，在网络游戏使用原因方面，三个分量表中有两个分量表的信度在0.6以下，没有达到很好的信度，这个也是在以后的研究中需要改进的地方。最后，本次调查的样本量较少，后期研究中可进一步扩大样本范围，比较不同群体网络游戏成瘾情况。

六 贡献与建议

此次问卷调查主要访问对象为大学生，因此问卷中涉及一些学习性问题。同时，问卷中最大的贡献在于加入了生理危害这一预测因素，并在具体的问卷施测中取得了很好的信度，最终在探索性因子分析中得到了验证，成为一个单独的因子。

与此同时，在网络游戏成瘾和成瘾原因方面，虽然在原因设计方面没有创新，但是采用了实证的方法把三个原因同时纳入分析，假设得到检验。外部环境在三个因素中对于网络游戏成瘾的作用最大，在此后的网络游戏使用的监督上，不仅仅限于从玩家本身着手，还应该同时加以外部环境管控和调解，如家庭成员尤其是父母在其中应该起着引导作用，学校则应该努力创造好学习氛围，鼓励学生参加集体活动。

参考文献

[1] 陈淑惠等：《中文网络成瘾量表之编制与心理计量特性研究》，《中华心理学刊》2003 年第 45 期，第 279 – 294 页。

[2] 马宁、王辉：《大学生网络成瘾症形成的心理机制及预防和干预》，《高等理科教育》2003 年第 2 期。

[3] 李琳等：《网络游戏对青少年心理发展的影响及其自我调控对策》，《现代中小学教育》2004 年第 7 期。

[4] 刘惠军、李洋、李亚莉：《大学生电脑游戏成瘾问卷的编制》，《中国心理卫生杂志》2007 年第 1 期。

[5] 聂晶、钱铭怡、黄峥、章晓云、邓晶：《大学生电脑游戏成瘾量表的编制和信效度检验》，《中国心理卫生杂志》2006 年第 11 期。

[6] 王澄华：《网络人际互动特质与依附形态对网络成瘾的影响》，硕士学位论文，台湾大学，2001 年。

[7] 王景芝：《中学生网络游戏成瘾浅析》，《天津市教科院学报》2005 年第 1 期。

[8] 傅家宝、金良怡、宋永嘉：《大学生网络成瘾综合征的心理研究综述》，《中国现代医生》2007 年第 2 期。

[9] 赵洪亮、施国盘：《大学生沉湎于网络游戏的原因及对策分析》，《山东省青年管理干部学院学报》2004 年第 6 期。

[10] Armstrong, L. (2001), How to beat addiction to cyberspace. http://findarticles. com/p/articles/mi_ m0826/is_ 4_ 17/ai_ 76725593，查询时间，6 月 12 日，2008。

[11] Beard, K. W. & Wolf, E. M. (2001). Modification in the Proposed Diagnostic Criteria for Internet Addiction. Cyber Psychology & Behavior, 4 (3): 3377 – 383.

[12] Chou, C . & Hsiao, M. C. (2000). Internet addiction, usage, gratification, and pleasure experience: the Taiwan college students case Computers and Education. Cyber Psychology & Behavior, 3 (5): 65 – 80.

[13] Davis R A. (2001). A cognitive – behavioral model of pathological Internet use (PIU). Computers in Human Behavior, 17 (2): 187 – 195

[14] Eppright, T. , Allwood, M. , Stern, B. and Theiss, T. (1999). Internet addiction: a new type of addiction? Mo Med, 96 (4), 133 – 136.

［15］ Goldberg, I. （1995）. Internet addiction disorder. http：//www. ohiolink. edu/etd/send － pdf. cgi/DiNicola% 20Michael% 20D. pdf? acc_ num = ohiou1088177898，查询时间，6 月 12 日，2008。

［16］ Griffiths, M. （1998）. Internet addiction：does it really exist? In：Gackenbach, J. F. （ed. ）, Psychology and the Internet：interpersonal，and transpersonal implications，New York：Academic Press，pp. 61 – 75.

［17］ Huisman, A. , Van Den Eijnden R. & Garretsen, H. （2001）. Internet addiction – a call for system at research. Journal of Substance Use，6：7 – 10.

［18］ Lee, M. S. , Ko, Y. H. , Lee, H. S. , Jung, I. K. , et al. （2007）. Characteristics of Internet Use in Relation to Game Genre in Korean Adolescents. Cyber Psychology & Behavior, 10 （2）：278 – 285.

［19］ Leo, W. , Sujin, L. , & Geunyoung C. （2003）. Internet Over – Users Psychological Profiles：A behavior Sampling Analysis on Internet Addiction. Cyber Psychology & Behavior, 6 （2）：143 – 152.

［20］ Qian, M. Y. , Huang, Z. , Zhong, J. , Wang, M. , & Tao, R. （2007）. Chinese Internet Addiction Inventory：Developing a Measure of Problematic Internet Use for Chinese College Students. Cyber Psychology & Behavior, 10 （6）：805 – 812.

［21］ Yao, C. , C. . （2006）. Massively Multiplayer Online Role – Playing Game – Induced Seizures：A Neglected Health Problem in Internet Addiction. Cyber Psychology & Behavior 9 （4）：451 – 456.

［22］ Yee, N. （2006）. Motivations for Play in Online Games. Cyber Psychology & Behavior, 9 （6）：772 – 775.

［23］ Young, K. S. （1996）. Psychology of computer use：XL. Addictive use of the Internet：a case that breaks the stereotype. Psychological Reports 79：899 – 902.

［24］ 黄思旅、甘怡群：《青少年网络游戏成瘾量表的修订和应用》，《中国临床心理学杂志》2006 年第 1 期。

［25］ 李欢欢、王力、王嘉琦：《一般性病理性网络使用量表的初步修订及信效度检验》，《中国临床心理学杂志》2008 年第 3 期。

第三编

新 闻 学

商报：作为一种报纸类型的发展与分化

◎ 洪芳芳

【摘要】"商报"指的是财经报纸中，名字包含"商"字的特殊报纸类型，在专业报中具有重要地位。目前"商报"普遍存在"在商不言商"的现象，文章由此出发，研究改革开放至今"商报"整体的发展趋势与规律。

【关键词】商报　财经类报纸　经济类都市报　都市类报纸　分化

一　绪　论

（一）研究综述

国外商业报纸（Business Press）的概念与"商报"接近，但所报道内容更宽泛，相当于财经媒体。PeterKjaer 和 ToreSlaatta 精准地定义了商业报纸（BusinessPress）形容它"不仅关注管理、宏观经济和商业公司，还关注个人经济的操作，个人投资，银行和保险……而且渗透进其他利基市场，包括时尚生活，以及年轻、高端读者拥有的金融投资和固定资产领域。"[1]

国内研究中，早期"商报"是财经媒体的重要类型。后来随着财经报纸品种的衍生，划分出"一般经济类报纸和专门金融类报纸"[2]，"商报"逐渐归入一般经济类报纸队伍。进入 21 世纪，随着"商报"的分化，学界和业界又将"商报"划入都市类报纸。由此可见，本质上"商报"属于财经报纸，但它的界定又同时受到财经报纸与自身发展的共同影响。我国目前鲜有学者对其作准确的定义，仅有阮孝志形容"商报"是"商者报"，一种与市场经济血脉相连的市场报[3]。

借鉴以上国内外的观点，本文所论述的"商报"指的是财经媒体（除港澳台）中公开发行的一种名字含有"商"字的报纸，这种报纸既随财经报纸发展，同时也拥有自己特殊的发展与变化规律。

国内学者对"商报"的研究呈现碎片化。第一，研究时间碎片化。从 20 世纪 90 年代至今，将"商报"作为整体研究对象的文章比较少，其中包括 1992 年李守仲指出商报重视市场方面的报道[4]以及 2006 年徐晶探讨了大多数商报都没能坚持"经济特色的差异性"现象[5]。第二，内容碎片化，即"商报"夹杂于其他报纸研究中。如 1997 年章艺将《上海商报》作为股市媒介加以研究[6]。第三，研究主体的碎片化。"商报"的个案研究文献繁多。一谈个别商报的发展历史，如高兴烈、余海涛和刘亚卓等学者对《深圳商报》《城市商报》《贵州商报》等报纸的历史阐述[7][8][9]；二谈个别商报的运作，如徐香梅在文章中探讨《深圳商报》的编辑制度[10]等。

综上所述，国内对"商报"主体的研究趋于碎片化。因此，本文基于财经报纸与"商报"已有研究之上，进入学界较少涉猎的"商报"总体发展史的研究领域，通过历史考证的方法，分析与发现"商报"发展与分化的规律。

（二）媒介市场化的概念阐释

市场化作为一种从计划经济向市场经济过渡的体制改革，不是简单的几项规章制度的变化，而是一系列经济、社会、法律制度的变革，或者说是一系列的大规模制度变迁[11]。依此推断，媒介的市场化则是媒介体制、规范、操作等方面的变迁。

Pradip N. Thomas 和 Zaharom Nain 详细描述出了中国媒介市场化的进程，"中国媒介商业化可以追溯到 1978 年，当时人民日报和几份全国性报纸率先引入利益导向的会计系统。1992 年，商业进程吹遍中国媒体的每个角落，自此中国媒体的经济来源从国家补贴转向广告收入。90 年代中期，商业化已经变成一种更加明确的国家政策，在报纸出版中内化成行动规律。[12]"本文所论述的"商报"发展历程与媒介市场化的时间吻合。由此推断"商报"发展最重要的影响因素即媒介市场化，其影响体现在国家逐渐放松媒介的管制，以及媒介失去国家补贴，依照市场经济的规律参与竞争，获取广告与其他商业收入。

二 我国"商报"的起源与发展背景

研究"商报"这种特殊的财经报纸及其发展规律，需先研究财经报纸的历史，而我国财经报纸的发展与起源又脱离不开西方财经报纸的影响，故本文追本溯源，必先从西方财经报纸谈起。

（一）西方财经报纸发展的三个阶段

哥本哈根商学院 Peter Kjaer 教授认为全球财经报纸的发展历程大致分为三个阶段，分别为：18 世纪前的萌芽期；18 世纪跨越到 20 世纪中期的增长期以及从 1980 年起进入的"商业/经济媒介化"阶段。

到 16 世纪中期时，世界已有两种类型的财经报纸，一种是现刊（Current），另一种是关于贸易与海运的"报关单"（Bills of entry）和"海运单"（Marine list）[14]。18 世纪前，西方财经报纸已经是报刊中重要的类型之一。19 世纪后期，一批专业程度更高的财经报纸，如《华尔街日报》《金融时报》纷纷创立。20 世纪中后期至 21 世纪初期，财经报纸及相关媒体有了爆发性增长，而且逐渐形成专业财经报纸一套新闻生产的系统。

（二）我国财经报纸的起源

创刊于 1827 年的《广东记录》或译为《广州记录报》（Canton Register）创办人是英国的鸦片商马地臣。1833 年发行附刊《广州市场行情》（Canton General Price Current）这个名称正与西方早期财经报纸的叫法一致。另一份报纸是《北华捷报》（North China Herald），承办人是英商奚安门等，除报道国政军情之外，主要内容是商界信息[15]。从这两份报纸的名称与报道内容来看，英商在华所创办的报纸确实合乎西方财经报纸的名字与规范。由此可推断，我国财经报纸的根源正是 19 世纪初西方的财经报纸。

我国的第一份中文财经报纸也是由西方财经报纸演化而来。创刊于 1857 年 11 月 3 日的《香港船头货价纸》与西方早期"商品价格现刊"几乎一致。其一，创办这份报纸的人仍是《孖剌报》报社的原班人马，主要是英国商人；其二，报纸的内容沿袭已有西方财经报纸的内容，以船期、货价、行情和广告等商业信息为主[16]。

（三）我国财经报纸何时姓"商"

清末时期，报纸呈现出多元化与大众化的趋势，报纸按行业可划分为"农业报、医学报、科技报、教育报、工商报、政法报等各类专业性质的报刊"[17]，可见当时"商报"已作为一种专业财经报纸发展起来。

1. 第一张近代"商报"：《工商学报》

据笔者考证，我国的第一份近代"商报"应是 1898 年在上海创刊的《工商学报》①。与以往财经报不同之处在于，它不再是一份"事无巨细"的"货价行情单"而是"以商为主、兼论时政"，当时的西方财经报纸也是"商"与"政"结合的模式。可见，我国早期"商报"是财经报纸，而且办报模式已经比较成熟。

2. 新中国成立前"商报"的发展

自《工商学报》开始到新中国成立前，我国陆续出现了许多"商报"（见表 1）。第一阶段，清末出现了官报性质的"商报"；第二阶段，民国初期出现的"商报"在艰难中求生，一些报纸尽管掺入时政新闻，但内容仍以"商情"为先；第三阶段，抗日战争后出现的"商报"是报人为了扶持民族工业、报道行情而创办的。

表 1 新中国成立前"商报"名录②

	1912 年前（民国前）
官报	《商务报》《商务官报》《江南商务报》《南洋商务报》《湖北商务报》
非官报	《工商学报》《北洋商报》《北京商报》《万国商业报》《商报》《商务日报》《商务报》《七十二行商报》《商权报》《总商会报》《农工商报》《工商报》《商务日报》《商务报》

① 根据戈公振《报学史》，上海古籍出版社 2003 年；杨光辉等编著《中国近代报刊发展概况》新华出版社 1986 年；王文彬编著《中国现代史资料汇辑》重庆出版社 1996 年；方汉奇，史媛媛《中国新闻事业图史》福建出版社，2006 年；黑龙江人民出版社出版的《中国报纸创刊号图史》，2011 年等相关书籍整理所得。

② ［2］根据中国社会科学院新闻研究所，首都新闻学会读者调查组编著《当代中国报纸大全》，宁夏人民出版社，1988 年；黑龙江人民出版社出版的《中国报纸创刊号图史》，2011 年；维基百科中大陆报纸列表（http：//zh. wikipedia. org/wiki/中国报纸列表）；53BK 报刊网（http：//www. 53bk. com/site/）；报纸导航网（http：//www. dx286. com/index. html）；华商网各地报纸大全（http：//www. hsw. cn/_ else/baokandaquan/bzdq. htm）；中国报纸大全（http：//www. qianxinbao. com/pppp. htm）整理所得。

续表

1949 年前（新中国前）	
北京	《工商日报》《商业日报》《北平商报》
东北三省	《奉天商工周报》《长春商业时报》《满洲商业新报》《公主岭商报》《营商日报》
山东	《山东商报》《工商新报》
安徽	《商务日报》
湖北	《商务报》《工商日报》《工商时报》《武汉商报》
香港	《新商报》《工商日报》《工商晚报》
上海	《上海商报》《工商学联合会日报》《商报》
天津	《商报》《大中华商报》《国贸商报》
南京	《工商报》
江苏	《商报午刊》《商报》
浙江	《绍兴商报》
重庆	《商务日报》《商报》
湖南	《湖南商报》《工商日报》
广东	《商报》《工商消息日刊》《南商日报》《商报》
成都	《商务日报》《工商导报》
陕西	《工商日报》
江西	《商报》《新商报》
河南	《农商回报》
海南	《商业报》
贵州	《贵州商报》《商情报》

综上所述，我国财经报纸起源于 19 世纪初，直接受西方财经报纸影响。我国"商报"继财经报纸发展而发展，在版面与内容上相对完善，虽然一开始是"官报"性质，但是民国之后，"商报"一直坚持"商"的性质，是不折不扣的财经报纸。

三　改革开放后"商报"发展与分化的历程

（一）经济改革刺激"商报"增长

新中国成立后，"商报"增长的最主要原因是来自全国经济形势的发展；其次，"新闻界也十分重视对经济体制改革的思想、理论、政策方面的宣传"，加之"随着经济改革的深化，金融越来越成为改革的难点，大量有关金融体制改革、汇率、利率等货币政策的报道成为社会热门话题"[18]。而且，逐渐放宽的言论环境也是报纸繁荣的重要原因。因此，财经报纸既随报刊行业"焕发新生"，又作为对国民生产有力的公器而大力发展。其中，"商报"作为财经报纸的一种重要类别，也跟随整个报刊行业一起增长。据笔者考证，1995年前我国已有大概34家"商报"，其名称如下：

> 《国际商报》《农工商信息》《商业周刊》《北京商业》《世界商品报》《天津农工商报》《工商信息报》《辽北商业》《商情报（上海)》《商情报（广东)》《川物商情报》《中国工商报》《物资商情》《中国商报》《西北工商报》《西南商报》《上海商报》《江苏商报》《深圳商报》《河北商报》《四川商报》《厦门商报》《江西商报》《西南商报》《成都商报》《重庆商报》《西安工商报》《内蒙古商报》《武汉商报》《安徽商报》《广西商业报》《淄博商业》《个体工商户报》《工商行政导报》。

（二）"商报"分化的路径

继20世纪70年代与80年代经济驱动"商报"增长后，90年代该报纸类型后劲渐露不足，逐步走向分化。此处先厘清"商报"分化的三种模式的概念：第一种模式是财经类报纸，顾名思义即"商报"是财经报；第二种模式是经济类都市报，这个概念是2008年《河南商报》提出来的，即"商报"是经济报加都市报的综合体；第三种模式是都市类报纸，即面向市民的生活报。

1995年后，在报业市场化、集团化与报刊结构调整等政策因素的影响下，"商报"从财经报纸的行列中逐渐分化出综合性报纸，它的分化路径可归纳为"转型—增长—回归"的三个阶段，"转型"阶段是"商报"的初期分化阶段，即"商报"转型经济类都市报与都市类报纸。"增长"是"商报"的加速分化阶段，即大量综合性"商报"，包括经济类都市报与都市类报纸的增加；"回归"是指"商报"缓慢发展阶段时，综合性"商报"逐渐回归财经类报纸的行列，主要表现为都市类报纸向经济类都市报的回归。

1. "商报"初期分化：从财经报转型综合报

"商报"初期分化阶段，时间跨度为1990年至2000年，这段时期至少有 29 份"商报"在市面上发行（见附录），其中 17 份"商报"是财经报，1 份《深圳商报》是政经报，18 份中又有 7 份转型为综合报。

18 份财经报"商报"：《国际商报》《中华工商时报》《中国工商报》《中国商报》《上海商报》《江西商报》《河南商报》《深圳商报》《安徽商报》《工商导报》《西南物资商业报》《四川商报》《西南商报》《成都商报》《西南工商报》《今日商报》《重庆商报》《华侨商报》。

7 份参与分化"商报"：《上海商报》《河南商报》《深圳商报》《安徽商报》《成都商报》《重庆商报》《华侨商报》。

"商报"分化规模化起点是 1995 年的《成都商报》，但分化轨迹可追溯至 1992 年至 1994 年，《深圳商报》和《华侨商报》抢先一步改版综合报。初期分化实际上是"商报"对新报纸类型的摸索过程，它们经历磨炼，形成了三种模式的早期形态，以下将按时间顺序讨论这 7 份"商报"分化的具体形式。

《上海商报》创刊于 1985 年 10 月 3 日，原本是财经报。2000 年 9 月 12 日《上海商报》的重大改版，是一次"过分都市化"的尝试，其试刊号版面花哨，编排混杂，全然无经济报的严肃高端姿态。2007 年《上海商报》逐渐恢复财经新闻独大的格局，报纸区分为时政、经济、投资三部分。2013 年 3 月 28 日"回心转意"又改版声明要"做一个称职的'企业首席信息官'，侧重报道公司新闻"。2015 年 9 月 28 日，创刊 30 年的《上海商报》骤然停刊，临末依然保持着"综合报"的模式，留下深刻的分化痕迹。

《深圳商报》1991 年创刊时是深圳政府的机关报，原总编高兴烈并不愿将之归为专业报，然而观察 90 年代初的《深圳商报》，从头版到各版面均为经济内容，因此不可否认它早期是一份以大篇幅经济新闻为主的政经报纸的形态。而到 1995 年后该报已发展成一份比较成熟的经济类都市报。所以，早年《深圳商报》虽改版频繁，作为纯政经报的时间很短，却不可否认其开启"商报"转型之路的历史地位。

1992 年公开发行的《侨声时报》，本身是一份沟通国内外文化与经济的报纸，严格意义上说算不上财经报。但 1995 年《侨声时报》更名为《华商报》。1997 年《华商报》正式改版为都市类报纸。从《侨声时报》到《华商报》并不是一个典型的纯财经报转型都市报的过程，但其中也包含了经济类"商报"分化的痕迹。

而真正引领"商报"发生质的变化的报纸是《成都商报》。《成都商报》创办人之一何华章是一位野心较大的报人，一心希望办一份成都地区流行的综合大报，因此 1995 年借助《成都科技报》的刊号，《成都商报》取得公开发行的资格，双方约定合并为财经报《成都科技商报》，此后仅维持一年时间便改名《成都商报》，并迅速转型为综合日报。这段历史鲜为人知，多数人仅以为《成都商报》是综合报，却不知道它成立之初也曾定位财经报。

《重庆商报》在 1986 年创刊不久后停刊，1997 年通过《中外投资企业报》"借号还魂"，虽然创始班底可能"人事已非"，但既然名字仍为《重庆商报》，姑且可算是一份从财经类报纸转型为都市类报纸的"商报"，该报目前定位是以财经新闻为特色的都市报，归入经济类都市报行列。还有一份类似的报纸——《安徽商报》，1992 年前创刊，直到 2000 年前停刊时还是一份经济大报，2000 年复刊后转型为都市类报纸。此外，90 年代末至 21 世纪初，有一批老"商报"相继停刊，或再改综合报，如重庆的《西南工商报》停刊；《广州商报》改为《赢周刊》；《河北商报》改《都市时讯》；《华侨商报》更名为《华商晨报》。

以上这些"商报"均是初期分化中较为典型的报纸，从财经报或"类财经报"转型为综合报，并且这批初期"商报"已具备经济类都市报与都市类报纸的分化特征。

2. "商报"加速分化：财经报的衰落与综合报的繁荣

"商报"加速分化的阶段可追溯到 1998 年，此时报业竞争日趋激烈，报业集团急于向外扩张，都市报方兴未艾，多重因素主导下，"商报"作为市场战略调整的"棋子"被迫创刊或转型。

（1）"商报"两极化——财经类报纸的衰落

2000 年至 2007 年有 5 份新增财经类"商报"，其中 2002 年的《北京现代商报》在 2006 年更名为《北京商报》。另外 2 份分别是《中国联合商报》《新农村商报》。而《北京商报》《中国联合商报》这两份新增"商报"影响力弱，盈利差，无法划入市场竞争的范畴。

反观老牌"商报"《中华工商时报》进入 2000 年后也逐渐消沉，2014 年 10 月改版成聚焦民营商业的报纸。此次改版可谓作为财经类"商报"没落的标志。其他财经类"商报"中，《今日商报》停刊，《江西商报》、《西南商报》一直不景气，《中国商报》《中国工商报》《国际商报》是机关报，市场竞争的前景不明朗。综上所述，作为财经类报纸的"商报"已显露出几分"山穷水尽"的颓势，在新媒体与新型财经报纸的冲击下也恐难再"柳暗花明"。

（2）"商报"两极化——经济类都市报与都市类报纸的繁荣

1998 年至 2002 年"商报"迎来新一轮增长，其速度为改革开放后最快，规模最大。从地理分布上看，辽宁、山东、湖北、江苏、浙江、广东这六个地方是"商报"的集中爆发区。

2000 年前后，辽宁区出现三张比较有影响力的"商报"。而江浙地区大致有 10 份"商报"分属于不同城市，形成自己的本土优势，其中 7 份典型新增"商报"。此阶段，湖北出现四张"商报"。山东地区中新增"商报" 2 份。广东"商报"是此阶段分化的一个微观缩影，老"商报"《广州商报》在广州媒体混战中落马，改成《赢周刊》。周刊对母体报纸的"反噬"更加说明"商报"这种小众化的报纸在媒体多元化的环境中难以生存。

西部地区的"商报"发展参差不齐，最典型的是《内蒙古商报》。创办时努力想办成一份党报，无奈始终无法取得党报身份。1998 年到 2000 年时，开始考虑转型都市类报纸，2002 年由于资金链断裂，被迫整体转型为都市类报纸[19]。2000 年初，西北地区的经济尚未起飞，"商报"的孕育条件不完善，新增的几份"商报"，包括《西部商报》《西海商报》《商务时报》，以及地理相近的《山西商报》版式与效益一般。唯有一份《西海商报》比前几份"商报"活跃，从都市类报纸转型成经济类都市报。

3. "商报"缓慢分化：从都市类报纸转型经济类都市报

2008 年后，新增"商报"数量是 2 份，停刊"商报"大概有 2 份，发展速度明显比上一个阶段缓慢了许多。但受"都市报"继续改版的影响，"商报"并没有停下分化的脚步，一部分都市类"商报"在此阶段逐渐转型为经济类都市报。

自 90 年代初《深圳商报》《侨声时报》等"先驱"开启"商报"分化之路以来，已二十五年左右，其中的转型、增长、回归路程漫长曲折，上文仅描摹出"商报"分化的骨骼脉络，"血肉之躯"仍待充实，但经此脉络梳理也可以总结出"商报"现在的三种类型——财经类报纸、经济类都市报和都市类报纸，以下将通过版面和内容更详细划分这三种报纸，从而呈现出"商报"的结构和格局。

（三）"商报"分化的结果

首先，从地理上看，"商报"经历三十多年发展，呈现分散现象。从表2中得知，改革开放至今，共有79种"商报"创刊，仍在市场上发行的"商报"有51种，停刊28种。

表2   **"商报"地理分布表**

河南	河南商报	河北	商情	安徽	安徽商报
	洛阳商报		中原商报		正商导报
山西	山西商报	天津	天津农工商报	湖南	当代商报
江西	江西商报	贵州	贵州商报	西藏	西藏商报
北京	物资商情	广东	商情报	辽宁	工商信息报
	国际商报		广州商报		辽北商业
	农工商信息		深圳商报		时代商报
	世界商品报		广州桥商报		辽西南报
	中华工商时报		珠江商报		新商报
	中国工商报		湛江商报		华商侨报
	中国商报		中山商报		华商晨报
	北京现代商报	四川	川物商情报	山东	淄博商业
	中国联合商报		四川商报		山东商报
	北京商报		西南南报		鲁南商报
	新农村商报		成都商报		青岛工商报
湖北	个体工商户报	江苏	江苏商报	陕西	西安工商报
	江汉商报		城市商报		华商报
	三峡商报		淮海南报		西安商报
	长江商报		无锡商报	福建	厦门商报
	武汉商报	甘肃	西部商报		泉州商报
浙江	温州商报	重庆	重庆商报	吉林	长春商报
	天天商报		西南工商报		吉林工商报
	台州商报	广西	广西商业报	青海	西海商报
	东南商报		西南物资商业报	上海	上海商报
	每日商报	内蒙古	内蒙古商报	南京	今日商报
	义乌商报		商务时报		

从地理分布上看，"商报"几乎覆盖我国所有省份，尤其以北京、广东、辽宁和江浙最多，从历史上看，对比表1，北京、广东、湖北、四川、重庆、辽宁从民国以来素有办"商报"的历史，这些地方在报业复苏后依然延续这种传统，说明在政治与体制变化下，"商报"的发展保存内在的延续性，这是"商报"在改革开放初依然保持财经报性质的历史原因。

从时间分布而言，图1是按年份整理出1979年后"商报"每年增长的数量。图中可见，1985年和2000年、2001年是"商报"出现的三个高峰期，1985年是经济复苏下的增长。2000年与2001年报刊受两方面影响，一是2001年中国进入WTO的经济刺激与媒介市场调整；二是报业竞争中都市报的影响。2007年以后"商报"发展滞缓，新媒体冲击与纸媒的衰落是重要原因。

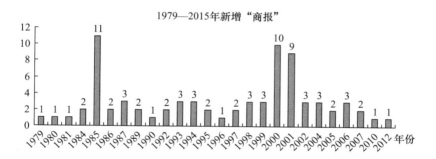

图1　历年"商报"新增数量

以下将详细分析这三种"商报"的规模与现状，从而确定"商报"发展与分化后所形成的稳定格局。

1. 财经类报纸

财经类报纸与经济类都市报和都市类报纸的区别最大，先将作为财经类报纸的"商报"从三类中分割出来，有利于继续细分其他两种类型。

笔者先从典型的纯财经报纸的"商报"和另外两类"商报"中各选取5种。研究其2014年1月12日至2014年1月16日一周工作日的版面。归纳整理出表3与表4。

相比表3与表4可以非常清晰地将财经类报纸的"商报"分离出来，

即在版面上，财经类报纸的单一化与其他两类报纸的多元化是区分的重要标志。依此划分，目前我国 51 种公开发行的"商报"中有 14 种财经类报纸，37 种经济类都市报和都市类报纸。

表3　　　　　　　　作为财经类报纸的"商报"版面比较

	国际商报	西南商报	中国商报	江西商报	中华工商时报
周期	周一/二/三/四/五	周二/三/五	周二/三/四/五	周五	周一/二/三/四/五
版面数量	周一/二/四/五 16 版 周三 27 版	8 版	周二/四 8 版 周三/五 12 版	21 版	周一 8 版 周二/三/四/五 12 版
财经版面	要闻观察 综合 环球 市场 服务 观点消费 特别策划 口岸 投资 会展 物流 前沿	要闻 合作经济 四川新闻 西南连线 财经 商经 红盾 财富 专题报道	头版 时评 时政 时事 专题 文摘	商业特稿 商业人物 商业图说 理财 互联网 收藏	头版 深度报道 年度人物 天下财经 专栏 主题评论 商业评论
专副刊/周刊	地方商务 中非经贸合作特刊 商道文化 江西专版 看世界 公司报道 山东 综合 汽车周刊	法治民生 旅游 教育 副刊 健康	商道 商事 能源导报 商界商家 收藏拍卖导报	生活 运动	工商联周刊 光彩周刊 经济地理周刊 金融周刊 苏商周刊 产经周刊 汽车周刊 商会周刊 文化生活周刊

表4　作为综合类报纸的"商报"版面比较

	华商报	成都商报	上海商报	深圳商报	河南商报
版面数量	周一/二 52版 周三 56版 周四/五 68版	周一 16版 周二 20版 周三/四 28版 周五 36版	周一 16版 周二/三/四/五 24版	周一 27版 周二/三/四 24版 周五 32版	周一 24版 周二 32版 周三/四/五 40版
财经版面	经济 房产信息	金融 财经 证券 购物 房产 家居 汽车 数码	头版 封面 重点 典当 微壳 经济地理 创业汇 合作交流 专题 专精特新中小企业专辑 创新工具车 行业风采	政经 金融 视点 商报眼 楼市 财经新闻 聚焦 上市公司 公司 汽车 证券资讯 财税 相关市场 家居 证券市场 3C家电 时尚购物	经济蓝皮书 中原创业大会 财经资讯 操盘手 消费 楼市商报 行业观察

续表

	华商报	成都商报	上海商报	深圳商报	河南商报
其他新闻版面	今日要闻 国际 重要评议 评论 生活 巷议 娱乐 体育 陕西 信息 资讯 西安 文化信息 关注 西咸 时尚信息 影像 中国 西安最美社区	要闻 国内 社会 特别报道 四川 商业评论 国际 体育 国际 文娱 岷江评论 专题 健康 镜头 快报 旅游 时尚	新闻汇 社评 评论 食全食美 旅游·休闲	热线 综合 新媒 民生 第一现场 城事 前沿观察 解读 都市新闻 拍案	头版 商报时评 关注 行进中国 社区新闻 文体 精彩故事 全民助政 聚焦 一周最热点 凡人凡事 重点 专版 全民治霾 拍案 小记者训练营 世界 暖冬·圆梦 大事记 求职问商报 民生绘 时讯 出行问商报 看镜头 中国 社会 热线
专副刊/周刊/特刊	财经周刊 为您服务 家居 教育周刊 原点周刊 作文 旅游周刊 楼市周刊 美食 青春榜样 健康周刊 创富 FASHIONLEADER 数码周刊 汽车周刊 智胜空间	社区电商周刊	上股交周刊 数字商情 创意周刊 商会周刊 品尚周刊 金融周刊 艺术品投资 汽车周刊	文化广场 旅游周刊 鉴藏 地产特刊	学习周刊 食尚 旅游周刊 地产周刊 家居周刊 商业周刊 财富周刊 汽车周刊 健康周刊

2. 经济类都市报与都市类报纸

下文将继续从新闻选择的偏向性上，区分经济类都市报和都市类报纸，表5从2014年8月到10月，选取6种报纸，整理出财经新闻与其他新闻所占数量。

表5　　　　　　经济类都市报有都市类报纸新闻偏向性比较

		深圳商报	上海商报	西安商报	成都商报	新商报	江汉商报
2014.10.17	财经新闻	74	47	30	15	29	4
	其他新闻	93	18	37	53	82	54
2014.9.25	财经新闻	86	40	32	15	12	5
	其他新闻	136	31	23	45	55	27
2014.9.17	财经新闻	89	31	27	14	37	12
	其他新闻	99	22	42	39	76	51
2014.9.2	财经新闻	86	31	35	10	38	7
	其他新闻	100	34	29	52	72	44
2014.8.25	财经新闻	57	26	33	9	32	15
	其他新闻	120	23	32	41	77	55

结合表4与表5可知，经济类都市报的财经版面和新闻所占权重较大，而都市类报纸则把财经版面和新闻当作日常报道的小部分，并没有突出它们的重要性。由此可大致区分出都市类报纸和经济类都市报。结合市场发行的"商报"，表6通过计算财经版面与财经新闻的比重，将51种"商报"划分为14种财经类报纸、20种经济类都市报、17种都市类报纸。

表6　　　　　　　　　　"商报"分化结果

	"商报"分化结果				
财经类报纸	国际商报	中华工商时报	中国联合商报	新农村商报	工商导报
	中国商报	中国工商报	广州侨商报	北京商报	江西商报
	西南商报	泉州商报	江苏商报	商情	

"商报"分化结果					
经济类都市报	上海商报	深圳商报	台州商报	天天商报	温州商报
	每日商报	鲁南商报	山东商报	河南商报	洛阳商报
	辽西商报	长江商报	当代商报	山西商报	西部商报
	西安商报	时代商报	重庆商报	无锡商报	西海商报
都市类报纸	中山商报	城市商报	贵州商报	西藏商报	成都商报
	华商报	义乌商报	珠江商报	安徽商报	江汉商报
	东南商报	淮海商报	中原商报	三峡商报	长春商报
	新商报	内蒙古商报			

四　市场化视角下"商报"分化研究

(一)"商报"分化的原因

"商报"的发展既受外在因素影响,也受内在性质驱动,它的分化是内外因素联动的综合结果。

1. 媒介市场化推动分化

媒介市场化对"商报"的影响,除了提供宽松的经济环境、创造新闻话题与消费人群之外,更大的影响在于它使"商报"参与到一个自由竞争的市场中,自负盈亏,自办发行。"商报"在此影响下,才主动或被迫转型为迎合市场的综合报。以下从各个时期详细探讨媒介市场化对"商报"分化的作用。

(1) 20世纪90年代,市场化与都市报冲击促使"商报"分化

媒介市场化进程从20世纪70年代开始,1979年1月上海《解放日报》发布了"文革"后第一则广告,随后中宣部11月份下发《关于报刊、广播、电视台刊登和播放外国商品广告的通知》,80年代后大众媒体陆续发布广告。与此同时,1985年《洛阳日报》开启我国报纸"邮发合一、自办发行"的发行模式;1988年3月新闻出版总署、国家工商行政管理局印发《关于报社、期刊社、出版社开展有偿服务和经营

活动的暂行办法》。可见，从刊登广告到自办经营再到企业化管理，我国报刊一步步实现市场化。

2000年以前，生存的压力迫使报纸发生变革，由此掀开了90年代一轮新的报业战争。在这轮战争中有两个引爆点，一是"低价发行"；二是"都市报创立"[20]。"价格战"的其中一个恶果是导致本身盈利能力不强的报纸改头换面，但它给纸媒行业带来的效应远不如"都市报"大。

90年代末的"都市报"多数属于小报行列，"没有人能忽略小报是改革开放时代中国经历的一个重要层面，以及它们对于主流新闻事业的影响，不管它是多么琐碎、媚俗，多么直截了当地以市场为导向，又是多么容易消化的'文化快餐'[21]。"此话可见，小报作为90年代末新兴的低俗报刊，对整个报业格局存在重要影响，其中"都市报"不仅在新闻策划和发行策略上创新出一套比较系统、成熟的办法，而且带动其他报纸纷纷仿效其做法[22]。

西南地区有一份《贵州都市报》，还不至于引起全国都学办"都市报"。真正掀起"都市报"浪潮的原因是"《华西都市报》创刊两年即成为中国西部地区发行量最大的综合性日报，改写了'一年亏、两年平、三年盈'的办报规律[23]"。究其根本原因，即在报业竞争之中，以市场为风向标，取悦市民读者的都市类报纸更能盈利。

在20世纪90年代后期日渐激烈的报业竞争中，"商报"的处境不容乐观。其一，"商报"的数量占财经报纸比例逐渐减小，"商报"作为财经报纸，已经失去了竞争的优势。其二，受新型财经报纸和"都市报"的"挤兑"，"商报"面临读者流失、市场收缩的现象。另外，90年代末报业集团开始扩张，新出现的综合性日报不断侵占"商报"原有的市场版图，可谓雪上加霜。

因此，报业市场化推动了报业市场的竞争以及都市报的兴起，"商报"在面临竞争力降低，传播功能弱化的情形下，只能选择转型，由于它天生具有的"综合性"，因此转型为"都市报"是自然而然的选择。

（2）21世纪初，政策与市场化合力推动"商报"加速分化

90年代末至21世纪初，报业市场化进程加快，最明显的特征是报业"私有化"形势愈演愈烈。"商报"大规模分化的其中一个重要原因就来自报业的集团化。都市报自90年代中期崛起后，一直受市场热捧，报业

集团为了取得市场优势，纷纷选择创办都市类报纸，其中有一部分报纸就以"商报"命名，还有一部分报纸沿用以前"商报"的报名，但改版为都市报。

作为财经类报纸的"商报"在此阶段也继续发展，因为"全球经济一体化为经济类报纸提供了机会，而社会生活的经济化趋势为经济类报纸提供了丰富的报道内容。"[24]

此外，政治与政策是推动"商报"分化的基础。1999 年 8 月份中共中央办公厅和国务院办公厅出台政策，要求 2000 年 6 月之前各机关部门必须停办或划转机关报纸至党报报社或者报业集团。2003 年 7 月两厅再发《关于进一步治理党政部门报刊三栏和利用职权，减轻基层和农民负担的通知》。各地纷纷响应两个通知，21 世纪初报社或报业集团陆续吸纳当地有关的机关报，并对所收编的报纸进行重新规划。

在这场大规模的调整中，报业集团选择创办"商报"会有两种考虑。一种是市场战略考虑，因为吸收而来的报纸与集团发行的报纸定位相似，需要错开竞争，所以将这些报纸更名为"商报"；或者因为旗下无"商报"，故而创建"商报"以丰富集团中的报种。另一种考虑是顺应辖区的经济特点，将机关报换成"商报"。

综上所述，在报刊结构调整与报业集团整合之中，新世纪的"商报"依附的政治与经济、社会条件与早期"商报"已大不相同，通常"商报"会在报业集团的调整中找到盈利点，大多数经过博弈后都选择走都市类报纸的道路。

（3）2005 年后，政策与市场紧逼"商报"转型

2005 年我国报刊行业开始进入低迷时期，报刊总印数增长率普遍低于 4%，造成报刊低迷的原因之一是来自互联网的冲击。此时纸媒面临两条路径，一条是走向衰落，另外一条是深化产业链和技术革新，而"商报"作为盈利能力较弱的报纸，必须求新求变。此外，广告收入大幅下降是导致纸媒低迷的另一原因。换而言之，报刊市场化的黄金时代已经结束。

市场紧缩之下，政策却依然大力推进报刊的市场化。早在 2003 年 7 月 31 日，中共中央宣传部等部联合公布《关于文化体制改革试点工作的意见》，迈出了我国报业"转企改制"的第一步。2011 年 5 月 19 日，中共中央和公务员办公厅继续推出《意见》，督促所有非时政类报刊在 2012

年9月底前全面完成转制任务。"转企改制"的深切动因是市场经济下，对报纸进行采编与经营业务的分离，使经营业务能够吸引社会流动的资金。

政策与市场合力推动报刊行业发展，结果自然是依照"优胜劣汰"的规律来重新整合市场中的报纸，留下来的报纸除了行业报之外，分为三类，一类是占据行政资源的党报；一类是拥有固定市场份额和目标读者的"大报"；还有一类是苦苦寻找生存空间的"小报"。所以2005年以后，一部分都市类报纸自居的"商报"开始转型为经济类都市报，期望新的定位能够继续保持市场活力。

2. 专业性与综合性的矛盾刺激分化

专业性与综合性是"商报"固有的一组矛盾特征，报业市场化的诱导下，"商报"的综合性会逐渐占据上风，成为"商报"的主导特征。下文将从20世纪80年代末90年代初入手，观察"商报"成为综合报的内在驱动机制。

（1）"商报"的专业性

80年代至90年代初，"商报"仍然坚持财经报纸的道路。此时期，专业性主导"商报"的外在呈现。专业性是专业报的固有性质，财经报的专业性就是指报纸专门刊登财经新闻，也包括在新闻写作中恰当运用经济术语、数据、图表与权威信息等元素。此处通过考察"商报"的报道内容来分析它的专业性。

依据1984年至1996年期间，3张财经报与3张"商报"每条报道所涉及的经济领域，列出表7。如表7所示，前三份经济报十分重视经济政策与经济制度的新闻，一般政策新闻置于第一版头条位置。此外，经济报对第一、二产业的报道力度比"商报"大，尤其是1987年的《经济日报》第三版整版报道军工与民用工业。

三份"商报"注重当地工商业的发展，尤其是本地商品市场的价格与销售情况，同时涉及经济政策、职工教育与金融。相比之下，"商报"的经济新闻属于经济大报所刊登的经济新闻的子范畴，换言之，"商报"是经济报的子类型。从这个层面分析，"商报"早期外在呈现符合财经报纸的规范，它的报道内容集中在经济与工商层面，专业性特征显著。

表7 　　　　　　　　　　　"商报"与其他经济报的版面分析

时间	报名	新闻主题
1984.3.23	经济日报	经济政策　工业　农业＆渔业　商品＆市场　商业 金融　职工＆教育　政治与社会　经济社论　其他
1987.3.30	经济日报	经济政策　经济制度　工业　农业＆渔业　商品＆市场 商业　金融　职工＆教育　其他
1995.1.24	经济信息报	第一版　经济制度　企业　商品＆市场　工业 第二版"市场"　市场　金融 第三版"经济理论" 第四版"国际经贸"　外国经济　进出口产品　外国商品
1985.10.3	上海商报	经济政策　经济制度　商品＆市场　商业　职工　物价　其他
1991.10.24	中国工商报	经济制度　商业　地方工商管理　商品＆市场　金融　经济法制 经济文摘　其他
1996.6.19	安徽商报	第一版　职工　商品＆市场　地方工商管理 第二版"综合新闻"　商业　职工　商品＆市场　其他 第三版"市场信息" 第四版"文摘"

（2）"商报"的综合性——通俗化与娱乐化

"商报"既然是一种注重当地商品市场的报纸，它不可避免具有市民报的一些特征，比如新闻贴近市民生活或语言运用更加煽情与通俗，即综合性特征。这是90年代中期"商报"发生分化的根本动因。

"商报"的综合性与都市类报纸的综合性相似，主要表现在通俗化与娱乐化两方面。学者林晖在2001年指出新闻娱乐化表现在内容和形式两方面，一方面"娱乐化最突出的表现是软新闻的流行"，另一方面"在内容上，新闻界竭力从严肃的政治、经济变动中挖掘其娱乐价值"[25]。以下将从这两个角度来分析6张报纸在财经新闻与软新闻的倾向，从而发现"商报"天生具有的综合性。

第一，"商报"的通俗化倾向。

1985年10月3日《上海商报》与1987年3月30日《经济日报》在报道"商品"信息时，表现出不同的风格。

《上海商报》第三版《今年秋冬市场　哪些商品将会旺销?》文章开

头表述如下：

> 今年以来，日用工业品购销两旺，但某些品种销售情况变化较多，个别商品甚至出现大起大落的现象。目前已经进入第四季度，秋冬市场的前景如何？哪些商品热销？这是生产者和经营者都很关心的问题。

该文中运用数据"说话"的地方仅有一处：

> 老五大件的拥有量，以户数计算，分别达到百分之七十六到百分之三百三十一；而新的五大件的拥有量则很少，一百户人家中，洗衣机有十二台，电冰箱十台，彩色电视机十一台，照相机十七架……

另外一篇《千姿百态的上海秋冬大衣》文章开头表述：

> 虽则刚刚进入初秋，但南京路、淮海路那些颇有名气的时装店，已纷纷推出一批批款式新颖的秋冬服装，其中不少是色彩艳丽、式样别致的秋冬大衣。

第三篇《裘皮服装今冬将继续旺销》文章开头表述：

> 近几年来，裘皮大衣，受到越来越多的中青年妇女的青睐，一直呈旺销景象。今年裘皮原料价格上升，成衣的零售价也将随之调高……

该文中运用数据的文字表述：

> 一九八三年销售裘皮服装二千五百八十件，次年增至七千三百件，以销售淡季的七月份来看，今年又比去年同期增加一倍。

《经济日报》第二版"市场信息"栏目中《集成电路市场行情如

何？——国产电路销售看好，可望达6000万块》文章开头表述：

> 有关部门预计，1987年集成电路市场销售将比去年有所好转，如果能对进口电路实行限制，国产集成电路销售量可达5500万至6000万块之间，相比去年销售4500万块的水平有较大增长。

该文中除第一段外，使用数据的地方主要包括：

第二段：近年来专用电路需求量在国产集成电路中所占比重最大，约占60%以上……1987年生产黑白电视机应需3600万块，生产彩色电视机应需1200万块。

第三段：按每部录音机需用4块至5块电路计算，1987年需5600万块至7000万块。但目前录音机国产化程度仅为10%，所以对国产电路的实际需求量为560万块至700万块。

第八段：1981年至1985年国内产品销售年增长率在25%~30%之间。

第二篇《北京市场自行车需求趋势——轻、小、彩色车将好销》文章开头表述：

> 截至1986年底，北京市自行车社会拥有量为620万辆。平均每1.56人一辆。预计"七五"期间，北京市自行车销售量为260万辆，与"六五"期间销售量基本持平。

第三篇《羊毛衫市场出现新特点》开头表述：

> 在北京第五羊毛衫厂举办的1987年紫禁城羊毛衫订货会上，羊毛衫成立28.5万件。

《上海商报》与《经济日报》各三篇文章均出自不同编辑之手。从以上文章的比较中，可观察到《上海商报》的标题简洁易懂，关于经济的字眼用"旺销"来概括，但《经济日报》的标题则更加明确地使用数据或比较规范的经济用语。报道中，《上海商报》从切合市民生活与观点的角度入手运用平民化的表达，相反《经济日报》试图用数字来说明销售量。文中所使用的数据比较，《上海商报》较少使用数据，即便提及也是浅显的程度，《经济日报》使用数据的频率比《上海商报》高，而且数据比较复杂，例如"平均每 1.56 人一辆"，足见其报道的严谨。从以上几个方面，均可发现《上海商报》面对财经新闻时更倾向通俗化报道，而经济大报则更加严肃、高端，这说明《上海商报》在报道时具有其他综合报纸的角度和表述。

第二，"商报"的娱乐化倾向。

第二个比较是《商报》比经济大报更加煽情。此处选择年份相近的 1985 年 10 月 3 日《上海商报》与 1987 年 3 月 30 日《经济日报》比较；1996 年 6 月 19 日《安徽商报》与 1995 年 1 月 24 日的《经济信息报》比较。

《上海商报》第四版一则关于"名人轶事"的软新闻《宋庆龄主席喜爱烹调》，文中表述：

> 有次她宴请外宾时，用英语向客人介绍了杏仁豆腐、杏仁茶的制作方法。事后，还让我写了配料、制作过程，亲自写信附去，把我国烹调方法介绍到国外……有时，她了解某同志会烹饪新鲜草鱼，就请他来吃午餐……

《经济日报》第四版也有一篇关于"名人轶事"的软新闻《把办公室的门敞开》，文中表述：

> 我说到做到。关于程序问题，当然是这样的：如果有人遇到一个自己解决不了的问题，那他首先找自己的顶头上司；如果顶头上司解决不了，那就找上司的上司；如果顶头上司的上司还解决不了，那么，我们的开门政策就会促使这位雇员求助于由公司经理组成的一个委员会。

《安徽商报》第四版有一条极其抢眼的新闻《多亏你这一巴掌》，文章开头是：

> 30 多岁的驾驶员紧紧地拉着加油女工李海云的手深情地说：姑

娘，你给我狠狠一巴掌，使我终生难忘啊！太感谢你了……"说着，说着，他声音有些颤抖，手也不由自主地颤抖起来。

《经济信息报》第四版也有一条十分抢眼的新闻《用牛奶做内衣裤》，文章开头是：

> 据《香港市场》报道，以牛奶为原料制成的内衣裤，风靡日本和香港市场。"牛奶内衣裤"是用新西兰产的牛奶，经过压缩抽取水分和分解脂肪，剩下的牛奶蛋白柔和特别液体，透过纤细的喷射嘴，喷射于定型的药水内，成为牛奶纤维，再编织成一件件内衣裤。

《上海商报》与《经济日报》关于相同题材的新闻在表述上依然有区别，《上海商报》中文字委婉，表达情感比较丰富，而《经济日报》虽有一个吸引人的题目，但通篇文章是生硬而流水账般的自述。《安徽商报》的煽情程度更加突出。文章开头描述出一个"引人入胜"的场面，文字与内容偏于庸俗，情景过度虚拟。相反，《经济信息报》的报道标题十分惹眼，但细读之下却"味同嚼蜡"，缺乏趣味性。相较之下，"商报"比其他经济报更趋向使用煽情的文字来吸引读者。

综上所述，早期"商报"在经济新闻上通俗化处理，在其中寻找读者感兴趣的重点与表达方式，以及在严肃的政经新闻之间插入煽情的名人故事或新闻的做法，都体现出娱乐化的迹象。此外，90年代中期开始，"商报"逐渐减少政经新闻比例，增加社会新闻也是一种娱乐化的趋势。因此，"商报"在拥有财经报纸的专业性时，也已经隐藏着综合性的特质，以及向综合报发展的基础，这种弱小的综合性往后将随着市场的变化逐渐放大，最终导致它脱离财经报的轨迹。

（二）市场主导下的分化趋势

自90年代末，"商报"在巨大的市场化与集团化变迁中彻底"迷失方向"，一批以市场为主导的报纸纷纷创刊，由此展开"商报"最大规模的分化与变迁。

1. 市场驱动定位变化

报业市场化驱动"商报"向综合报发展，于是一批"商报"从财经报纸分化出两种模式，一种是经济类都市报，另一种是都市类报纸，虽同是综合报，然而前者重经济，后者重民生，二者存在区别。以下基于"商报"创刊词分析，研究"商报"定位的变化。

（1）经济类都市报的定位

《新商报》在其试刊词中，描述"《新商报》的试刊，实现了《大连日报》奉献给滨城读者一张经济类报纸的夙愿……"《天天商报》创刊词描述"力求把《天天商报》办成一张以财经商贸为特色的社会性综合性报纸"。《城市商报》试刊词中描述"本报的办报宗旨为：以经济报道为主，传播城市经济信息，引导大众健康消费意识，维护消费者的合法权益"。《鲁南商报》创刊词描述"我们给自己定位：立足临沂、覆盖鲁南的区域性经济生活类日报"。

以上 4 份"商报"在定位上相似，表述其实着重两点：一是经济；二是百姓生活。两点结合起来便是这些报纸的定位——经济类都市报。

这种所谓的经济都市类的定位与传统的财经报纸定位差异甚大，此处以两张新型财经报纸的创刊词作为比较。《21 世纪经济报道》创刊词中写道，"我们将一如既往地对中国经济和社会深层次变化保持深刻的关注。"《民营经济报》创刊词中写道，"中国第一张专门为民营经济鼓与呼的报纸，在改革开放的最前沿，在民营经济发展最活跃的南粤大地问世"。两张新型财经报纸明确写明经济是其报道目标，无一关联到百姓生活、综合等字眼，说明市民生活类的内容并不是"商报"作为财经报天生必备的新闻内容，而是其变形之后所涉猎的范围，由此表明"商报"的分化。

（2）都市类报纸的定位

《安徽商报》创刊词中，描述："我们当有信心、有决心办好这张都市早报，给市民奉献一份营养丰富的'新闻快餐'。"《中原商报》创刊词中，描述"一张完全市场化的都市报纸，带着浓郁商情商味"。《三峡商报》试刊词中，描述"办一张具有新思路、新风格的新报纸，办一张立足宜昌，面向三峡，走向全国的百姓商报"。《台州商报》创刊词中，描述"这是一张服务经济，贴近生活，追踪热点，面向大众，关注市民物质生活与精神生存状态的都市化报纸"。《长江商报》创刊词描述"我们关注民生，感受民间的喜怒哀乐并寻求解决的路径，以彻底的服务意识，提供权威的本地资讯，是本报天然的使命"。《无锡商报》创刊词描述"将以'商系民生,报知天下'为己任,尽心尽力为市民读者服务;将时刻把百姓的冷暖苦乐挂心间"。

以上6份"商报"的定位或明确写明"都市早报""都市报纸"或形容是"百姓商报""关注民生",诸如此类在创刊词中只见"都市"和"民生""百姓",极少谈"经济"的"商报"即都市类报纸,这与其他都市报一致。这正是第二阶段"商报"加剧分化的证据,说明许多"商报"从创立之初就非经济报,不过是"挂羊头卖狗肉",其真实的原因与上文所提报业竞争与政策调整有关。

2. 新闻追求的市场化思维

《新商报》在创刊词中写道:"使读者开卷受益,让报纸好看耐读实用,是《新商报》的新闻追求。"其他"商报"也表现相同倾向。《安徽商报》创刊词中写道"把它办成'含金量'高的'好看'的新闻纸,办成使用功能齐全的'好用'的服务纸"。《城市商报》创刊词提道"内容力求现代品位和贴近性、可读性、服务性"。《鲁南商报》创刊词提及"我们将以大众化、通俗化、生活化的视角报道经济新闻"。《台州商报》创刊词提及"多版化、彩报化是本报物化要求,可亲、可读、可爱、可看、可思、可心、可参与是本报终极追求"。

"商报"对新闻的标准都趋向"好看""耐看""可看""可读""通俗化",这是"商报"从严肃的财经报转型为都市类报纸的标志,正验证了上文提到"商报"的综合性,以及它隐藏的娱乐化、通俗化的倾向。董天策认为"市场化报纸以追求利润作为组织运作的基本驱动力,依靠广告和其他商业行为作为自己收入的来源,这使他们在运作上不得不顺应市场逻辑,以吸引受众、追求发行量为主要考量。[59]"可见,通俗化与娱乐化是"商报"商业化的后果,也是"商报"追逐市场利益的一种惯用思维。

3. "商报"立足本土市场

多数"商报"在发刊时会强调报纸是立足本土面向全市或本区域大众读者,比如《三峡商报》指出"立足宜昌,面向三峡,走向全国";《鲁南商报》指出"我们将以更宽广的视角,报道鲁南地区的重大政治、社会、问题新闻";《中原商报》提道"立足邯郸,覆盖中原,面向全国"。这些"商报"对本土新闻的热衷,再一次表明本土化是"商报"分化后的立足市场的选择。

相反，财经报纸虽也关注本土新闻，但并不"执着"，甚至故意"忽视"。比如《21世纪经济报道》在创刊词中，频繁使用"中国改革开放""中国证券市场十年的发展""国际规范""社会秩序"这种宏大叙事的词句，显示报纸的视野和野心已超越区域，立足全国或更大的空间。同是新创刊的"商报"《新农村商报》与《中国联合商报》在这一点上与新型财经报纸一致。这些与综合"商报"一个时期成长的纯财经"商报"表现出不一样的"胸襟"，出于主管单位的全国性与目标读者的全国性，作为财经报的"商报"更倾向于"放眼"更大的领域去寻找新闻。

综上所述，本土化是"商报"所具有的特性，也是新时期分化后的突出特征，但是将本土化"淋漓尽致"地"表露无遗"却是"商报""变质"的表现，此举让它离财经报纸越来越远。

4. 目标读者的泛化

综合报的定位与通俗化的新闻诉求致使"商报"的新闻报道从细分的经济市场扩大到整片区域的经济、社会文化生活，其目标读者也出现泛化的特点。

《天天商报》：我们将从普通百姓的角度报道经济社会生活的方方面面。

《中原商报》：传播政策之声，嫁接商缘，关注经济问题，服务百姓生活。

《鲁南商报》：面向市民……与市民朋友并肩。

《新商报》：为人民大众的物质和文化生活需求服务。

《城市商报》：引导大众健康消费意识，维护消费者的合法权益。

除了《城市商报》明确在创刊词中提及"消费者"之外，其他的"商报"或是只字未提目标读者，或是直接以"百姓""市民""大众"笼统的涵盖报纸面向的读者群体，这说明作为综合报的"商报"目标读者的定位比以往的财经报更加广泛。

席文举说："面向市场，走向市场，追求市场份额最大化，成为都市报群体的本质特征。"[60]"商报"的读者定位与都市报不谋而合，这意味着"商报"的目标读者泛化正是追求市场利润的本色表现。

综上所述，从新时期"商报"的创刊词比较中可以发现，市场主导下的"商报"分化趋势有四个特点，一是从财经报纸的定位转向综合报纸的定位；二是目标读者明确表明为普通市民，出现泛化现象；三是

"商报"分化后对娱乐化新闻的追求更加"赤裸";四是"商报"分化后更加重视本土新闻与市场。这四个特点均充分证实"商报"对财经报的远离和对都市报的亲近。

五 "商报"三种分化模式的个案研究

(一) 都市类报纸的分化：市场的驯化与博弈

1. 市场驯化媒介：基于《成都商报》个案研究

《成都商报》是"商报"分化规模化的起点，它最先感受《华西都市报》作为都市报所带来的巨大办报效益，也是最先从《华西都市报》取经的"商报"。它折射出20世纪90年代末一批"商报"在报业市场化进程中，受市场竞争与都市报的影响，最终转型为都市类报纸的趋利选择，这个过程类似于市场对"异类"的驯化过程。

1994年前，何华章入驻《成都商报》。当时的《成都商报》还是成都财贸委一份不起眼的内部小报，何华章一心想要将报纸做大，第一要务就是取得公开发行的刊号。恰好成都市科学技术委员会的《科学生活报》经营效益不佳，经人牵线两家报纸一拍即合，合并为《成都科技商报》。《成都科技商报》为了淡化科技报的痕迹，将报头"科技"二字缩小，突出"成都商报"四字，并在合并后不久转型为日报，逐渐增加"太阳周刊"和"服务周刊"等，此时的《成都科技商报》已非财经类报纸。1995年8月，《成都科技商报》再次更名为《成都商报》，正式以"综合性市民生活报"定位。

对于《成都商报》崛起的原因，各界有不同的声音。赵曙光等人认为《成都商报》早期的成功离不开何华章的努力[61]。作为《成都商报》的老读者，赖老先生也赞同何华章的魄力是该报纸成功的重要因素，但他认为《成都商报》并不是简单通过融资才成为成都报业老大，他说："何以一介书生入行能够越搞越红火不无原因。首先报纸通过大量的广告收入来支撑经营，而且很会选热点话题来造势，敢于舍本投入显性的公益活动，所以《成都商报》在还未公开发行的时候市场就比较好了。后来《成都商报》成了日报，报社影响大了，收入多了，市上主管部门有面子，报社就从不待人见，自生自灭的个人行为获得认可，予以收编纳入体制。[62]"《成都商报》绝非一开始甘心当财经报，无论出于对同城《华西都市报》的模仿，还是何华章作为报社领导人的野心与远见，抑或当时成都报业的竞争格局已经悄然发生变化，它从财经报转为都市报是必然的历史过程。

然而，即便《成都商报》作为财经类报纸的时间短得足以让人忘却，但它在 1993 年发刊时，确实在 1993 年 12 月 1 日试刊词中写道："成都市第一张以经济为中心，以生产消费为重点，（关心）全市经济建设、市民经济生活和消费的大型经济报。"1994 年创刊时，新年发刊致辞《我们从此是朋友》中已发生变化，写"您眼前的报纸就是我们的榜样，一张综合性经济报，一张都市生活报，一张向您报早安的晨报。"

1993 年"以经济为中心的大型经济报"与 1994 年"综合性经济报、都市生活报"差别甚大，尤其《成都科技商报》的报头位置赫然写"大型综合性日报"的字样，已彰显报纸在无声中的定位变迁。1995 年 8 月报名更改之后，《成都商报》断然放弃"经济报"的提法，改成"综合性市民生活报"，更加义无反顾地将投身都市报的阵营。

Pamela J. Shoemaker 和 Stephen D. Reese 在 Theories of Influences on Mass Media Content[63]一书中总结影响媒介内容的因素有五层面，分别是意识形态层面、外媒介层面、组织层面、媒介例程层面和个人层面。《成都商报》的改变正是受到这几个层面的影响，大到宏观层面是政策和政治环境的松动，使它能够在 1995 年参与市场化运营，1999 年成立公司。外媒介《华西都市报》《成都晚报》《商务早报》等同城报纸的影响也是它做出改版的重要原因，至于个人层面在它身上显得更为突出，何华章等人对报纸扩张的渴望和对发行、广告经营策略的"运筹帷幄"是《成都商报》最终变身成都第一都市报的最大因素。

反观 20 世纪 90 年代末，一批有抱负的报人是驱动"商报"发生分化的力量之一。然而，个人层面是依附在宏观层面之上的，政策与市场化，以及都市报的兴起是这批"商报"转型的前提。

（二）媒介与市场的博弈：基于《珠江商报》个案研究

2004 年，由于报刊治理政策的发布，佛山传媒集团收编了《顺德报》，改名为《珠江商报》，对于名字的由来似乎也与"商"字无很大关系。江编委认为：中国的报名来来去去也就那几个，不是什么时报、晚报、晨报、快报，就是都市报、商报。佛山已经有一份时报，所以我们不能叫，以前有一份《佛山晚报》办不下去，所以我们也不会再叫，后来考虑到顺德是经济发达地区，位于珠江旁边，叫"商报"有一定符合区域特色的道理，所以大概《珠江商报》就是这样来的。[64]

可见，《珠江商报》的"出生"并非报社所愿，名字也全非经济驱使，所以一开始它就不被寄予"在商言商"的希望。然而改版之后，如何定位却是一个争议挺大的问题，当时广州报系已经入侵佛山报业市场，在竞争压力下，选择好一个切入口是报纸赖以继续生存的基础，最终《珠江商报》的领导层不愿意放弃以往积累的人脉和经验，决定换着方式继续延续"机关报"的性质。江编委坦承：传媒集团也考虑过办成财经报，可是财经报办得低端没人看，办得高端又没有资源，最后报社一致认为报纸不能脱离顺德的生活和范围，面临生存的话只能做综合报。因为以前《顺德报》是机关报，报社跟政府的关系处得很不错，顺德政府也信任报社，很多消息还是愿意给我们，所以思前想后还是决定充当一部分机关报职能。[64]

言下之意，《珠江商报》是一份兼顾政治新闻的都市类报纸，从2004年创刊，《珠江商报》也一直将重点放在政府与民生两个题材上。改版后的《珠江商报》每日出版的报纸前3—4版的"今日顺德—要闻""今日顺德—镇街""今日顺德—街镇"等版块集中报道政务新闻，后面的"民生""综合"等则报道社会新闻。

《珠江商报》每一年的盈利分为三块：发行收入、广告收入和政务专题收费。对此，江编委透露，2013年广告收入达到两千万至三千万元，政务专题收费达一千万元，2014年的收入会更加可观。在国内纸媒哀鸿遍野之时，《珠江商报》能逆势增长最主要的原因在于"垄断"，即政务信息的垄断和多年涵养的读者注意力的垄断，未来也将在垄断资源的优势下，继续向地方性都市类报纸发展。

对于"商报"的第二阶段发展与分化而言，《珠江商报》是"麻雀虽小，五脏俱全"，它折射出21世纪初报刊治理下报纸与报业集团复杂的依附关系，以及机关报转型后与原属单位藕断丝连的"寻租"关系，同时反映出报纸如何在生存压力下处理宣传与舆论监督的问题，更体现出"商报"作为都市类报纸如何在市场化与本土化中完善自己。

Colin Sparks 讨论本土的性质（The nature of local）时，提到学者对本土的不同界定，旧时的观念认为"本土"是从空间的角度界定已经存在的社会所形成的共同体，新的观念里的"本土"指代范围更广，它更像权力关系的一种经验总结，至少应该形成一种显著的本地框架，尤其是在文化层面的独立构造[66]。对顺德这个人口流动性大，拥有独特岭南文化的行政区而言，本土的概念更符合文化或意见层面形成的共同体，所以报纸的本土化是指《珠江商报》能够建立在文化认同的基础上，面向这个包含大量外来人口的区域去做新闻。

李金铨在 Chinese Media, Global Contexts 一书中探讨关于中国报纸的市场化的问题，他认为中国报纸的市场化必须在行政管理的机制中进行，是一种缓慢的过程，其中跨区域办报是报纸市场化试图挑战的界限，南方报系等大都市报目前可以向省内其他地区辐射，但对于小区域的报纸则不可能跨越这条管理界限[67]。对于《珠江商报》而言情况更为复杂，从宏观层面上看，国家报业市场化的推行促使它放弃机关报的待遇，变身都市类报纸，投身市场竞争。然而聚焦到《珠江商报》微观层面时，市场竞争又迫使它重新扮演机关报的角色，增加盈利。这两种市场化明显存在区别，显然个体的市场化比纸媒行业的市场化要灵活得多。这就是"商报"在 20 世纪 90 年代后面临的两个市场化处境，宏观调控下的市场化致使报纸转型，个体的市场化致使它们往更细微的方向分化。此外，市场化与本土化"勾结"也是《珠江商报》的矛盾表现，行政管理下的市场化要求《珠江商报》在顺德区内发展，所以它做好本土化；反之《珠江商报》只能做好本土化，才能在市场化中获胜。"商报"发展与分化正是市场化与本土化的结合。

（三）经济类都市报的分化：竞争的被动选择与主动追求

1. 竞争的被动选择：基于《深圳商报》个案研究

《深圳商报》于 1991 年复刊，当时作为深圳市政府的机关报，与党委机关报《深圳特区报》并驾齐驱。双党报的机制使《深圳商报》最初就拥有宣传政府活动、政策指令的功能，本质上是一份政治报。同时它立足全国改革开放的前线，以深圳经济发展作为报道重点，又是一份经济报。虽然经济新闻几乎贯彻整张报纸，但在 2003 年建立深圳报业集团前，商报人似乎更愿意称它为党报。

《深圳商报》既不拘泥于行业报，又属于党报，这限定了它是一份建立在政经之上的综合报。曾主任也说："商报的首要职责是报道政府新闻，包括深圳市政府的职能、经济方针、财政补贴、税收、社会保险，甚至包括环保，这跟特区报正好区分开，因为它是党报，传播党委的声音。当然经济也是重点，80 年代到 90 年代中期，全国经济交流很活跃，投资和股市刚刚起步，又在深圳建有交易所，商报当然要利用好这些优势。"[68]

然而，《深圳商报》的转型是潜移默化的，即使在 1993 年后作为综合性经济报，依然履行党报的职能，它的社会性和娱乐化却越来越显现。细致观察，《深圳商报》在 1993 年以后内容更加全面、娱乐与社会周刊陆续发行。这从以下七个非特殊出版时间的报纸可观察出：

1991 年 7 月 6 日《深圳商报》4 版，版面无名称大概 26 条新闻，22 条新闻几乎为政治与经济内容，仅有 3 条非政经新闻、1 个文集栏目。

1992 年 10 月 30 日《深圳商报》4 版，除头版，其他 3 版名称是"深圳新闻""深圳房地产·读者来信""康家之乐·广告"。前 3 版是政经版块，康家之乐版面是娱乐文学版面。

1993 年 11 月 1 日《深圳商报》8 版，除头版与广告版，其他 6 版名称是"深圳经济新闻·社会纵横""副刊（社会广角·连载）""探索·经济与法""鹏程市场""综合新闻·五环旗"（五环旗是体育副刊）"国际新闻"。

1994 年 8 月 2 日《深圳商报》12 版，除头版和广告版，其他 10 版名称是"深圳新闻""国内新闻·体育大世界""国际新闻·港澳台新闻""副刊（万家灯火·连载）""外引内联·社会发展""鹏程市场""宝安专版""深圳证券""读者来信·报刊荟萃""环球经贸"。

1995 年 8 月 2 日《深圳商报》16 版，除头版和广告版面，其他 14 版名称是"深圳新闻""深圳经济新闻""国内新闻""港澳台新闻·体育大世界""国际新闻""副刊（公关沙龙·连载）""南山新闻""人大之声·大交通""深圳房地产·广告""读者来信""深圳证券""电器城专刊""鹏城市场""报刊荟萃"。

1996 年 8 月 2 日《深圳商报》15 版，除头版和广告版，其他 12 版名称是"要闻""国内新闻""广东新闻""国际·港澳台新闻""大众娱乐周刊"（3 版）"龙岗新闻""深圳证券""读者来信""奥运特刊"（2 版）

1997 年 4 月 10 日《深圳商报》16 版，除头版和广告版，其他 10 版名称是"要闻·社会新闻""深圳经济新闻""要闻""广东新闻""港澳台·国际新闻""社会纵横（周刊)"（2 版)"鹏城市场""体育大世界"
"深圳证券"。

七年内，《深圳商报》的版面数量增加，新闻覆盖的范围也逐渐扩
大，报道区域从全市细化到行政区。刚创刊时《深圳商报》的社会新闻
比重比较少，往后逐年出现"深圳新闻""港澳台新闻""国内新闻"
"国际新闻"并成为固定的版面。此外，娱乐体育新闻方面，逐渐出现
"五环旗""社会广角""万家灯火""娱乐大众""社会纵横"等副刊与
周刊。这些都说明《深圳商报》逐渐摆脱政经的狭隘范畴，拓阔了办报
的视野与社会影响力，从一份政经大报逐渐转变为以经济报道为主的综
合日报。

正当《深圳商报》朝综合日报发展时，深圳商报社与深圳特区报业
集团合并。两家报社合并意味着原本的双党报制度将消失，《深圳特区
报》与《深圳商报》只有一家能保持党报的性质，另外一家必须失去垄
断资源，参与市场竞争。"携手"曾经的对手纳入同一个大集团，并成为
后者，让《深圳商报》有些挫败，它需要面对新的报纸发展规划和新的
环境。

面对这些挑战，深圳报业集团积极开拓新的细分市场，重新将《深
圳商报》改成"经济文化大报"，2005 年和 2007 年《深圳商报》做过两
次大的改版，确定"经济视野、文化追求"的定位。

其实，"文化广场周刊"早于 1997 年出现，只是未曾作为《深圳商
报》的重点，如今文化与都市新闻同时取代政治新闻在报纸中地位，可
见《深圳商报》已经不再是一份以政经为主的综合大报，而是"经济类
都市报"。政治新闻的弱化和都市新闻的强化是《深圳商报》分化的最大
特点。

李金铨、何舟和黄煜在研究上海媒体时指出，媒体权力的多元化才
能使之更有自主性[70]《深圳商报》在 20 世纪 90 年代时不断革新和扩张，
从最初的政经大报转型为综合日报的深层原因是多家报社形成了权力多
元化的格局。自 2003 年深圳报业集团成立后，《深圳商报》在高度集中
的管理下，自主性减弱，所以它从"如日中天"的大型综合日报戛然转
型成"经济文化大报"。

从《深圳商报》这个案例去解释 90 年代末，21 世纪初"商报"的
分化，有一定启示。90 年代末正是报业市场最繁荣的时间，此时政策还

未规定行政单位和市级以下行政区不能办报，所以大量的单位和资金涌入媒体市场，多元化的办报主体互相角力，形成激烈对抗，这是报纸发展与转型的最好时代，其中"商报"由此分化。21世纪报业集团化在全国规模化进行，许多"商报"从行政单位划归集团，在统一调整中转型，这是自主性减弱的表现。"商报"分化为经济类都市报正是报纸在集团化与市场化之间博弈的结果。

（四）竞争的主动追求：基于《河南商报》个案研究

《河南商报》2008年后明确提出"经济类都市报"定位的"商报"，它在新时期分化中有非常典型的意义。它的转型预示一批以市场为主导的"商报"必须改变定位，才能突破同质化竞争。

1.《河南商报》转型之路

（1）几易其主，定位更迭

《河南商报》前后经历过五个主办单位，1983年时它的前身《河南二轻工业信息》创刊，是河南省第二轻工业厅的机关报。1985年，更名为《消费导报》，1986年转由河南省商业管理委员会管理。1990年，更名为《河南商报》，作为商业管理委员会的机关报[71]。从1983年到1997年，《河南商报》一直是财经类报纸。

1997年，"商报"初期分化时，《河南商报》改由河南省贸易厅和新华社河南分社合办，当时郑州报业市场上已经有《郑州晚报》和《大河报》两张综合性报纸，《河南商报》为了挤进都市报行列，也毅然变成一份综合性都市报。

2004年，《河南商报》又转为新华社河南分社与河南日报报业集团共同主办。一经变换主管单位，《河南商报》就立刻改版。此次改版初步涉及增加"商"味的举措，2004年改版《在期待中奋起——商报改版致读者》强调要"增加新闻版面，增强新闻时政，丰富信息含量；要改变以往'商报不言商'的毛病，大力加强经济报道，提供读者继续的市场信息、经济新闻……"

（2）突出重围，在商言商

2005年河南日报报业集团全面接手《河南商报》，报纸仍坚持都市报的定位。2008年7月份，鉴于同城有4家都市报，《河南商报》的效益最差，所以报社领导人大刀阔斧地将报纸重新定位为"经济类都市报"。

从报纸的版面变化上，2008年7月起"经济蓝皮书"作为B叠每周

二、三、四、五固定出版，并且从原来 8 版扩大到 14 版左右，这是《河南商报》作为经济类都市报的一个重要标志。

乍听上去似乎《河南商报》的重心转移到经济上来，但所谓的"经济类都市报"，其核心还是都市报，经济新闻只是吸引读者的一种手段。王主任说"虽然报纸往经济上靠，但是一直保持新锐、温情的风格。"张主任也明确表示："《河南商报》还是一份综合类日报，'商'只是它的特色，除了一般读者之外，改变定位是为了吸引当地高收入、高知识的年轻读者，当然也包括当地的商人。"

2. 《河南商报》的经济特色

（1）经济特色贯彻报纸

经济这个定位是贯彻整张报纸的，下文以《河南商报》为例，来观察经济特色如何渗透整张报纸。

导读版面的功能之一是提示报道重点，也是提示一张报纸在定位上的侧重点。表 8 是 2007 年 12 月份与 2008 年 12 月《河南商报》导读版的比较。从比较中可以发现《河南商报》改版后，财经新闻成为报纸日常报道的重点之一。

根据表 8 所示，2007 年 12 月其中五天的导读中，财经新闻包括："沪天价楼盘被责令降价""CPI 不能超 4.7%""红顶商人开建经适房""拒缴'小姐税'屡被短发票"共 4 条，五天导读新闻总量是 21 条。

2008 年 12 月的五天导读中，财经新闻包括："个税起征点可能调到 2500""思达连锁商业'易主'""沪指再收红盘逼近 2100 点""小区业主信息卖出 1.8 万元""老地王兄弟要被拍卖""收入 375 亿永煤河南第一""小排量汽车有望减免购置税""河南 GDP 今年可超 1.8 万亿""高房价要降一降""三鹿要破产？""明年全省建 4 万套经适房""三鹿负债 26 亿申请破产"共 12 条，五天导读新闻总量是 25 条。所以，《河南商报》改版为经济类都市报后，经济特色已贯彻整张报纸。

（2）经济特色渗透社会新闻

"社会新闻的经济化"不单指财经新闻成为报纸重点，也指日常新闻以经济视角来解读。下文从两则新闻来看《河南商报》如何坚持这种报道立场。

表8 《河南商报》导读版分析

	2007.12.3	2007.12.11	2007.12.19
河南商报	全民医保报销比例将提高	100 个病种将限价收费	徐光春郑大看"小强"
	嫦娥拍照没造假	火车倒行轧死男子	明年 5 个 3 天假
	"食神"亮刀	陈水扁要扒蒋介石的坟	CPI 不能超 4.7%
	华南虎照确为假	沪天价楼盘被责令降价	曾京准备当总理
	后天可能有小雪	为了戒网瘾 他抢劫 8 元	
	2007.12.27	**2007.12.28**	**2008.12.1**
	"红顶商人"开建经适房	企退人员养老金元旦上调	个税起征点可能调到 2500
	解放路立交开建	贝·布托榆次身亡	国际金融危机加剧公务员
	郑州拟再征路桥车辆通行费		考试竞争超过百万人报名
	11 年间从地上偷到天上		录取率只有 1.75%
	拒撤"小姐税"屡被断发票		400 余中国人已撤离泰国
	2008.12.1	**2008.12.9**	**2008.12.17**
	急着下公交 刀捅俩女孩	春运下月 11 日开始	十大企业和公民 您投票定
	思达连锁商业"易主"	山西检察官进京抓记者	收入 375 亿永煤河南第一
	看《超五世》您雷了没	沪指再收红盘逼近 2100 点	全省将规范民办幼儿园收费
		交警给花园路一段护栏加了 0.4 米高的警戒带	面包车运钞车路口 僵持俩小时
		小区业主信息卖出 1.8 万元	小排量汽车有望减免购置税
		后年河南有望不再"气短"	污损国旗党旗重庆抓嫌疑人
		老"地主"兄弟要被拍卖	
	2008.12.25	**2008.12.26**	
	河南 GDP 今年可超 1.8 万亿	明年全省建 4 万套经适房	
	高房价要降一降	三鹿负债 26 亿申请破产	
	三鹿要破产?	三年后再说"虎照"真相	

第一则是针对"河南省的省委书记、省人大常委会主任卢展工在焦作调研时的讲话"做的报道。在此报道中,《河南商报》与《大河报》呈现出不同的倾向。

2010 年 12 月 6 日,《河南商报》所作主标题是《建设中原经济区关键在做、关键在实、关键在效》,而《大河报》的主标题是《一定要把为民负责看得重一点》,有趣的是二者的引标题一致,都是"卢展工就贯彻落实中央全会和省委全会精神、加快中原经济区建设在焦作济源调研时强调"。前者强调"建设中原经济区"，后者强调"为民负责"，这是两张报纸面对同样的调研讲话，选择了不同的视角。

两张报纸对具体的报道内容也做了不同的处理，《大河报》将"产业和企业是建设中原经济区的重要支撑"与"建设中原经济区，农业科研部门承担着重要责任"两个主题分开；《河南商报》将第二个主题并入第一个主题，即将"农业科研部门承担重要责任"归入"产业和企业建设当中去"，说明后者对产业和企业建设的重视性要高于前者。

此外，《大河报》将"科学发展""加快转变经济发展方式""以人为本、民生民心""重要战略机遇期""中原经济区建设"全归入"认真学习、深刻理解、准确把握"这个子标题中，总共 439 字。相反，《河南商报》将它们全部单列为子标题，而且内容更加丰富，总共 1036 字。这也说明《河南商报》更加重视"建设中原经济区"相关的内容。

第二则是针对 2014 年 8 月 9 日"郑州户外广告新规"的相关报道。

《河南商报》的主标题是《郑州再出重拳整治户外广告》，出现在导读版，内容在 A04"时讯"版，篇幅为 1949 字。《大河报》的主标题是《郑州户外广告拟新规公示期请您提建议》，并未出现在导读版，内容在 A12 社会版，篇幅为 517 字。

《郑州再出重拳整治户外广告》中详细报道《郑州市户外广告设置规划控制导则》公示中禁设户外广告的 5 种情形，并且后面有更深层次的解读。解读的核心观念是：随着城市的发展，户外广告的需求量大大增加，之前的《条例》中涉及得很少，内容比较薄弱……该规划对于民众关心的公益性广告也有大篇幅的阐述，主要是随着城市的发展，人们文明程度的提高，设置公益性广告已经是政府责无旁贷的任务。

可见，这段解读是从城市发展与广告的关系入手的，包含经济的含义。《郑州户外广告拟新规公示期请您提建议》仅是将禁设户外广告的 5 种情形简单描述并无做评论与解读。

除此之外，2015 年 3 月 5 日，针对"两会"消息，《河南商报》用一个整版报道商报记者进驻"两会"与人大代表、经济专家和企业负责人探讨洛阳的区域发展，标题是《献策洛阳·错位中名"副"其实》，引语为"GDP3000 多亿，在河南除了郑州，没谁能比工业人力资本雄厚，城市功能完善，可为什么这样一个城市，却距离中心城市还有差距，未来的方向该往哪走"。相比之下《大河报》对城市的经济建设内容只字未提。

综上所述,《河南商报》作为一份经济类都市报,比一般都市报更注重在日常报道中渲染经济色彩,它将经济与政治、社会新闻结合,形成独特而有深度的报道风格。但是,《河南商报》本质上是一份都市报,以经济为立足点报道社会事件并不是惯用的手法,而且不是每一件热点事件都适用于这种手法。

3. 《河南商报》对"商报"分化的启示

《河南商报》是新时期经济类都市报的一个重要代表,它描述出同类型"商报"在新时期政策与市场的"逼迫"下,转型的新方向与特点。

(1)新时期"商报"分化受制于市场竞争。基本上转型为经济类都市报的"商报"跟《河南商报》一样,均在遭受同城都市报的倾轧后,逐渐在报纸中增加"商"的性质,并最终转型为经济类都市报。

(2)市场受众面决定分化方向。经济类都市报最基本的要求是财经新闻与综合新闻的合理搭配,目前20份同类型"商报"处于三种状态,第一种是在综合新闻之后设立"经济""财富""商会"等版面。第二种是设立财经专刊。第三种整张报纸除了一两个版面是民生新闻,其他版面全是财经新闻或副刊。从《河南商报》的例子上来看,第一种和第二种的受众面更广,办报灵活度更高。

(3)经济类都市报的发展模式。《河南商报》的经济特色体现在"经济蓝皮书"的专刊上,也体现在日常报道的重点和内容上,它表明财经新闻与政治、社会新闻是互相渗透的关系。未来的发展模式应当借鉴《河南商报》。

(五)财经类报纸的逆境生存:基于《北京商报》与《21世纪经济报道》、《华尔街日报》比较研究

2006年《北京商报》是"商报"在第二、三阶段新增的一份重要财经类报纸。这份报纸的风格、版式与主题有意模仿新型财经报纸,但其内容却逃不开"商报"的综合性。下文将它与《21世纪经济报道》和《华尔街日报》进行比较研究,探讨新时期"商报"作为财经类报纸发展的新方向与特点。

1. 版面设计比较

《北京商报》是对开大报,报纸以蓝色为基调,风格非常硬朗,无论是报标、版名、标题、文章、图片、广告均是规规矩矩的方形。《21世纪经济报道》的版面规划整洁，不同颜色的分隔线让报纸显得不呆板，图表的颜色对比强烈，形式活泼。《华尔街日报》（亚洲版）以黑色为主，不同的副刊以颜色区分，文字和图表规整保守，图片颜色比较出彩，风格大气沉稳。总体上《北京商报》的版面设计与另外两份相似。

2. 版面数量与内容

2015 年 3 月 16 日至 20 日，《北京商报》有三天是 24 版，两天 36 版。版面内容包括：

A. 政治与社会版面。

B. 财经版面。

C. 财经周刊。

D. 娱乐、消费版面。

《21 世纪经济报道》有三天 24 版，两天 20 版。版面内容包括：

A. 财经版面。

B. 娱乐、消费版面。

C. 评论。

《华尔街日报》（亚洲版）有三天 32 版，一天 19 版，一天 44 版。版面内容包括：

A. 政治与社会版面。

B. 财经版面。

C. 娱乐、消费版面。

D. 评论。

相比表 5 提及的五份"商报"大致 10 版的内容，《北京商报》的版面数量更加靠近以原报和庞大信息量著称的新型财经报纸与国际财经报。版面内容方面，《北京商报》涵盖"政经""产经""商经""金融""市场""公司""汽车""地产""基金"等基础的经济主题，《21 世纪经济报道》与《华尔街日报》（亚洲版）日常版面也依此设置。可见，《北京商报》至少已具备专业财经报纸的新闻框架。

然而，《北京商报》对新型财经报纸的模仿还远没有改变"商报"的综合性。它比另外两张报纸缺少"国际市场""投资""创业"等更加多维的内容，甚至它还没有"深度报道"与"评论"。

3. 新闻专业度比较

财经报道的深度与专业度是考验《北京商报》是否具备新型财经报

纸与国际财经大报的办报规范和实力，同时也是评判财经类"商报"在新世纪的变化后所达到的高度的标准。表9是依据2015年3月9日至13日三张报纸的其中一个金融版面整理出来的新闻呈现，通过表9可以大致看出《北京商报》的报道专业度。

表9 　　　　　　　　　　　　金融版面的内容分析

2015.3.9		北京商报	21世纪经济报道	华尔街日报
	新闻	8	2	3
	原创	8	2	3
	每篇平均字数	653	3750	656（word）
	图片	0	2	1
	图表	0	1	0
2015.3.10		北京商报	21世纪经济报道	华尔街日报
	新闻	7	3	3
	原创	4	3	3
	每篇平均字数	796	2008	828（word）
	图片	0	1	2
	图表	1	0	0
2015.3.11		北京商报	21世纪经济报道	华尔街日报
	新闻	8	3	4
	原创	8	3	4
	每篇平均字数	487	2691	568（word）
	图片	0	1	2
	图表	0	1	0
2015.3.12		北京商报	21世纪经济报道	华尔街日报
	新闻	5	2	3
	原创	5	2	3
	每篇平均字数	586	2003	569（word）
	图片	0	2	1
	图表	0	2	0
2015.3.13		北京商报	21世纪经济报道	华尔街日报
	新闻	9	3	3
	原创	6	3	3
	每篇平均字数	704	1908	796（word）
	图片	0	1	1
	图表	1	1	2

《北京商报》金融版面的报道数量最多、篇幅最短，其中有6篇非原创，为转载新华社消息。《21世纪经济报道》一个版面只有2~3条新闻，每一条都属于原创的深度报道。《华尔街日报》（亚洲版）与前者一致，报道追求少而精。此外，《北京商报》五天内，几乎全版以文字为主，仅有两条报道附带了简单的图表。其他两份报纸均重视图片与图表对文本的作用，尤其是《21世纪经济报道》的图表使用率最高。可见，《北京商报》无论报道的深度还是图表、图片的丰富程度都不如新型财经报与国际财经报，反映出《北京商报》在财经新闻的专业度上不及其他两种报纸。

4. 《北京商报》对"商报"分化的启示

《北京商报》作为21世纪新一代的财经类报纸，与新时期的"商报"如《北京联合商报》和《泉州商报》在版面设置、版式设计上有共同点。这些共同点正是"商报"在第三阶段发展与分化的方向：

第一，版面设计与内容模仿新型财经报纸。新时期财经类"商报"渐渐吸取新型财经报的优势进行改版，坚持对开大报的版式，并趋向原报发展。

第二，嫁接新型财经报纸和国外财经报纸的框架，但内容不够专业化，摆脱不了"商报"的综合性。《北京商报》是我国"商报"中专业化程度较高的报纸，但相比新型财经报和国外财经报，依然显出专业度的欠缺。

六 "商报"发展的困境与反思

（一）"商报"发展的困境

1. "商报"作为财经类报纸的困境

作为财经类报纸，"商报"所面临的压力来自两方面，一方面是外在压力，即市场对整个行业施加的压力；另一方面是内部压力，即其他财经报纸对其构成的竞争压力。

2005年我国纸媒行业开始衰落，作为财经类报纸的"商报""唇亡齿寒"，也进入滞缓的发展期。另外，都市报关于"财经新闻的报道娱乐化趋向越来越明显"[74]，覆盖的读者群越来越广，作为财经类报纸的

"商报"在报道上也追求通俗化，难与都市报拉开差距。

除了外部的挑战，"商报"还承受来自其他财经报纸的压力。"商报"粗放的新闻生产方式导致报道专业性低，覆盖范围不广。反之，新型财经报纸无论是版面还是报道的深度与广度皆远远高出"商报"。另外，纯财经的"商报"中，全国性"商报"一般是日报，地方性"商报"是周报。作为日报，它难以与新型财经报纸庞大的信息量抗衡，但作为周报，它又不能脱离地方新闻的束缚，为读者提供高端的经济新闻。所以，作为财经报纸的"商报"市场空间非常小。

最后，"商报"还要面对本地经济报的挤压。《中国商报》、《中华工商时报》等几份报纸都是立足北京，面向全国发行，可是北京财经报纸之多可谓全国之最，"商报"很难有所突破。综上所述，作为财经类报纸的"商报"实际上身处内外交困的艰难境遇，前景发展艰难。

2. "商报"作为经济类都市报与都市类报纸的困境

首先，经济类都市报在经济报道方面更弱，综合性决定它无法做到高度专业化和多元化，甚至本土化和娱乐化都会消解它的专业性。暂且不论新型财经报纸对各地区的渗透，单以每个地区至少都有一份经济报纸的形势而言，它不可能有很大发展空间。

其次，二者在综合新闻方面难以突破都市报的同质化竞争。目前除了《华商报》和《成都商报》能在所属地区保持领导地位之外，其他"商报"在市场中几乎处于劣势。而市场地位的落后导致"商报"缺少广告收入、人才等资源，使它无力改变现状，尤其当"商报"划归报业集团管理后，出于报业结构合理化的考虑，"商报"只能按部就班地依照报业集团的规划进行改版，失去了创新的魄力，继续深陷同质化竞争中。

（二）反思"商报"的发展与分化

1. "商报"分化的必然性与积极性

（1）分化的必然性

"商报"从专业报转型为综合报，从类型的跨度上看似"惊险的一跳"，实际上这个过程过渡得十分自然，这说明"商报"分化存在必然性，而这种必然性缘于它的两面性，即专业性与综合性，这两种属性一直主导着"商报"的发展。

"商报"来源于清末民初爱国人士对强大国家、发展本国经济的强烈需求，它嫁接了早期外商在华创办的财经报纸，又根据传统的"士农工商"狭隘的行业分类来定位，是一种适应中国社会，经过改良的财经报。清末民初，在小农经济尚未瓦解，民族经济刚刚起步的时代，"商报"的视野注定不可能超越日常工商活动，所以"商报"一开始便拥有两面性。民国时期，随着贸易与金融市场的开放，"商报"挑起财经报纸的大梁，渐渐放大了它的专业性，压制综合性，此时它还未脱离财经报纸的行列。

改革开放初，"商报"遇上了好的年代，无论是经济环境或者本身所具备的办报能力，都十分有可能追随其他财经报纸的发展，成为高度专业化的报纸。然而，90 年代末竞争加剧与综合报纸盈利能力的提升，彻底打乱了它的发展轨迹，此时"商报"开始放大综合性，压制它的专业性，由此展开财经类报纸与综合性报纸两条道路的分化。21 世纪初，为避开同质化竞争，"商报"又再次回归专业性，深化发展出经济类都市报。

报刊市场化运营是市场经济的必然要求，市场化的后果是竞争，竞争的后果是都市报等报纸产品的革新，而过剩竞争的恶果就是同质化报纸的淘汰与转型，这一个历史过程是大势所趋，"商报"身处其中必定要顺应时势。

（2）分化的积极性

"商报"分化是响应市场的无奈之举，却具有积极的效果。改革开放初在信息匮乏的年代，"商报"作为财经报纸，向各界提供经济信息，自然有很大优势。直至 90 年代中期，"商报"作为专业报纸的颓势日渐显露，分化在所难免，这其实是"商报"在财经报的路上走到尽头时，主动寻求改变而创造出来的新发展路径。

分化让"商报"得以突破财经主题的限制，版面与内容更加丰富活泼。从上文对财经报与综合报的比较可知，"商报"版面主题与设计更加灵活，内容报道更加多样，有利于增强报纸的可读性。

七　结论

"商报"史是我国报刊史与新闻史的一部分，在我国新闻事业重要发展阶段中，均能看见它的身影。最初，在清末维新派主导的办报热潮中，"商报"作为官报而生，它不仅书写着一个朝代自救与灭亡的历史，更代表着时代交接之时，我国近代新闻事业的兴起与繁荣。辛亥革命后，报刊充当思想争鸣之地，宣扬爱国主义。"商报"以报道民族经济为重任，向工商人士传播经济信息，通过理性的方式参与国家重建。改革之后，我国新闻事业向社会发展大力倾斜，报刊成为国家复兴的政治与文化工具，此时"商报"汇入财经报纸的主力中，共同拉动经济发展。

新时期，"商报"的历史更是我国新闻事业新起点的缩影，它的市场行为与转型道路与报刊整体活动基本一致，表现在以下两个方面。第一，1995 年后，报纸的商业主义盛行与新闻专业主义的消解，造成小报的增加，"商报"初期分化暗示着报纸转型的转折点；第二，2005 年后，都市报结构转向多元化，报刊行业在新媒体冲击下，其发行系统、编辑体系、经营模式进入摸索阶段，而都市类报纸中的"商报"对此做出表率，尝试在经济与都市报领域内采用新的编辑方式，这使其成为市场探索的先驱。

"商报"的分化属于社会结构转型的范畴，吕新雨认为"大众传媒日益转向城市中心化，为追求广告目标受众而中产阶级化，这构成了中国整体转型的一个重要组成部分[76]。

虽然"商报"的集体行为循序渐进，但 2000 年后，"商报"进入停滞发展状态。造成这种现象的浅层原因有二：其一，近 15 年来综合性的"商报"虽有所增加，财经类的"商报"却一批批"死亡"，此消彼长之下规模自然不变；其二，2008 年后，新创刊"商报"2 种，停刊也是 2 种，可见它几乎处于零增长。深层原因则是报刊行业低迷，市场饱和之下，"商报"渐渐失去资源与空间。另外，2008 年后，三种类型的报纸也基本维持不变，说明"商报"在经历转型的"阵痛"之后，已在市场和政策的夹缝中寻找到平衡点，集体不会再出现大的变化。

稳定的格局与规模并不能为"商报"带来安稳的环境。反之，"商报"未来的发展之路将是坎坷的。

首先，受制于纸媒的萧条环境，"商报"未来将缓慢向全媒体融合进军。

其次，"商报"的两极化将继续加剧，但任何一极都不会消亡。作为财经类报纸的"商报"发展加速衰落。

最后，"商报"在纸媒中所处地位并不高，但它的历史比都市报和晚报更久远，它在经历一个世纪的"磨炼"后仍能保持旺盛的生命力，可见在中国多变的体制中，"商报"具有优越的灵活性和适应性。而它适应市场的根本原因在于专业性与综合性的协调与分裂。因此，未来"商报"将更积极地调整两面性，以战胜市场竞争。

参考文献

［1］Peter Kjær, Tore Slaatta：Mediating Business：The Expansion of Business Journalism ［M］. CopenhagenBusiness School Press，2007 年

［2］陈力丹：《我国经济新闻的发展与变化》，新闻实践 2000 年第 4 期。

［3］阮志孝：《入世初中国大陆报业的现状、问题、对策》，2004 年"人民网——报刊研究"。

［4］李守仲：《经济类报纸要关注市场》，《新闻与写作》1992 年第 10 期。

［5］徐晶：《商报"差异性"之我见》，《新闻实践》2006 年第 9 期。

［6］章艺：《投资者看好哪些股市传媒》，《新闻记者》1997 年第 5 期。

［7］高兴烈：《报业改革要面对 21 世纪的挑战——兼谈深圳商报的探索与拓展》，《中国记者》1999 年第 3 期。

［8］余海涛：《城市商报发展之路探析》，《科技咨询导报》2006 年第 16 期。

［9］刘亚卓：《贵州商报风雨十年》，《新闻窗》2008 年第 1 期。

［10］徐香梅：《对编辑主导制的认知与体验——兼谈深圳商报的采编改革》，《新闻知识》2001 年第 9 期。

［11］樊纲、王小鲁、马光荣：《中国市场化进程对经济增长的贡献》，《经济研究》2011 年第 9 期。

［12］Pradip N. Thomas，Zaharom Nain：Who Owns the Media?：Global Trends and Local Resistance ［M］. Southbound Snd. Bhd，2002：185 - 192。

［13］哥本哈根商学院 Peter Kjaer 2015 年 1 月 14 日电子邮件资料整理

［14］John McCusker ：Essays in the economic history of Atlantic World ［M］. Taylor & Francis，1997 年：99 - 100。

［15］程丽红：《清代报人研究》，社会科学文献出版社 2008 年版，

第 126 页。

［16］方汉奇、史媛媛：《中国新闻事业图史》，福建人民出版社 2006 年版，第 115 页。

［17］蒋建国：《清末报刊的大众化与发行网络的延伸》，《新闻大学》2014 年第 4 期。

［18］方汉奇、丁淦林、黄瑚、薛飞：《中国新闻传播史》，中国人民大学出版社 2002 年版。

［19］张扬：《内蒙古报业风云录》，塞外新闻网，2004 年。

［20］丁柏铨、郑爽：《南京报业大战浅析》，《新闻界》2000 年第 2 期。

［21］赵月枝：《有钱的、下岗的、犯法的，解读 20 世纪 90 年代中国的小报故事》，《开放时代》2010 年第 7 期。

［22］吴定勇：《论都市报对于晚报的继承和超越》，《西南民族学院学报（哲学社会科学版）》2003 年第 3 期。

［23］漆亚林：《一路风雨一路歌——都市报发展的阶段性审视》，《中国报业》2011 年第 19 期。

［24］李佩钰：《新时期经济类报纸发展的思考》，《新闻记者》2003 年第 1 期。

［25］林晖：《市场经济与新闻娱乐化》，《新闻传播与研究》2001 年第 2 期。

［26］吴飞、沈荟：《现代传媒、后现代生活与新闻娱乐化》，《浙江大学学报》2002 年第 9 期

［27］董天策、徐宁：《从"连战访问大陆"看市场化报纸的时政报道——香港〈东方日报〉与国民党〈中央日报〉报道框架的比较分析》，《西南民族大学学报》2005 年第 6 期。

［28］席文举：《二十一世纪的都市报》，《新闻战线》2000 年第 12 期。

［29］赵曙光、禹建强、张小争：《中国著名媒体经典案例剖析》，新华出版社 2002 年版。

［30］《成都商报》老读者，四川收藏家协会创始人之一，《社会服务报》创办人，赖善成先生访谈资料整理。

［31］Pamela J. Shoemaker & Stephen D. Reese：Theories of Influences on Mass Media Content ［M］. Longman Publishers USA，1996。

［32］《珠江商报》江编委 1 月 26 日访谈资料整理。

［33］《珠江商报》：讲好顺的话共创新精彩——珠江商报负责人解读新一轮改版，2010 年 3 月 23 日。

［34］ Colin Sparks：Globalization，Development and the Mass Media ［M］. SAGE Publications Ltd，2007：pp. 135 – 136.

［35］ Lee Chin – Chuan：Chinese Media，Global Contexts ［M］ . RoutledgeCurzon，2003：pp. 156 – 170.

［36］《深圳商报》2015 年 3 月 11 日曾主任访谈资料整理。

［37］《深圳商报》：经济视野 文化追求——深圳商报今起全面改版，2007 年 4 月 8 日。

［38］ Chin – Chuan Lee，Zhou He，Yu Huang：Party – Market Corporatism，Clientelism，and Media in Shanghai ［J］ . The Harvard International Journal of Press/Politics，2007. 12.

［39］引用《河南商报》2009 年 6 月 1 日 T15 特刊《兴商润民 与众不同》。

［40］《河南商报》总编室王主任 2015 年 3 月 23 日访谈记录。

［41］《河南商报》张主任 2014 年 1 月 6 日访谈记录。

［42］马小彦：《对都市报财经新闻的几点思考》，《新闻窗》2010 年第 2 期。

［43］方仁：《锻造以创新为乐趣的职业报人——访〈成都商报〉总编辑陈舒平》，《传媒观察》2004 年第 6 期。

［44］共识网：赵月枝、吕新雨：《中国的现代性、大众传媒与公共性的重构》，2010 年 7 月 9 日。

新世纪以来新闻史研究的梳理与反思

◎ 蹇云　付俊杰

【摘要】本文以人大复印资料《新闻与传播》为研究对象，对我国2000年至2014年发表的900余篇新闻史论文从数量、阶段及主题等方面进行了分析，这一时期的论文总数呈上升趋势，在研究内容、视角、方法上都有突出成果。但在外国新闻史以及新闻界人物史研究等方面仍有强化的空间。

【关键词】新闻与传播　新世纪　新闻史

《新闻与传播》作为中国人民大学书报资料中心编辑出版的文摘类刊物，是通过对全国主要新闻学、传播学专业期刊和学报进行精心筛选，每年选择已发表论文进行全文转载的新闻传播学界的权威性刊物。本次研究采取文献法与内容分析法，以人大复印资料《新闻与传播》为对象，欲通过对其转载和索引中的新闻史论文的整理勾勒出新世纪以来新闻史研究的整体面貌。

一　研究整体概况

本次研究对2000年至2014年《新闻与传播》162期全文转载文章和附录索引进行统计，所得索引文献共计22373篇。再通过人工筛选和复核，加上全文转载的新闻史论文62篇。最终，共955篇文献被纳入研究样本。

为了解新世纪以来新闻史研究成果的整体面貌，此次研究对新闻史论文的年份分布以及新闻史研究的阶段进行了分析。

（一）关于新闻史研究成果数量的分析

2000 年至 2014 年，我国新闻史论文总数为 955 篇，平均每年发表 64 篇。十五年间论文发表呈持续上升趋势，但年份之间波动较大。总体上来说，年份之间出现的波动会很大程度上受到期刊调整的影响（如图 1 所示）。而峰值出现在 2010 年，究其原因是 2009 年是我国改革开放三十年和新中国成立六十周年，这种"热点时刻"（hot moments）容易引起学术上的"狂欢"。由于期刊统计的滞后性，新闻史论文数量在 2010 年达到最高值。

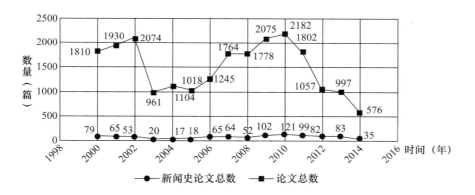

图 1　论文总数与新闻史论文总数年份分布（2000－2014 年）

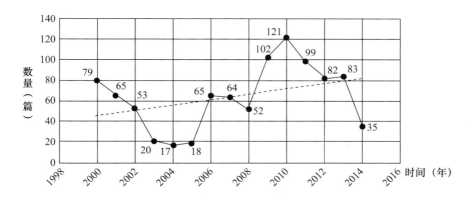

图 2　新闻史研究成果年份分布（2000－2014 年）

（二）关于中国新闻史研究成果阶段分布的分析

研究参考徐培汀①的新闻史研究阶段划分，对新闻史论文进行了分类。新闻史研究阶段分布情况见图3。

如图3所示，近代新闻史学研究成果最为丰富，其次为现代。这两个阶段为新闻史研究的初创期和成长期，史料丰富，研究意义重大，因此成果颇丰。在古代新闻史研究方面，这一时期我国新闻事业还没有产生，但已经出现了新闻传播，因此关于新闻传播方式和古代报纸的研究是重心。当代新闻史研究方面，从新中国成立到1999年可以以1978年为界分为两个时期，前一个时期政治运动不断，涉及政治因素，因此少有研究成果。后一时期虽然事业复苏，但相较于近现代新闻史研究而言，在此期间的史料和研究成果都不突出。只是在1999年——新中国成立五十周年之际，出现了部分回顾性的文章。在新世纪新闻史研究方面，出现了很多以年为单位的回顾性文章，比较有代表性的是2005年至2010年孙正一、柳婷婷对新闻业进行的逐年性的回顾。

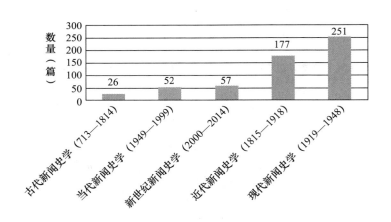

图3　新闻史研究阶段分布（2000－2014年）

（三）关于新闻史研究成果地域分布的分析

在中外新闻史研究方面，统计发现2000年以来我国的新闻史研究以

---

① 徐培汀：《20世纪中国新闻学与传播学·新闻史学史卷》，复旦大学出版社2001年。

中国新闻史研究为主，而研究外国新闻史的论文总数只为前者的 14%，这显示出我国新世纪以来的新闻史研究在外国新闻史方面还有极大的拓展空间。

关于中外新闻史交叉性质的研究只有两篇，且均为对中日新闻史的对比研究。日本由于其自身发展的迅速性及地理上的接近性，成为我国学习的重要对象。有数据统计，在近代新闻史上，从事新闻研究的日本留学生多达 9 人，占总比 53.94%[1]。因此，不难理解为何会将日本作为我国新闻史研究中比较的对象。

在中国新闻史研究的地域方面，不仅有对港澳台新闻史的考察，也有对偏远地域新闻史的研究。其中关于新疆和西藏的新闻史研究占总数的近四分之一，这表明我国的新闻史研究已从以热点地域为中心的新闻史考察转变为对我国新闻史整体面貌的呈现。

二　研究内容分析

在中国新闻史的研究方面，为了解新闻史研究的主题情况，参考了学者吴廷俊、李秀云[2]以及黄春平[3]对新闻史研究成果的分类，结合本次研究的具体情况，将新闻史研究划分为：报刊史、新闻界人物史、业务史、新闻法制与政策史、思想观念史、广电史、新闻教育、学术研究以及其他（交叉主题或主题不明者纳入此类）九类。由于学术研究及其他两类对主题分析意义不大，故略去不做说明。

如图 4 所示，新世纪以来的新闻史研究成果中，报刊史（27%）、新闻界人物史（24%）以及业务史（18%）是研究的热门主题，而数值处于最底端的是新闻教育（3%）。

---

① 李秀云：《中国新闻学术史（1834 - 1949）》，新华出版社 2004 年版。
② 吴廷俊、李秀云：《百尺竿头——中国新闻传播史研究十年（2004—2014）述评》，《新闻春秋》2015 年第 1 期。
③ 黄春平、蹇云：《"十一五"以来我国新闻传播史的研究现状、特点与趋势》，《深圳大学学报（人文社会科学版）》2015 年第 1 期，第 125 - 134 页。

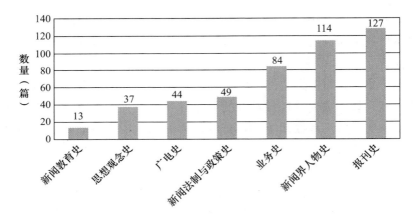

图 4　新闻史研究主题分布（2000 – 2014 年）

报刊史中关于报刊的个案研究为 92 篇，占报刊史研究总比为 72%。在这些个案研究中，民营报刊新记《大公报》《申报》《新青年》及中国共产党的红色报刊是研究的重点。其中有 15 篇论文对《大公报》进行了考察，有研究发现《大公报》有着国民党政府绝对控制下的相对独立性，而这一论断也为正确评价《大公报》提供了新的观点（俞凡，2013）。在报刊史料的整理方面，比较显著的成果是方汉奇对我国近代的海外报刊的梳理，其研究丰富了我国近代新闻史上对海外华文报刊的研究成果（方汉奇，2005）。

在新闻界人物史的研究上，研究内容大致可分为两大类型：一类为对新闻人物的思想观念、办报活动及其贡献的研究。主要有梁启超、章士钊、张季鸾等人。较有代表性的成果是张涛甫、项一嶔对范长江在《大公报》中的西北报道的考究，研究发现范长江是《大公报》"西北中国"议程的首席定义者，为正确评价范长江的人物形象提供了有力的证据（张涛甫、项一嶔，2012）。第二类为对我国报人群体的研究。此类研究以民国报人群为主要研究对象，研究的主要内容有报人群体的形成及报人群体的历史评价等问题。

业务史方面，主要包含对报纸发行、副刊及时评的研究。如在报纸副刊方面，有学者发现早期报纸副刊处于边缘性地位，其原因在于文人办报和行业竞争（员怒华，2010）。在报刊的发行方面，有学者发现民国时期由于发行渠道的局限导致报刊发行不易，阻碍了真正意义上全国性报纸的出现（王润泽，2007）。在报纸时评方面，马少华认为"时评"并不源于《时报》，其概念产生应源于《新民丛报》（马少华，2009）。

与我国的新闻史研究比较起来，外国新闻史的研究成果不多，主要包含对新闻事业、新闻制度的考察以及思想观念的历史进行的研究。横向对比研究的成果不多，比较典型成果如学者黄旦在考察美国报人及其思想时，将相关报人的事迹与我国报人的事迹作为比较，呈现出中外新闻事业发展进程的联系和区别（黄旦，2000）。

三　研究特点及进展

这一时期发表的论文整体水平较高。研究能够打破既有观念的束缚，从史料着手，正本清源，因此出现了一些重大的进展和具有创新性的成果，试举几例为证。

（一）史料发现和史实考证推动研究新进程

方汉奇在其朋友处发现一份明代邸报，而此前还没有出现过明代邸报的正刊和原件[①]。这一大史料的发现证实了明朝末年已经有公开发行的邸报，且明末已经有部分报纸采用雕版印刷，这份邸报的发现是学界的一大幸事。

关于汉代是否存在邸报有了论断。戈公振最早提出汉代存在邸报，但黄春平针对这一说法进行了考证[②]，其研究发现，戈公振的两条证据，其一不足为据，其二通过史料的反复考察，发现戈公振对于西汉昭帝时期就已有邸报的推测并不符合实际。作者通过翔实的资料和严谨的论证从源头上对汉代邸报问题进行了彻底的澄清，彻底推翻了戈公振的"汉代邸报说"，为这一争论画上了圆满的句号。

史料的发现和史实的修正有助于更加全面客观的认识历史，而这一特点也是新闻史学科最为根本的发展动力。新时期我国的新闻史研究在这一点上仍显示出其蓬勃的发展力。

---

① 方汉奇：《记新发现的明代邸报》，《新闻与传播研究》2009年第2期，第133－135页。

② 黄春平：《汉代邸报问题辨析——兼论戈公振的"邸报说"》，《中国社会科学院研究生院学报》2009年第4期，第112－119页。

（二）领域和视角不断延伸，开拓研究新空间

新世纪的新闻史研究不再局限于历史上的热点地域和热点领域，在少数民族、偏远地区的新闻史研究方面也出现一批有突破性意义的成果，丰富了这方面的研究成果。

首先在考察对象方面，有对我国不同民族新闻史的研究。周德仓对西藏1951—1956年出现的四种报纸及其发展轨迹进行了整体梳理①，介绍了西藏报业萌芽的艰辛历程。忒莫勒对《蒙话报》刊名以及出刊的时间、地点、发行范围、办报人员作了补充和考订②。还有关于回族新闻史研究的新进展，如白贵、金强对近现代回族报刊的波动现象从年份、期数等方面进行了具体说明③。

在研究视角方面，着重对一个现象的不同方面进行解读。

以近代的传教士办报为例。陈建云考察了来华基督教传教士办报的动机（陈建云，2007）。王海对传教士在中国报刊活动的整体进行了研究，其创新之处在于将传教士在华报刊活动进行了阶段划分（王海，2012）。罗研则是从传教士办的报刊入手，将报刊放到当时的特定历史背景下加以考察而对传教士办报这一现象做出评价（罗研，2010）。同一现象不同角度不同方法的考量是此阶段新闻史研究的一个重要特色。这些研究丰富充实了我国新闻史研究的内容，为新闻史学科的发展提供了更为充分的养料。

（三）研究呈现的范式更多样，学科交叉性质更为浓厚

2000年以来，除了以戈公振和李牧龙主导的两种不同范式④外，学者们对新闻史研究的范式提出了更多可能性的观点，而这些观点呈现出浓厚的学科交叉性质。

为区别于以往的新闻史研究，李彬提出了"新新闻史"的说法，即以新闻史范式和叙事学的方法来考察新闻史的历史演变及其与现实之间

---

① 周德仓：《西藏当代报业的萌芽》，《中国藏学》2002年第1期，第122－129页。

② 忒莫勒：《〈蒙话报〉研究》，《蒙古学信息》2001年第3期。

③ 白贵、金强：《中国近现代回族报刊波动现象浅析》，《回族研究》2008年第4期，第101－106页。

④ 丁淦林：《中国新闻史研究需要创新——从1956年的教学大纲草稿说起》，《新闻大学》2007年第1期，第29页。

的关系①。吴果中以《良友》画报为个案,提出从社会文化史的视野下研究新闻史的思路②。社会建构主义主张采取集体主义的途径,即通过协商、对话的方式建构新闻史的真实图景。因此唐海江认为从社会建构论的视角研究新闻史能够突破"历史为自己服务"的相对主义的陷阱③。不同于以上的社会学视角,阳海洪和赵平喜提出了用媒介生态学的视角来进行新闻史研究④。

以上观点呈现出如下几个特点:一是都主张摆脱政治视角。早在1987年,宁树藩就正式提出了不同于政治视角的新闻"本体意识"概念⑤。进入新世纪,学者们对于新闻史研究的革命范式多有反思和批判,并试图构建出属于新闻史的独特的研究范式。二是从跨学科的角度审视新闻史的研究。新闻史作为新闻学科的史学部分,同时也是社会史、地方史的重要一环。将新闻媒介放在社会大背景下,除了注重对其自身发展规律考察外,更多的观点在于拓展新闻史研究的范围,将其与社会史、文化史等领域结合起来,从而使得研究对象更加鲜活。

四 回顾与总结

新世纪以来的新闻史研究较之 20 世纪的新闻史研究而言,有一些值得肯定的成果,在研究领域和视角上都更加宽广和全面,但仍存在不足,仍有改进的空间。

一是对外国新闻史的研究有待丰富。这一方面,不仅要加强对外国新闻史料的挖掘分析,更要将中外新闻史结合起来对比研究,以期开创

---

① 李彬:《"新新闻史":关于新闻史研究的一点设想》,《新闻大学》2007 年第 1 期,第 39 - 43 期。

② 吴果中:《社会文化史视野下的中国新闻史研究——以〈良友〉画报为个案的分析》,《湖南师范大学社会科学学报》2007 年第 5 期。

③ 唐海江:《"正在构成"的新闻史:社会建构论与中国新闻史研究》,《国际新闻界》2010 年第 7 期,第 96 - 103 页。

④ 阳海洪、赵平喜:《媒介生态学:中国新闻史研究的新路径》,《新闻界》2009 年第 2 期,第 68 - 70 页。

⑤ 郭丽华、宁树藩:《树立"本体意识"、探索新闻特性、加强新闻史学科建设——与著名新闻史学家、复旦大学博士生导师宁树藩先生一席谈》,《新闻大学》2007 年第 4 期,第 4 - 8 页。

中外新闻史学的互动研究模式。

二是要注重对正在发生的"历史"进行记录。方汉奇曾在接受访谈时说道,很遗憾没有把握住保存新闻史"活史料"的唯一一次机会。因此要加强对当下新闻史料的整理与分析以期为后世提供完整全面的第一手资料。

三是新中国成立后特别是新世纪以来关于新闻界人物的研究有待丰富。如何在新闻界人物的学术研究方面继往开来,不仅是后续新闻史研究的着力点,也是强化专业名望的迫切需求。

回顾新世纪以来的新闻史研究,有进展有突破,也存在不足。但整体而言仍是不断向前发展的。柯林武德曾言,"今天由昨天而来,今天里面就包括昨天,而昨天里面复有前天,由此上溯以至于远古;过去的历史今天仍然存在着,它并没有死去。"也就是说,过去的历史一直在默默影响着今天的发展,即使是在日新月异的信息时代,新闻史仍有其存在和发展的重大意义,而这值得我们不断地思考与探索。

参考文献

[1] 徐培汀:《20 世纪中国新闻学与传播学·新闻史学史卷》,复旦大学出版社 2001 年版。

[2] 李秀云:《中国新闻学术史:1834 – 1949》,《新华出版社》2004 年版。

[3] 吴廷俊、李秀云:《百尺竿头——中国新闻传播史研究十年(2004—2014)述评》,《新闻春秋》2015 年第 1 期。

[4] 黄春平、蹇云:《"十一五"以来我国新闻传播史的研究现状、特点与趋势》,《深圳大学学报(人文社会科学版)》2015 年第 1 期,第 125 – 134 页。

[5] 方汉奇:《记新发现的明代邸报》,《新闻与传播研究》2009 年第 2 期,第 133 – 135 页。

[6] 黄春平:《汉代邸报问题辨析——兼论戈公振的"邸报说"》,《中国社会科学院研究生院学报》2009 年第 4 期,第 112 – 119 页。

[7] 周德仓:《西藏当代报业的萌芽》,《中国藏学》2002 年第 1 期,第 122 – 129 页。

[8] 忒莫勒:《〈蒙话报〉研究》,《蒙古学信息》2001 年第 3 期。

［9］白贵、金强：《中国近现代回族报刊波动现象浅析》，《回族研究》2008 年第 4 期，第 101 – 106 页。

［10］丁淦林：《中国新闻史研究需要创新——从 1956 年的教学大纲草稿说起》，《新闻大学》2007 年第 1 期，第 29 页。

［11］李彬：《"新新闻史"：关于新闻史研究的一点设想》，《新闻大学》2007 年第 1 期，第 39 – 43 期。

［12］吴果中：《社会文化史视野下的中国新闻史研究——以〈良友〉画报为个案的分析》，《湖南师范大学社会科学学报》2007 年第 5 期（5），第 131 – 135 页。

［13］唐海江：《"正在构成"的新闻史：社会建构论与中国新闻史研究》，《国际新闻界》2010 年第 7 期，第 96 – 103 页。

［14］阳海洪、赵平喜：《媒介生态学：中国新闻史研究的新路径》，《新闻界》2009 年第 2 期，第 68 – 70 页。

［15］郭丽华、宁树藩：《树立"本体意识"、探索新闻特性、加强新闻史学科建设——与著名新闻史学家、复旦大学博士生导师宁树藩先生一席谈》，《新闻大学》2007 年第 4 期，第 4 – 8 页。

（载自《长江大学学报（社科版）》2016 年第 5 期）

流动的"失衡"

——基于新闻流动理论视野下的上海、贵州新闻比较研究

◎ 邱　婕

【摘要】 西方学者对于国际新闻流动的研究由来已久，大多数学者致力于研究世界上地区与地区之间、国家与国家之间的新闻流动，却鲜有对于一国之内的新闻流动研究，对此国内的学者也不例外。文章拟从考察新闻内容的视角切入，通过对国内的新闻双向流动的质和量的分析来揭示一国之内新闻流动的不平等结构。

【关键词】 新闻流动　《解放日报》　《新民晚报》　《贵州日报》　《贵州都市报》

一　引言

自人类进入信息社会以来，随着信息传播速度的与日俱增，学者麦克卢汉曾预言的"地球村"也早已基本实现，并且此时此刻，世界上任何一个地点发生的事件，顷刻之间便会传遍整个"村落"。在此，新闻的流动也贡献了一分力量。信息社会里，新闻流动，无论是从"量"，还是从"质"上来说，都是之前所无法比拟的。但是由新闻流动所带来的影响和问题也不得不使人深思。

中国自改革开放以来，社会经济得到了前所未有的发展，然而，地区与地区之间的发展却未能同步。与此同时，由于不同地区的新闻媒体的实力各异，其之间的新闻流动也呈现出不平衡之势。无论从新闻量上，还是从新闻内容上都有着明显的倾向。信息社会所宣称的"自由流动"

可能也只是空有其名，因为"在强者和弱者之间、富者与贫者之间实行'自由流动'，只能是对前者有利而对后者不利。"① "自由流动"实际上就意味着少数人有自由按其所选择的方式来宣传报道，而实际上否认了其他人有权利客观地和准确地告知和被告知。因此，文章立足于国际新闻流动的理论和对国内报纸的数据分析基础上，来探究一国之内的新闻流动。

二 文献综述

（一）新闻流动的概念

对于"新闻流动"的概念，西方学者早已有过深入的研究，其绝大多数的研究都是基于国际新闻流动的研究。学者 Gasher Mike 给出了对于新闻流动较为全面的概念，"国际新闻流动研究是通过对新闻故事的内容分析，检验和探究了新闻的发生地、内容和传播的目的地，是对国际新闻质和量的监控和分析。"②

（二）国际新闻流动的不平衡

在对国际新闻流动的研究中，部分学者从政治经济学的角度进行批判，将新闻流动置于国际传播结构的框架中，通过对发达国家和不发达国家的新闻流动的分析，认为西方国际媒体在全球新闻生产和新闻流通中占据主导地位，国际信息生产与流通中的不平等结构是由政治和经济的不平衡所带来的，从而进一步加强了跨国支配，使得发达国家把信仰和文化价值观强加给发展中国家。同时也揭示了"不发达国家对于发达国家的依赖关系"，而这种依赖实则"掩饰了征服、压迫、疏离和帝国主义式和资本主义式的种族优越"。③ Schiller 用马克思主义意识形态理论对资本主义大众媒体的现实进行了批判，认为新型传播技术与政治经济权

---

① 陈玉申：《新闻自由与新闻霸权》，走向世界 1999 年第 4 期。

② Gasher. Mike and Gabriele, Sandra, Increasing Cirulation? A comparative news – flow study of the Montreal Gazette's hard – copy and on – line editions, Journalism Studies, 2004（3）：311 – 323.

③ Frank，A. G，Wallerstein. I：The Modern World System，New York：Academic Press，1974.

利相结合，对现代社会人的精神进行巧妙的操纵和控制。① 而"国际新闻流动不平衡的结构是在国际传播中作为市场力量操纵的后果"，② "市场"背后掩盖着资本主义将其作为控制机制运作的意识形态。

　　另一类重要的研究视角是从新闻内容出发，用实证的研究方法考察新闻报道内容特征与报道频率的关系，以明晰在国际新闻流动中如何对新闻内容进行选择。Rampal，Kuldip 指出新闻流动呈现着一种趋势，即"那些发展中国家在发达国家的新闻节目中往往只是呈现出少量的新闻，并且这些新闻大多与灾难性事件有关，或者就是与发展中国家原有的刻板印象相联系起来的新闻。"③ Hester 也指出发达国家"对不发达地区的新闻报道很少，而且即使是被报道也往往强调战争新闻和与美国有关的新闻，而减少社会经济发展方面的新闻故事。"④ Robinson 和 Sparkes 提出"国际新闻流动是不平衡的，全球性的新闻机构倾向于报道精英国家（elite nations）的硬新闻（hard news），而那些小国家在大多数情况下会报道一些战争的、政治的、外交方面的新闻，而不是文化以及其他与人类活动有关的新闻。"⑤ Kim 和 Barnett⑥ 指出在国际新闻流动中的核心与边缘的结构下，"中心国家在报道边缘国家时，总是将镜头对准这些国家的政治不安、社会动荡、经济落后、饥荒灾难等问题，很少正面报道这些国家在经济建设等方面所取得的成就。而限于财力、物力、国力等多方面因素，许多边缘国家只得忍气吞声地承受被妖魔化和被扭曲的报道。"⑦

---

① 王怡红：《资本主义媒介神话批判——兼评席勒的〈思想管理者〉》，新闻与传播研究 1995 年第 3 期。

② Herbert I. Schiller, Genesis of the Free Flow of Information Principles, In Jim Richstad and Michael Anderson, Eds., Crisis in International News: Policies and Prospects, N. Y.: Columbia University Press, pp. 161 – 183, 1981.

③ Rampal, Kuldip R. The Collection and Flow of World News, John c. Merrill (Ed.), Global Journalism: survey of inter – national communicaton, 3rd, White Plains, NY: Longman, 1995.

④ AL Hester. An Analysis of News Flow From Developed and Developing Nations, International Communication Gazette, 17: 29, 1971.

⑤ Gertrude Joch Robinson and Vernone M. Sparkes. International News in the Canadian and American Press: a Comparative News Flow Study, International Communication Gazette, 22: 203, 1976.

⑥ Kyungmo Kim and George A. Barnett, The Determinants of International News Flow: A Network Analysis, Communication Research, 1996, 23: 323.

⑦ 宋昭勋：《通过几个关键词勾勒国际新闻传播理论研究的概貌》，《湖南大众传媒职业技术学院学报》2003 年第 2 期。

（三）国内新闻流动研究

中国在进入改革开放以来，社会经济迅速发展，新闻传播行业的发展也一日千里。"中国传媒产业近年来一直保持着高于 GDP 增速持续增长，2012 年中国传媒产业的总产值高达 7600.5 亿元，比上年增长 13.4%。"① 然而，由于我国现处于社会转型期，以及复杂的社会历史发展现实，导致东西部地区经济社会的发展不平衡，存在着东部经济社会发达，西部经济社会欠发达的现实情况。同时，严重的二元经济结构现状也导致传媒业的区域发展极不平衡。我国传媒业市场目前主要集中在北京、上海、广东、江苏和浙江这几大区域，占全国广告市场的 70% 左右，而绝大多数中西部地区的传媒产业发展还相当落后。②

由于在空间上的广度和跨度，影响国际新闻流动的因素远远要比国内新闻流动更为纷繁复杂。国内对于新闻流动的研究寥寥无几，其成果几乎是凤毛麟角。在知网 CNKI 中进行搜索，以"新闻流动"为搜索主题，也仅仅搜到 17 篇，其中大部分的主题还是沿袭西方学术界的思路，结合国家形象的主题，对国际新闻流动进行的研究。同时对于一国之内的新闻流动研究，也只是偏向于单向流动的研究，只注重于从上至下（发达地区对欠发达地区的报道、大报对地区的报道）的流动，如江根源、季靖对《人民日报》的报道统计分析媒介形象与地区刻板印象，③ 韩春丽、郑璐通过上海纸媒对河南的报道来分析地区形象塑造的问题，④ 并没有从双向的新闻流动的视角进行研究，缺少"弱者"或是"欠发达地区"的发声，从而缺少一个全面的视野和对问题的反思。文章拟从考察新闻内容的视角切入，通过对国内的新闻双向流动的质和量的分析来揭示一国之内新闻流动的不平等结构和新闻霸权主义的存在，虽挂一漏万，但也可管中窥豹。

---

① 崔保国：《传媒蓝皮书·2013 年中国传媒发展报告》，社会科学文献出版社 2013 年版。
② 郭全中：《"十二五"期间中国传媒业的趋势——兼谈传媒集团规划中的几个关键问题》，《新闻记者》2011 年第 5 期。
③ 江根源、季靖：《地区媒介形象：传统、权威与刻板印象》，《新闻与传播研究》2006 年第 4 期。
④ 韩春丽、郑璐：《媒体报道与地区形象塑造——以上海三家纸媒关于河南的报道为例》，《新闻爱好者》2007 年第 7 期。

三　研究方法

　　文章拟从国内的发达地区和欠发达地区中选择 2 个典型的省市地区报纸作为研究对象。上海市位居东部沿海发达地区，是中国经济、贸易、金融中心，是繁荣的国际大都市。据 2013 年的中国统计年鉴，① 2008—2013 年，上海市的人均生产总值（GDP）连续五年位列全国前三。其中，2008—2010 年，上海市的人均 GDP 连续三年位列全国第一。贵州省位居西部内陆欠发达地区，省内地貌以高原山地为主，为少数民族聚居地，经济以第一产业为主。据年鉴，贵州省从 2008 年到 2013 年，连续五年人均 GDP 为全国倒数第一，为全国贫困大省。笔者将上海地区的《解放日报》、《新民晚报》，以及贵州地区的《贵州日报》《贵州都市报》作为论文数据收集和研究的对象。这四份报纸中《解放日报》和《贵州日报》属于党报性质，《新民晚报》和《贵州都市报》属于都市报。

　　文章采用实证分析法，在慧科搜索中收集上述报刊自 2011 年 1 月 1 日到 2014 年 1 月 1 日的新闻数据，对其新闻内容进行定量、定性分析。对《解放日报》《新民晚报》以"贵州"为关键词，搜索标题，得到 152 篇新闻，其中《解放日报》77 篇，《新民晚报》75 篇。同样，对《贵州日报》、《贵州都市报》以"上海"为关键词，搜索标题，得到 353 篇。其中《贵州日报》103 篇，《贵州都市报》250 篇。

四　研究数据分析与讨论

（一）新闻流量及走向

　　就新闻流动而言，上海和贵州之间的新闻流动是不平衡的，如表 1 所示，从 2011 年 1 月 1 日起至 2014 年 1 月 1 日截止，贵州的 2 份报纸对上海的报道（353 篇）是上海的报纸对贵州的报道（152 篇）的2. 3 倍。

---

　　① 2013 年中国统计年鉴 http：//www. stats. gov. cn/tjsj/ndsj/2013/indexch. htm.

表1　　　　　　上海、贵州主要报纸新闻报道主分类数据比较

分类	上海对贵州的报道			贵州报纸对上海的报道		
	解放日报	新民晚报	合计	贵州日报	贵州都市报	合计
政治	12（16%）	3（4%）	15（10%）	25（24%）	14（6%）	39（11%）
经济	10（13%）	7（10%）	17（11%）	23（22%）	81（32%）	104（29%）
非常规性事件	31（40%）	38（51%）	69（45%）	9（9%）	50（20%）	59（17%）
科技	3（4%）	1（1%）	4（3%）	30（29%）	55（22%）	85（24%）
通俗	21（27%）	25（31%）	46（31%）	16（16%）	50（20%）	66（19%）
合计	77	75	152	103	250	353
涉及上海/贵州	14（18%）	8	22	18（17%）	19（8%）	37（10%）

（二）新闻主题

如表1所示，上海和贵州的报纸有关对方的报道主题和重点各不相同。从总体上来说，上海的报纸侧重于报道贵州的非常规性事件新闻，占其总量的45%，其次是通俗新闻（31%），经济新闻（17%），政治新闻（10%），科技新闻（3%）。其中，党报《解放日报》和都市报《新民晚报》对于贵州的新闻报道都以非常规性事件新闻为主。

贵州对于上海的新闻报道非常重视其经济新闻（29%），其次是科技新闻（24%），通俗新闻（19%），非常规性事件新闻（17%）、政治新闻（11%）。其中，《贵州日报》对于上海的新闻偏向于报道政治新闻，对其非常规性新闻报道最少。而《贵州都市报》侧重于报道上海经济新闻，其报道最少的是政治新闻。

为了便于更深入地研究，文章将上述的主类进行再次分类，表2是再次分类后定量分析的测量结果。以下内容具体比较上海、贵州主要报纸在政治新闻、经济新闻、非常规性新闻、科技新闻、通俗新闻的区别。

表2　　　　　　上海、贵州主要报纸新闻报道次分类数据

次分类	上海报纸对贵州的报道	贵州报纸对上海的报道
	合计比例	合计比例
政治报道	15	39
政要考察调研	6（40%）	7（18%）

续表

次分类	上海报纸对贵州的报道	贵州报纸对上海的报道
	合计比例	合计比例
领导任免	4（27%）	4（10%）
政治政策/法律	2（13%）	15（38%）
会议/援助	3（20%）	13（33%）
经济报道	18	104
企业发展	8（44%）	14（13%）
消费/房产	0	41（39%）
股市/投资/拍卖	7（39%）	21（20%）
地区经济统计与发展	3（17%）	28（27%）
非常规性时间报道	69	59
犯罪/暴力	6（9%）	20（34%）
自然灾害	24（35%）	1（2%）
事故	35（51%）	5（8%）
疫病/奇事	4（6%）	33（56%）
科技报道	4	79
环境问题	0	6（8%）
交通、航空、能源	1（25%）	23（29%）
教育	2（50%）	8（10%）
科技/汽车	1（25%）	42（53%）
通俗报道	46	72
文化/艺术	20（43%）	27（37%）
娱乐	0	12（17%）
公益/人情味	12（26%）	12（17%）
体育	14（30%）	21（29%）

1. 政治新闻

从表2中可以看出，贵州报纸对于上海的政治报道数量（39篇）要远远多过于上海报纸对于贵州的报道数量（15篇）。上海报纸报道有关贵州的政治新闻，更关注报道政要考察调研（6篇，占政治新闻的40%），其中有4篇是关于国家主要领导人对贵州的考察调研，另外2篇则是上海政要与贵州的访问考察，共商合作大计。2013年2月，国务院办公厅发布了《国务院办公厅关于开展对口帮扶贵州工作的指导意见》,① 明确了上海等 8 个城市对口帮扶贵州省 8 个市州,其中上海市对口帮扶贵州遵义市。

而贵州报纸对上海的政治报道则偏向于政治政策与法律的新闻,其中包括对上海自贸区的政策、对经适房的批准政策以及补贴政策等。在此,这些数据反映了上海的报纸在报道贵州政治新闻时,往往是"例行公事"或与之相关才会被选择报道。而贵州报纸对于上海的政治政策的关注,则是反映出对上海未来发展的重视。

2. 经济新闻

从总体上来看,贵州报纸对于上海的经济报道的数量(104 篇)是上海对于贵州经济报道数量(18 篇)的 5.7 倍。其中,上海对于贵州经济的报道中,有 11 篇是报道"贵州茅台"的新闻,占其报道总量的 58%,这同时反映出在新闻要素选择中的"名人化"。贵州报纸对于上海的经济报道偏向于上海的消费和房地产方面,而关注最多的是上海自贸区建立后其周边房价的涨幅。而上海车牌号的拍卖同时也成了贵州经济报道的关注点。

3. 非常规性新闻

上海报纸对贵州非常规性新闻更多地报道了"事故",占其总量的 51%,而其中关注最多的是贵州矿难的新闻。而贵州报纸中对于上海非常规性新闻,关注最多的是疫病,这与 2013 年上海处于 H7N9 禽流感中的特殊时段有很大的关系。

4. 科技新闻

在上海报纸中对贵州科技的报道寥寥无几,其中一半的新闻(2 篇)关注的是贵州的教育。但需要注意的是,这 2 篇教育的新闻关注的是上海高校在贵州的招生。而贵州报纸对于上海的科技报道却远远要多于后者对于前者的报道,而其中关注最多的是科技与汽车技术的发展。

5. 通俗新闻

在上海和贵州的报纸中对于对方的文化和艺术都比较关注,其次是体育方面的新闻,其中,贵州人和与上海上港和申花的足球赛事为其主

---

① 国务院办公厅关于开展对口帮扶贵州工作的指导意见 http://www.gov.cn/zwgk/2013 - 02/07/content_ 2329347. htm.

要关注点。而上海对报道贵州的公益和人情味的新闻中，重点是上海对贵州的公益活动。

（三）报道倾向

从上文中可以得知，上海报纸对于贵州新闻的报道，当突发重大事故时才会得到大量的关注，且大多是呈现负面报道，并在新闻中将这些事故纳入"事故多发区"的报道框架，如《解放日报》对贵州事故报道的标题"悲剧！又发生在贵州　又是五个孩子"，该新闻报道的是贵州5名男孩因为家长疏于管护，而在废弃烤烟棚中引燃稻草窒息而亡。文章只报道了此单一事故，而无涉及其他，但标题中的"又"字却耐人寻味，意味深长。毋庸置疑，"又"字给读者的心目中留下了贵州的负面刻板印象。其次，报道涉及上海的新闻时，上海报纸侧重展示对于贵州的"帮扶"。如《解放日报》的"贵州先心病小姐妹沪上求医""申城爱心涌动显示正能量""贵州电谢上海支持救灾""贵州侗族小伙在沪造鼻成功"。《新民晚报》的"上海来信让贵州失依儿童倍感温暖"。

贵州对于上海新闻的报道，多以经济新闻、科技新闻为主，大多数以正面新闻为主，媒体将其塑造成一个科技发达，国际金融贸易大都市。即使是报道上海的非常规性新闻，贵州报纸大多是将其纳入一个"解决问题"的框架，如《贵州都市报》的"上海公安机关立案调查'毒校服厂家'""网曝老外路边集体小便，上海警方展开调查"等，贵州报纸并没有将"毒校服""老外路边集体小便"的非常规性事件放大报道，反而重点报道上海有关部门对其问题的解决。值得注意的一点是，在贵州报纸报道上海新闻时，同时有涉及贵州的37篇新闻中，涉及交通方面的新闻就有22篇，其中的主要关注点就是贵州去上海的航班以及机票价格。如《贵州日报》的"黎平至上海航班3月开通运营"等，贵州都市报的"本周去上海机票打3折"，"去上海机票低至2.5折"等。

（四）党报与都市报

由于党报与都市报的性质与功能的差异，媒体责任、媒体定位和报道理念的不同，两者在新闻报道的出发点、报道内容的选择上也有所差异。

从上文表1中可知，在贵州报纸对上海的报道中，《贵州日报》与《贵州都市报》在报道数量上相差甚远，《贵州都市报》（250篇）的数量是《贵州日报》（103篇）的2倍之多。在内容选择上，不难看出《贵州都市报》热衷于报道上海的非常规性的新闻。就对上海的 H7N9 禽流感的报道来看，《贵州日报》报道数量仅为 6 篇，而《贵州都市报》的数量为 20 篇。从报道倾向上来看，《贵州都市报》的报道极富情绪感染力。从标题来看，《贵州都市报》的"上海 1 名死者是猪肉商贩"，"上海 1 确诊患者 29 日死亡"，"上海 2 人感染 H7N9 禽流感身亡"等，标题更为直接，视觉感官更为强烈。而《贵州日报》的"上海：检出禽流感病毒的批发市场活禽已按规定进行无害化处置""上海 2 例人感染 H7N9 禽流感病例密切接触者未发现异常情况""上海一例 4 岁人感染 H7N9 禽流感病患康复出院"等报道，是从问题处理的角度上冷静地看待分析问题，并报道及时的解决策略，起着平抚受众恐慌的效果。然而，在上海的报纸对贵州的报道中，在数量上并无明显差异，不过值得一提的是《解放日报》的政治报道明显要多于《新民晚报》。

五　结语

著名的现象学家胡塞尔要求"面对事实本身"，主张把所有的预设和"前见"置于括号之中。换句话说，在理解任何事物或是现象时，应该抛弃自身的"前见"，看待事物应以客观而真实的态度。但往往事与愿违，多数情况下大家不是先理解后定义，而是先定义后理解。置身于庞杂喧闹的外部世界，一眼就能认出早已定义好的自己的文化，而我们也倾向于按照自己的文化所给定的、所熟悉的方式去理解。而之所以会形成这种"定义好的文化"，各地区的新闻报道起着无法替代的贡献作用。

新闻机构通过新闻报道来反映客观世界，从而影响着受众主观世界的社会认知和潜在的社会行动，从而参与到社会系统的互动中。但是由于多方面的原因，新闻报道的"真实"未必就是事实的真实，新闻只能是"弱水三千我只取一瓢饮"。一些事实因为被媒体关注而得到放大，另一些事实则因为没有被传媒关注而销声匿迹。[①] 一方面，上海报纸对贵州的事故报道以矿难报道居多，贵州矿难就会从一种自然现象中的突发性或偶然事件转变为受众心里无意识的"前见"。一旦具有相似特征的诱发

---

① 陈力丹：《新闻理论十讲》，复旦大学出版社 2008 年版。

性事件出现，这些无意识就会上升为意识层面上的"刻板印象"，反过来，矿难就有可能成为贵州在媒介中的形象代名词。然而，另外的一些正面事件或是在社会经济上获得的发展就有可能被媒体忽略掉，这样就形成了对贵州的新闻报道与贵州刻板印象之间的恶性循环。另一方面，不同性质的报刊在新闻流动中呈现着不同的表现形式，不管是在数量上，还是在报道内容的选择和倾向上都有着差异性。党报作为党和国家的喉舌，要充分考虑新闻报道的社会影响，这决定了其不能用过多的版面来报道社会上发生的负面新闻。同时，在报道时更为小心慎重，一字一句都要经过深思熟虑，尤其是在新闻标题的拟定上。而都市报由于其定位的不同，对于报道的要求和范围更为宽泛，报道环境较为宽松，其报道就党报相比更为感性化，报道容易煽动大众的情绪。

影响国内新闻流动的主要因素与地区的经济发展水平、地区地理位置有关。江根源等对地区媒介形象进行研究时提出，媒介对地区的新闻报道与地区经济发展水平呈一种明显的正相关发展关系。媒介的关注度与地区经济（GDP 总量和 GDP 人均）的大小有着正太分布的关系。传媒机构在现代社会中是一个产业，在进行新闻生产时大多要考虑成本和利润问题。我国绝大多数的新闻媒体的收入主要是依靠广告的收入，而广告的投放却往往与地区经济发展水平息息相关。另外，地理位置远离社会与政治中心的地区，出现在新闻报道中的频率也很低。国内新闻生产的网络是以地域为界，以中心城市为锚地，按照不同地区的情况，确定编辑部的部门划分和人力调配的（驻外记者、通讯员）。由于贵州属于经济与政治地位都不够显著的边缘地区，加之新闻记者们缺乏对该地区的深入了解，他们因此会假设受众们对这些边缘地区同样也缺乏认识了解的兴趣。再者，由于大多数新闻组织都聚集在发达地区，空间上远离这些地区，便使得记者们的报道不得不依赖于其他媒介上公布的政府公告和已有的刻板印象。① 因此，媒介机构的新闻生产凭借着地方经济实力和地理位置的不同从而影响国内新闻流动的质量与数量，并呈现出一种不平衡流动的趋势。新闻机构又是一个比绝大多数组织更有权力设置对环境和现实定义的组织，这种不平衡的流动在一定程度上会影响着社会或

① Eli Avraham. Behind Media Marginality: Coverage of Social Groups ad Places in the Israeli Press, Lexington Books Lanham, MD, 2003.

受众对地区间现实环境的再定义。

注释

［1］陈玉申：《新闻自由与新闻霸权》，《走向世界》1999 年第 4 期。

［2］Gasher. Mike and Gabriele, Sandra, Increasing Cirulation？A comparative news – flow study of the Montreal Gazette's hard – copy and on – line editions, Journalism Studies, 2004（3）：311 – 323.

［3］Frank, A. G, Wallerstein. I：The Modern World System, New York：Academic Press, 1974.

［4］王怡红：《资本主义媒介神话批判—兼评席勒的〈思想管理者〉》，《新闻与传播研究》1995 年第 3 期。

［5］Herbert I. Schiller, Genesis of the Free Flow of Information Principles, In Jim Richstad and Michael Anderson, Eds. , Crisis in International News：Policies and Prospects, N. Y. ：Columbia University Press, pp. 161 – 183, 1981.

［6］Rampal, Kuldip R. The Collection and Flow of World News, John c. Merrill（Ed. ）, Global Journalism：survey of inter – national communicaton, 3rd, White Plains, NY：Longman, 1995.

［7］AL Hester. An Analysis of News Flow From Developed and Developing Nations, International Communication Gazette, 17：29, 1971.

［8］Gertrude Joch Robinson and Vernone M. Sparkes. International News in the Canadian and American Press：a Comparative News Flow Study, International Communication Gazette, 22：203, 1976.

［9］Kyungmo Kim and George A. Barnett, The Determinants of International News Flow：A Network Analysis, Communication Research, 1996, 23：323.

［10］宋昭勋：《通过几个关键词勾勒国际新闻传播理论研究的概貌》，《湖南大众传媒职业技术学院学报》2003 年第 2 期。

［11］崔保国：《传媒蓝皮书·2013 年中国传媒发展报告》，社会科学文献出版社 2013 年版。

［12］郭全中：《"十二五"期间中国传媒业的趋势——兼谈传媒集团规划中的几个关键问题》，《新闻记者》2011 年第 5 期。

［13］江根源、季靖：《地区媒介形象：传统、权威与刻板印象》，《新闻与传播研究》2006 年第 4 期。

［14］韩春丽、郑璐：《媒体报道与地区形象塑造——以上海三家纸媒关于河南的报道为例》，《新闻爱好者》2007 年第 7 期。

［15］2013 年中国统计年鉴 http：//www. stats. gov. cn/tjsj/ndsj/2013/indexch. htm.

［16］国务院办公厅关于开展对口帮扶贵州工作的指导意见 http：//www. gov. cn/zwgk/2013 － 02/07/content_ 2329347. htm.

［17］陈力丹：《新闻理论十讲》，复旦大学出版社 2008 年版。

［18］ Eli Avraham. Behind Media Marginality：Coverage of So － cial Groups ad Places in the Israeli Press，Lexington Books Lanham，MD，2003.

（载自《东南传播》2014 年第 6 期）

突发公共事件中社交媒体与新闻网站的信息传播比较研究

——以微博、人民网对"天津滨海爆炸"事故报道为例

◎ 覃楚涵

【摘要】本文基于网络媒体背景下的突发公共事件信息传播的研究成果以及以微博为代表的网络社交媒体领域突发公共事件信息传播的研究进展，拟对社交媒体与新闻网站关于突发公共事件的信息传播进行比较研究。本研究分别选取了人民网和微博关于"天津滨海爆炸"事故的报道，主要从传播主体、传播内容、传播渠道和传播效果的角度比较社交媒体与新闻网站信息传播的异同。希望为社交媒体与新闻网站两个平台之间交互融合的报道创新提供一定的启发。

【关键词】突发公共事件　社交媒体　新闻网站　天津滨海爆炸事故

突发公共事件始终伴随着人类文明的发展进程。对于社会公众来说，此类事件具有不可预测性并伴随着风险与灾难，对公众正常生活往往造成巨大的破坏。根据新闻学中新闻价值理论，此类事件具有影响力、接近性、异常性、冲突性和人情味等突出特征，极易成为大众媒体关注的焦点。在互联网时代背景下，突发公共事件的信息传播的速度、广度都呈现出不同于以往传播时代的特点。时至今日，随着社交媒体的迅速崛起和井喷式发展，互联网对社会事件发生的进程影响更甚。

尤其是近些年，我国经济社会快速发展，经贸活动、人员流动频繁，正处于社会矛盾凸显期，突发公共事件发生概率大增，仅 2015 年在网络上引发舆论热度较高的国内突发公共事件就有约 80 起。在这种社会背景下，以微博为代表的社交媒体更是积极参与到突发事件的报道中，一跃成为事件曝光和发酵的主要信源之一，对传统网络新闻媒体的冲击以及

对现实生活的影响巨大。

一 突发公共事件信息传播研究现状

"突发公共事件"是中国特有的表述，在西方此类事件被称为 Public Crisis Events（突发危机事件）或 Public Emergency（公共应急状态）。在 20 世纪前叶，西方学者对突发危机事件的研究主要集中在自然灾害、公共卫生等领域。随着人类社会的发展，突发公共事件的范围逐渐扩大。20 世纪后期，涉及公共危机研究、暴力冲突研究等社会领域的研究大量涌现，研究对象也逐渐延伸到以政府、组织、信息、媒介和受众为主体的多方面研究，20 世纪 80 年代开始出现了相关的研究理论。目前，斯蒂文·芬克（Stoven Fink，1986）的危机阶段分析理论，即"潜在期—突发期—蔓延期—解决恢复期"四个阶段；贝罗（David K Berlo）的"传者—信息—渠道—受者"（SMCR）传播模式以及巴顿（Barton，1993）的危机处理"五环节"即"察觉—防止—遏制—恢复—反思"五个环节模式对西方的突发危机事件信息传播研究影响较为深远。

从以往的研究成果来看，互联网与公共危机事件信息传播的交叉研究已经引起了国外学者们的广泛注意。有研究发现，带有交互性质的媒体越来越多地成为危机研究的重点（Esrock & Leichty，1999）。在 Media Space 20 + Years of Mediated Life 一书中，开始有研究以案例的形式阐述新媒体技术对于突发公共事件起到的重要作用。并有学者提出网络媒体为在线群体中的利益相关者提供了议论、表达个人情感的平台，让相关组织能更好地了解他们的利益诉求（Macleod，2000）。也有研究开始关注到网络媒介的融合发展，提出以手机为代表的移动网络和固定网络应当结合起来，形成多渠道、多维度的传播体系，从而在危机传播的过程中满足公众的信息需求（Theodore & Debecker，2001）。

国外关于社交媒体对突发公共事件的信息传播研究主要集中在社会事件和政治事件上。在社交媒体上，人们通过关系建立起来的网络具有强大的传播力与聚合力，能在短时间内将信息扩散出去，在动员社会力量上有巨大优势。在此背景下，一些学者特别关注 Web2. 0 时代政府机关、传统媒体、非政府组织和志愿者等在面对突发公共事件时，如何有效利用社交媒体（例如 SNS、Twitter）的技巧（Connie white，2010）。也有学者运用统计分析研究了公民在一起暴力危机事件中对微博的使用，结果表明微博已经成为公民、新闻媒体机构和其他类型机构分享危机事件的重要信息平台（Heverin & Zach，2010）。

从目前的文献来看，国外学者对于突发公共事件传播的研究的时间较长，并建构了一套比较系统的"西方范式"。不过，国外的网络媒体的发展对于突发性事件的影响并不明显。因此，国外基本没有将突发公共事件基于整个网络媒体环境中进行深入的研究的突出成果。

由于我国新闻报道的历史习惯，在突发公共事件的报道上长期实行通稿政策，有关突发公共事件报道的理论体系尚不完备，实践经验对比前者略少。总体来说，国内学者对于突发公共事件网络媒体信息传播的研究主要集中在突发事件媒体的报道方式以及传播作用，传统媒体与网络媒体各自的优缺点以及融合趋势，媒体的舆论引导和议程设置等方面。这些研究对于突发事件报道内容上侧重于个案分析基础上的定义界定、原则和建议归纳。在这些研究中，研究议题有同质化现象，局限于现象的跟踪描述，缺乏与新媒体技术不断发展的现实需求结合进行的研究。例如，对我国网络媒体中新闻网站与微博等网络社交媒体细分，有关比较研究突发公共事件信息传播的学理性探讨几乎没有。

二　研究问题的提出

突发公共事件往往具有破坏性大、影响面广、可持续时间长等特性，因而影响着每个公民的切身利益。同时，信息量大、新闻价值高的特征也使得这类事件的传播速度快而且传播面非常广，一旦广泛传播极易引起全社会的高度关注，造成巨大舆论影响力。

中央重点新闻网站作为新闻网站中的代表，以其权威资源、信誉资本以及深度评论等诸多优势，当面对突发公共事件时，在舆论引导中发挥着重要作用。与此同时，以微博为代表的社交媒体以其交互性、即时性、便捷性和自由化特质走红网络。根据 2015 年 CNNIC 对社交应用市场的分析，微博是用户获取和分享"新闻热点""专业知识""舆论导向"的重要平台。随着网络人群的不断扩大，微博形成了比较鲜活和犀利的话语，在突发公共事件信息的传播过程中扮演着愈来愈重要的角色。

目前，微博作为社交媒体中活跃且有发展潜力的领域，以其快速、即时以及碎片化报道的特征迅速成为信息传播的主要阵地之一，尤其是在重大突发事件的即时传播中的巨大作用力甚至超过了新闻网站。那么，社交媒体中风头强劲的微博相对于新闻网站人民网来说在信息传播方面具有哪些优势？面对社交媒体的强势，新闻网站在报道中又如何体现其传播特点和优势？鉴于此，本文拟从传播主体、传播内容、传播渠道和传播效果等角度对"天津滨海爆炸事故"中微博和人民网的报道进行比较研究，并在此基础上更全面地分析社交媒体与新闻网站在突发公共事件的报道上所存在的问题，在网络媒介融合的趋势中促进社交媒体与新闻网站互利共荣的发展。

三　核心概念界定

（一）突发公共事件的概念

德国慕尼黑大学教授乌尔里奇·贝克（Ulrich Beck，1986）在其出版的《风险社会——走向新的现代性》一书中从"风险社会"（risk society）这一特定视角来分析现代社会的本质并认为我们已经进入了全球风险社会时代。在国外的大量文献中通常用"公共危机"（Public crisis）来指代与突发公共事件（Public emergency）相关的社会事件。国外学者习惯于把公共危机与突发公共事件并列进行研究，在对公共危机的定义中来阐释突发公共事件。

基于国外学者研究对其概念的界定，国内学者也结合国内的研究实际对突发公共事件进行了定义。郭济在《政府应急管理实务》里从政府应急管理的角度，强调了事件的突发性和公共性，提出"突发公共事件是突然发生并危及公共生命财产、公共秩序和安全，需要政府立即采取应对措施进行处理的公共事件。"在《突发事件的预防与应对》一书中，秦启文突出突发公共事件产生的危急性和社会负面影响力，认为突发公共事件是指"必然因素影响下出人意料的发生，并给社会造成重大损失或影响并且需要紧急处理的负面事件。"

综上所述，笔者认为突发公共事件即突然发生，出人意料之外的事件，或者即便对事件发生有所预料，但其发展过程乃至最后结果也具有不确定性，这样的事件会对公众的生活、生产有着不可估量的影响。通常来说，突发公共事件都是负面事件，并具有极高的新闻价值，是新闻媒介报道与追逐的热点事件。

（二）社交媒体的概念及其信息传播

在《何为社会化媒体》（What Is Social Media）一书中安东尼·梅菲尔德（Antony Mayfield，2007）对其进行定义：社交媒体是给用户提供极大参与空间的新型在线媒体，其具有参与、公开、对话、交流、社区化和连通性的特征。[①] 传播学者安德烈·开普勒（Andreas Kaplan）和迈克尔·亨莱因（Mcheal Haenlein）对于社交媒体的定义是一系列建立在Web2.0 的技术和意识形态基础上的网络应用，它允许用户自己生产内容（UGC）并进行交流。随着新媒体技术的发展，社交媒体的形式和特点也会随之变化，对于社会化媒体的定义也会有新的理解，但是无论怎样，社会化媒体最大的特点依然是赋予每个人创造并传播内容的能力。

目前，微博客、论坛、播客、维基、社交网络和内容社区是社交媒体最常见的六种基本形式。它与主流新闻网站在新闻主体、对象、互动性等方面都有显著的区别。在国内，社交媒体以微博、微信为代表。其中，微博以其即时、互动的特性迅速崛起，成为最重要的社会化媒体之一。美国学者保罗·莱文森（Paul Levison，2011）在《新媒介》一书中提到微博时，他提出"微博不仅是历史上最迅捷的书面媒介，而且是有史以来人际传播和大众传播最好的结合"。

在突发公共事件的信息演化过程中，社交媒体已经成为公众信息搜索、信息分享以及情绪表达的重要平台。在此传播语境下，本文研究以微博为代表的社交媒体在突发公共事件中的信息传播特性，无疑具有重要现实意义。根据新浪微博官方发布的数据，截至 2015 年 9 月，微博月活跃人数已经达到 2.12 亿，与 2014 年同期相比增长 48%。由此可以看出，新浪微博的访问量、用户活跃度以及在新闻舆论方面保持的重要影响力都比其他微博运营商更具代表性，因此本文选取新浪微博的相关报道为研究对象。

---

① Antony Mayfield, 2008：What is Social Media？E - book, iCrossing（v1.4 Updated 1.8.08）；http：//www. icrossing. co. uk/fileadmin/uploads/eBooks/What_ is_ social_ media_ Nov_ 2007. pdf.

（三） 新闻网站的概念及其信息传播

对于新闻网站的建设，我国政府非常重视，制定了相关法律并对其进行详细说明。2005 年 9 月，国务院新闻办公室和信息产业部联合发布的《互联网新闻信息服务管理规定》将新闻网站分为以下三类：新闻单位设立的登载超出本单位已刊登播发的新闻信息、提供时政类电子公告服务、向公众发送时政类通信信息的互联网新闻信息服务单位；非新闻单位设立的转载新闻信息、提供时政类电子公告服务、向公众发送时政类通信信息的互联网新闻信息服务单位；新闻单位设立的登载本单位已刊登的新闻信息的互联网新闻信息服务单位。

为了规范网络新闻舆论，2000 年以来国家先后将新华网、人民网、中国网、央视网、中国新闻网、国际在线、环球在线 7 家国家级的新闻单位网站确定为中央重点新闻网站。中央重点新闻网站是我国新闻网站中的主力军，在网络媒体中也起着领头军的重要作用。

根据以上规定，本文认为当前我国新闻网站大致可概括为：综合类新闻网站、商业网站的新闻频道以及传统媒体的网络版。本文研究的是"综合类新闻网站"，文中一律简称"新闻网站"。本文选取的人民网是中央重点新闻网站中的典型代表，能体现出我国新闻网站对突发公共事件传播的特点。

与其他网络媒体相比，新闻网站自身所具备的资源和政策优势，都使其在突发公共事件的信息传播中扮演着重要角色。新闻网站依托着传统媒体，以其庞大的信息采集系统为后盾，拥有十分丰富的新闻资源。比如，在 2008 年的 5·12 汶川大地震中，政府新闻网站和地方网站的用户访问量增幅巨大。其中的重要原因是，当类似汶川大地震这样的重大突发公共事件发生时，多数网民希望通过这些网站找到更加权威的信息。

从总体来看，新闻网站仍是网络舆论的重要阵地，但是面对社交媒体所搭建的信息传播网络，新闻网站不再是主角，用户个体成为网络的每个节点，这些点结成了互通互动的网。尤其是在突发公共事件的信息传播中社交媒体已经成为不可忽视的媒体力量。因此，研究比较新闻网站与社交媒体在突发公共事件中的信息传播的异同，有助于新闻网站的良性可持续发展。

四 社交媒体与新闻网站对 "天津滨海爆炸" 事故报道的内容分析

（一）天津滨海爆炸事故回顾

北京时间 2015 年 8 月 12 日 23：30 左右，位于天津滨海新区塘沽开发区的天津东疆保税港区瑞海国际物流有限公司所属危险品仓库发生爆炸。爆炸物是集装箱内的易燃易爆物品。在第一次爆炸发生后 30 秒，爆炸喷发火球同时引发周边多家企业发生二次爆炸，方圆数公里有强烈震感。截至 2015 年 9 月 11 日上午 9 时，共发现遇难者人数 165 人，已确认身份 165 人。根据国务院近日批复的调查报告认定，天津港 "8·12" 瑞海公司危险品仓库火灾爆炸事故是一起特别重大生产安全责任事故。

事故造成重大人员伤亡和财产损失，引起国内各大网络媒体的聚焦报道。本文选取 "天津滨海爆炸" 事故为研究案例，对 2015 年微博热门话题榜单进行分析，在 2015 年发生的热点事件中，最引人关注的是天津港特大爆炸事故，该事件在微博上产生了 35 亿阅读量和 400 万的讨论量，成为 2015 年社交媒体上关注度最高的社会事件之一。下文将对天津滨海爆炸事故中的新浪微博与人民网的信息传播进行归类和比较分析。

（二）研究样本

1. 时间框：鉴于微博和人民网上关于 "天津滨海爆炸" 的信息主要集中在 8 月 12 日至 8 月 31 日，因此本研究的时间范围选取在 8 月 12 日至 8 月 31 日。

2. 分析单位：新闻网站方面，本研究选取人民网中 8 月 12 日至 8 月 31 日关于 "天津滨海爆炸" 报道的所有稿件，共计 315 篇。经过阅读整理，除去部分内容完全重叠的报道，共 192 篇。社交媒体方面，在新浪微博 8 月 12 日 23 点 30 分至 8 月 31 日 24 点时间段内关于 "天津港爆炸" 的微博中抽样选取 192 条微博为分析单位。

（三）新浪微博与人民网的传播主体比较分析

首先，对选取的 192 篇人民网报道样本及 192 篇新浪微博样本中的信息来源进行内容分析，本文将信源分类为党政机构、传统媒体及其附属网站、网络用户、新闻记者、受灾者和救援人员、其他个人和组织六个方面，如图 1 所示：

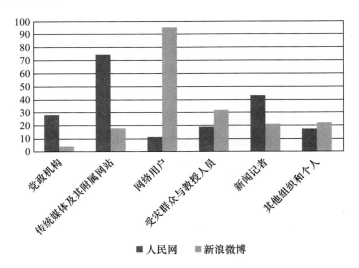

图1　新浪微博与人民网信源比较分析

从上图可以看出，微博和人民网的传播主体结构存在着明显的不同。人民网对"天津滨海爆炸"事件报道样本的消息来自各级党政机构以及传统媒体及其附属网站；微博的传播主体主要是网络用户，其实有一部分新闻记者、爆炸事件的受灾民众与救援人员也承担着"网络用户"这个角色。

微博的核心在于用户生产内容，每个人都可以成为信源。在"天津滨海爆炸事故"发生后，首条事故现场的信息是由事件亲历者在新浪微博发出的，发出后迅速引起了大范围关注。网络用户往往是社会各个阶层各个领域的普通人，使得微博的信源相对分散，来自不同领域的信息在这个平台汇聚。当不少主流媒体对"天津滨海爆炸事故"的报道内容还停留在"事故救援""领导指示"时，微博的普通网友们将数据、现场图景、卫星定位等有机联系在一起，制作出了《天津滨海新区危险品破爆全景图》。同时，在微博中信息传播具有双向性特征，传者与受者的界限已经模糊，有时传播主体也是传播受众，而受众也可以成为传播主体。在天津港爆炸事故的报道中，微博第一时间隔空报道了事故现场的情况。8 月 12 日午夜，天津爆炸事件的现场照片、视频等被网友上传到微博，迅速引起广泛关注。大多数媒体于 13 日凌晨就在跟进相关新闻，有很多材料整合自新浪微博,并通过微博联系现场目击者。网友们作为信息传播者,通过微博传递了事故发生后的最新信息。

人民网信息源由党政机构、传统媒体及其附属网站及新闻记者三类组成,这种信源选择确保了人民网信息的准确性和权威性。对于受众来说,作为权威机构发布的消息更具公信力。在突发公共事件发生后,公众处于恐慌状态,迫切需要了解事件的相关状况和后续发展,而权威性的信息发布能及时消除不确定因素,从而稳定公众情绪和社会舆情。但是,社交媒体的即时传播使第一时间维度不断被刷新,党政机构和传统媒体往往不能在第一时间抢占现场报道的主导权和话语权。在爆炸事故发生后的第一时间,天津当地媒体没有出现微博中爆炸现场蘑菇云视频、房屋倒塌、汽车残破、高架断裂的图片。直到13日凌晨3点52分,"天津发布"才发布第一条有关爆炸的信息,距离事件发生已过去4个多小时。由此可见,党政机构和传统媒体需要确定事件的真实性,确保消息的真实性才能公开,这样的信息源特质也对人民网信息传播的时效性造成影响。另外,人民网拥有自主采访权,新闻记者能深入事故现场进行实地报道,通过文字、图片以及视频等多种传播方式的结合,有效吸引了公众的注意。但是突发公共事件往往具有不可预见性,新闻记者因受到时间和空间距离的限制,通常难以抢在事发的第一时间到达现场。

(四) 新浪微博与人民网的传播内容比较分析

本研究对新浪微博与人民网中抽样选取的样本进行内容分析,将微博的内容变量分为事故实时情况、事故救援、受灾民众情况、事故原因分析、个人情绪释放五个方面,如图2所示:

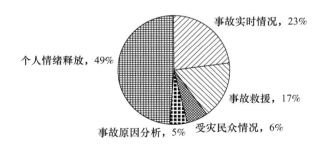

图2 新浪微博传播内容分析

天津滨海爆炸事故中，新浪微博主要对事故实时情况、个人情绪释放、受灾民众情况以及事故救援等内容的传播较多。在选取的新浪微博的研究样本中，关于个人情绪释放的内容有 94 条，关于事故实时情况的有 45 条，关于事故救援的有 32 条，关于受灾民众情况有 12 条，关于事故原因分析的有 9 条。

基于人民网与新浪微博在传播主体方面存在着差异，因此将人民网的内容变量分为事故实时情况、事故救援、受灾民众及企业情况、相关部门事故处理工作、事故原因分析、领导批示/指示以及事故追踪报道，如图 3 所示：

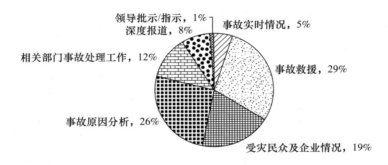

图 3　人民网传播内容分析

人民网的报道内容以事故救援、事故原因分析、受灾民众情况、相关部门事故处理工作和深度报道为主。在本研究选取的 192 篇样本中，关于事故救援有 56 篇，事故原因分析有 49 篇，关于受灾民众情况有 36 篇，关于相关部门事故处理工作有 24 篇，关于深度报道有 15 篇。

在天津滨海爆炸事故的报道中，微博充分体现了社交媒体即时性、交互性以及碎片化等特征，在突发公共事件的初期信息传播、事故现场状况还原以及事件后续进展的线索提供等方面做出了巨大的贡献。本文就此次事故中的新浪微博的报道进行如下分析：

第一，微博传播内容具有碎片化特征。

在该事故发生后，网民陆续通过微博发布相关信息，但大多是一些随意的语言组织表达个人情感和观点，如事故现场的所见所闻或者是抓拍的图片等，内容形式趋于"碎片化"。同时，微博的碎片化也将个体从群体中"解救"出来，用户可以尽情地表达个性化的自我。天津滨海爆炸事故发生后，微博上关于该事件的大量信息的聚合使公众对事件的发生、进展有了全面的了解，各种碎片化信息冲突、碰撞的同时也为新闻网站的报道提供了素材以及对事件真相的调查性报道提供了线索。在爆炸事故发生后，很多的伤亡及消防官兵的悲壮情节，激发了民众的情感共识。网友"妖妖小精"13日上午即时创作了一幅漫画——《世界上最帅的逆行》。一条隧道中，身着黑白色衣服的行人纷纷奔涌出来，而一名身穿橘黄色消防服的人背着氧气罐步履坚定地相向而行。而8月13日中午，天津消防总队消息称，目前爆炸现场共有36名官兵失联，33名受伤的官兵在医院救治，11名战士牺牲。这条信息立刻遭到网友围观和议论，截至13日12时28分，"世界上最帅的逆行"微博的转发量达到50多万次，阅读量达到600多万，随即成为当日的微博热门话题。随后，许多媒体跟进事件进行报道。以人民网为例，8月14日人民网记者在天津危险品仓库爆炸现场报发回一名消防官兵的遗体告别仪式的组图，震撼人心。记者并从事故现场发回题为《徐州小伙参与天津救援在第一线度过18岁生日》的报道，从家属、医院护士、公安消防局多个角度对奋战在一线的消防官兵全力投入救援抢险的英勇事迹进行了真实记录。

第二，微博通过社交媒体平台实现对碎片化信息的凝聚和整合。

微博在第一时间发布该事件相关信息之后，也对事件的发展进行了追踪报道。事故发生当晚，利用头条新闻进行滚动式报道，对天津当地网友的感觉、官方的回应、外地网友感受到震感、现场的图片、现场的视频进行集中的转发和发布。8月13日下午4点半，微博对天津市政府新闻办召开的天津塘沽大爆炸事故新闻发布会进行了直播，网友们对公布的事故死亡人数以及记者提问环节为何不直播等后续议题进行了广泛的讨论。新浪微博还通过采访整合了事故现场的详细信息，进行直播跟进，并制作出了"关于天津爆炸事故最新进展发布"、"天津网友讲述事故经历"等多个版块，引来众多网友点击。除此之外，微博还整理了网友发布的信息，发布了《疑似救援天津爆炸消防员出征前留言：回不来我爸就是你爸》，首先挖掘出了消防员的不为人知的感人故事。

在议题出现初期，微博的"热议度"① 则更注重在获得信息基础上进

---

① 在新浪微博中，该关键词在固定时间内，相关传播及转发评论量比例的数值越大，其热议度越高。较高热议度的关键词及微博将会在新浪微博广场的风云榜中显示。

行讨论，而新闻网站还在新闻的准备、核实、整合等阶段。因此，与微博信息传播的即时性相比，新闻网站在信息的早期发布上所占优势不大。但是新闻网站在权威性发布、深度报道上仍然表现突出，本文就此次事故中的新闻网站的报道进行如下分析：

第一，人民网的权威性发布及大力度、多角度的报道仍然为受众了解事件、关注事件提供了详尽的信息。

从议题角度考虑，有关事故的起因、爆炸造成的损失和政府措施等方面，人民网较快地进行了科普性的回答，对公众较多关注的议题中的细分问题进行了回答。如，在其主站上发布救援指示类文章《全力做好伤员救治工作》《科学有力做好救援救治和善后处置工作》，解答类专题文章《天津危险品仓库爆炸详解》。

特别是事故发生之后，事故现场因仍有二次爆炸的危险被封闭戒严，在事故信息需求之下，人民网运用了无人机航拍爆炸现场，传递回了极为震撼而直观的视频、图像资料。使得事故信息透明度大幅提升，极大满足了公众的知情权。

第二，在面对"事故安全调查"问题以及"政府职能部门"责任等领域的议题，人民网充分利用其平台，发表新闻舆论，实现对舆情的反映。

截至8月16日中午，天津就"天津港'8·12'瑞海公司危险品仓库特别重大火灾爆炸事故"已经召开了六次新闻发布会，但是记者提问环节均被直播中断，使其收获了信息不透明的舆论批评。人民网舆情监测室将此事与之前发生的三个相关事件（分别是2012年6月30日发生的天津蓟县莱德商厦火灾、2010年11月15日发生的"11·15"上海静安区高层住宅大火和2012年7月21日发生的"7·21"北京特大暴雨）中的政府舆情应对予以对比，分析了天津新闻发布会的得失。

在对新浪微博和人民网的传播内容进行分析后，本文又对两者关于传播内容的立场倾向性进行分析，结果如下：

表1　　　　　　　新浪微博与人民网传播内容的立场倾向比较

	正面	中立	负面
新浪微博	20.6%	59.7%	19.7%
人民网	32.9%	51.4%	15.7%

如表 1 所示，我们可以看出人民网对于天津滨海爆炸事件报道的正面立场信息多于新浪微博，而新浪微博中对该事故的负面报道多于人民网。由于人民网受到其母体利益集团影响的原因，对于突发公共事件的报道，人民网与传统媒体一致基本以正面立场的宣传报道为主。而新浪微博的信息发布者来自社会的各个阶层、各个领域，基于微博信源的广泛性，因而为体制外信息的传播提供了平台，使得广大受众在微博中能看到更真实、更全面的信息。

（五）新浪微博与人民网的传播渠道比较分析

微博信息发布的独特性在于简短快捷，传播形式丰富多样，用户可以通过文字、图片、视频等多种方式传递信息。在此次事故发生后，网友"小宝最爱旻旻"于 12 日晚 23 点 26 分在微博发布了首条爆炸现场的视频微博。视频显示，拍摄地点离火点十分接近，爆炸所产生的蘑菇云清晰可见。该网友上传的这段视频也是该事故最早的视频信息，对灾难消息的传出和外界对灾难规模的判断起到重要作用。同时，微博作为一个信息纽带，连接着其他论坛、网站，帮助各类信息在不同网站之间传播，加快信息的复制与扩散，可以使即时信息得到迅速传播。

8 月 12 日至 8 月 31 日之间，人民网通过其新浪微博账号，每天都发布大量的信息，组织网友进行讨论。目前，人民网除了依托网站平台外，于 2010 年 2 月人民网推出了自主研发的微博产品"人民微博"①，这也是中央重点新闻网站推出的第一家微博客，经过近几年的发展，形成了鲜明的政务特色。在天津滨海新区危险品仓库发生爆炸事故后，在人民微博的微播报版块进行了事故直播。截至 8 月 21 日，该直播的阅读量达到了 1798 万，增强了政府机构与公众的信息互动，也便利了公众获取事故信息。

（六）新浪微博与人民网的传播效果比较分析

1. 时间维度下的传播效果分析

在本文选取的时间框内，由上图的报道量变化趋势我们可看出事故的变化趋势大致经历了三个阶段：初期发生阶段，即 8 月 12 日当晚；中期发展阶段，即 8 月 13 日至 8 月 18 日；后期平息阶段，即 8 月 19 日至 8 月 31 日。

---

① 人民微博网址：http：//t.people.com.cn

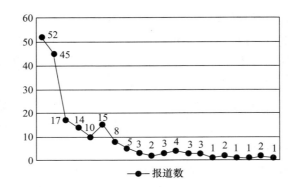

图 4　人民网关于"天津滨海爆炸事故"的报道量变化

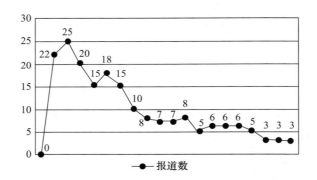

图 5　新浪微博关于"天津滨海爆炸事故"的报道量变化

人民网在爆炸事故发生的 8 月 12 日当晚,即初期发生阶段报道量为 0。在中期发展阶段,人民网的报道量达到了最高值,15 日开始有下降趋势,自 16 日至 17 日微博报道量又开始上升。通过上述比较分析,我们看出新浪微博与人民网在不同时间阶段对事故的报道量存在着明显的差异。本文就新浪微博和人民网在时间维度下的传播效果进行如下分析:

第一,从短期效果看,微博的传播效果比人民网的效果更明显。在事故发生的第一时间,网友们对事件传播频率较高,能在短时间内在微博上形成舆论焦点。当微博上出现第一条关于爆炸事故的信息时所产生的传播效果是巨大的,因为普通公众是从"毫不知情"到"引起注意"的过程,激起了公众的好奇心,信息就会被大量地复制转发,加上微博信息精练、语言简短的特点,使微博在事件早期的传播速度远远快于人民网，增强了信息的短期传播效果。在事故发生次日早晨，新浪微博的热点话题中"天津滨海""天津港爆炸""天津爆炸消防员"等关键词占据了实时搜索榜的头条。而人民网在事件发生的初期，其主要信源还未获取有益信息，人民网只能通过转发、搬运其他网站生产的新闻信息。公众希望尽快知悉事实的需求不能被满足，缺乏能吸引公众注意力的权威信息，因而人民网在事件早期的传播效果稍弱。

第二，从长期效果来说，微博传播话题的更新速度太快，从而降低了其长期的传播效果。西方学者霍夫兰等人曾提出信源可信度概念，即"信源可信度越高，其说服效果越大，可信度越低，其说服效果越小"。因此，信源发布者的信誉与权威性很大程度上影响着传播效果。在事故发生后，随着网民对事件信息的大量复制转发，使得微博上的信息纷繁冗杂，由于缺少制约机制，存在着大量的无效信息。同时，由于微博的信源多为普通民众，缺少权威性，也致使谣言传播，影响了微博后期的传播效果。虽然，人民网在事件初期的新闻发布时间上不占优势，但是从长期报道来看，其拥有母体《人民日报》及其附属网站的资源支持，还拥有其自身的新闻采编团队，掌握了大量官方话语的资源优势，将其中丰富的新闻信息融合，使人民网在该事件中扮演沟通政府与民间的桥梁角色。同时，利用人民网作为权威新闻网站的优势，通过对政府官员的独家采访和邀请专家进行第三方视角解读等途径，对事件进行深度、精准的报道。与微博的"最迅速"不同，人民网形成了"最权威"的特色。

2. 空间维度下的传播效果分析

微博的传播模式是依靠人际交往关系维系的群体传播，陌生人之间交流对话的机会大大增加，"最熟悉的陌生人"在微博平台是现实存在的。在微博上，信息的传播者和接收者、信息的选择和发布高度统一，每个个体在传播角色上也是完全平等的。推特的发明者曾经描述微博为"自家墙壁，可以随意地书写"。由此可见，微博信息传播有着很深的个人化的烙印。公众在微博上表达的往往是碎片化的、直叙胸臆的个人情感和观点。在天津滨海爆炸事故发生后，造成了消防战士的较大伤亡。8月13日上午，微博网友"妖妖小精"当日创作了一幅漫画——《世界上最帅的逆行》，触动了网络情绪感染，众多网民纷纷转帖集体为奋战在救援前线的消防官兵祈福。这条微博也成为此次事故中转发最多的微博。

可以说，"互动性、私语性"是微博的最大魅力。它满足了人们的心理期待，拉近了交流者的心理距离，提高了信息传播的实时接收率，也使微博与公众之间的空间紧密度提升到另一个高度，远远超过新闻网站。

人民网的信源多为官方媒体，因此话语形式方面依然体现了浓厚的时政性和政府代言的特征。近几年，人民网对突发公共事件的传播内容或传播渠道都呈现出多样化趋势。在天津滨海新区特大爆炸事故的信息传播过程中，人民网全方位报道各级政府举措、领导人批示、现场救援进展、受灾群众生活情况，密切跟踪事件进展从多个角度设置公众需要关注的议题，同时通过记者深入现场的采访和充满人文情怀的后续报道，使得信息更具有贴近性和人情味。相比微博，人民网更侧重于事故本身的事实性报道，对于救援过程中的情绪渲染并不多，其中仅有一篇专门提及"逆火而行"的消防官兵。我们从对人民网传播内容的立场倾向性分析还是可以看出，人民网报道视角的选择依然受到"以正面宣传为主"的新闻政策的影响，与微博相比人民网相对缺乏与公众视角的紧密度，在空间上的传播效果约束相对较大。

五　社交媒体与新闻网站的比较分析结论

基于对新浪微博与人民网的统计分析，我们可以看到，社交媒体与新闻网站在传播者、传播内容、传播渠道、传播效果等方面存在着显著的差异，鉴于此，本文将对社交媒体与新闻网站的区别进行一一说明。

（一）传播主体比较

社交媒体与新闻网站的信息来源明显不同，新闻网站的信息来源主要是政府部门和传统媒体及其附属网站，这是由新闻网站的背景资源决定的；社交媒体的信息来源主要是广大网友，这与社交媒体自身的开放性、交互性的理念不谋而合。对于突发公共事件的报道，新闻网站拥有权威的信息来源，专业的新闻采编团队，但是由于新闻网站在突发公共事件发生的早期，处在新闻的准备、核实、整合等阶段，加之专业记者团队力量的有限性，无法在第一时间发布事故现场的消息，从这里可以看出，新闻网站的时效性与社交媒体有一定的差距。社交媒体的信息主要来源于网络用户，信息源的层级相对分散，使得社交媒体的信源具有广泛性，加之社交媒体对事故信息的快速处理、发布满足了人们的知情权，充分印证了突发公共事件报道的"黄金一小时"原则，充分填补了新闻网站时效性的不足。

（二）传播内容比较

新闻网站的报道内容主要集中在事故救援情况和事故原因分析，其中关于事故原因分析的报道和深度报道分别占总样本数量的 26% 和 8%，充分体现了新闻网站对于突发公共事件的深度报道和细致分析的能力。在突发公共事件中，新闻网站深入、细致的报道，能够使公众对事件原因及事件发展的各个层面有更深入的了解。相比新闻网站，社交媒体上的信息以个人情感释放为主，由于社交媒体用户群体的分散及特点的多样性，导致社交媒体中信息的多样性和丰富性，这正体现了社交媒体信息碎片化的传播特点，碎片化的信息通过微博进行快速的聚合，形成强大的信息场。在突发公共事件中，微博碎片化的信息传播能够使受众及时了解到最全面，最丰富的事件信息。通过内容的立场倾向分析，我们还可以看到，新闻网站中正面信息多于社交媒体，这与新闻网站母体利益集团的把关及宣传策略有关，相比于新闻网站的"多方受限"，社交媒体上的信息更贴近民众。

（三）传播渠道比较

快速的传播渠道使得社交媒体在突发公共事件的传播中占有时间上的巨大优势，网民的评论和转发使其不仅能快速成为信息传播的集散地，同时也是衍生地。新闻网站也积极向社交媒体取经，在从微博上汲取更多信源的同时建立自身的互动平台，发挥新闻网站的官方资源优势，进行深入分析报道。

（四）传播效果比较

社交媒体与新闻网站在新闻传播中都具有举足轻重的作用。新闻网站依托传统媒体和主流新闻网站的报道，体现其注重信源的权威性的定位，同时在事故的深度报道与细致分析方面新闻网站也表现突出，为其后期的传播效果奠定了基础。但是由于体制的原因，其在突发公共事件的早期报道中的传播效果相对较弱。而社交媒体建立起来的虚拟网络圈，消解了时间和空间的约束，使不同地区和不同阶层的人均可以参与到新闻的互动与分享当中，同时也加强了人际间的对话交流，使得信息传播的有效到达率与接收率显著提高。但是由于社交媒体用户群权威性不强，微博上也出现了一部分的虚假造谣信息，影响了微博的长期传播效果。

总体来说，风头强劲的社交媒体相对于新闻网站来说在信息传播速度、传播机制创新等方面都具有优势，主要体现在以下几个方面：首先从突发事件的信息传播速度来看，社交媒体的信息传播速度快，具有"第一时间发布"的优势，对突发事件的预警功能较强；其次，社交媒体的信息来源更多元，裂变式传播形成信息集聚高地；最后，从互动环节来看，用户参与成本低，参与原创信息的积极性高，因而呈现出的信息内容更贴近用户。与此同时，社交媒体也显现出信息量大却呈现碎片化，信息来源权威性不强致使谣言传播，大部分内容私人化、社会影响力不强等特点。相较而言，新闻网站这种主流网络媒体的信息权威性更强，媒介专业素质更高，在"把关人""议程设置"和新闻真实性等方面把握能力更高。

（五）建议

针对以上观点，我们对社交媒体与新闻网站在突发事件报道方面的融合创新提出以下几条建议：

第一，实现开放的信源，加强深度报道的采写。

由于社交媒体内容本身和发布时间的限制，以及社交媒体信息源质量的参差不齐，使得社交媒体上关于事故的深入报道较少，但新闻网站能够及时发布各级政府的官方权威消息，在突发事件的深度报道与全面解读方面弥补社交媒体信息深度性的不足。而新闻网站在时效性与接近性方面的缺失，需要其开放信源，吸纳社交媒体的即时性信息，进而组织专业记者进行即时报道。

第二，关注公众的需求，加强融合报道。

新闻网站的关注面覆盖全国，对于局部地区的热点有可能关注不够，因此要加大对各地方频道的建设，充分利用各地记者站形成联动，而社交媒体上的议程设置更加大众化、草根化，因此网站编辑记者也要加强对社交媒体信息的利用程度，以更快的反应和更多的角度去发掘公众关心的热点突发事件。社交媒体信息由于缺乏严格的把关机制，分散的信息难以进行整合，因此需要权威性较强的新闻网站为其把关。例如，在新浪微博等社交媒体平台上，新闻网站通过官方微博账户及其媒体记者凭借其专业优势同样可以成为舆论场中的意见领袖。通过给自微博转发和评论，可以将某一事件迅速推至舆论高潮，也可以设置议程，改变突发事件中公共舆论议题走向。

在新媒体技术时代背景下，突发公共事件中媒体的作用越来越受到各方的重视，社交媒体的出现为政府信息的透明化以及公众的知情权、话语权带来了进步，但是国内对于社交媒体与突发公共事件信息传播的研究还没有形成一套完整的体系，社交媒体对于突发公共事件的信息传播还处于碎片化阶段。笔者认为，社交媒体与主流新闻网站各具竞争优势又有相互融合的可能，在突发事件发生时这两个信息平台应形成互联互通的舆论场，优势互补、交互融合的报道创新可以促使突发公共事件的信息传播更好地发展。

参考文献

［1］郭庆光：《传播学教程》，中国人民大学出版社 1999 年版。

［2］赵士林：《突发事件与媒体报道》，复旦大学出版社 2006 年版。

［3］丹·吉摩尔：《草根媒体》，陈建勋译，南京大学出版社 2010 年版。

［4］奎尔曼：《颠覆：社会化媒体改变世界》，刘吉熙译，人民邮电出版社 2010 年版。

［5］尹韵公、刘瑞生：《从"草根"走向"主流"的网络媒体角色嬗变》，社会科学文献出版社 2010 年版。

［6］保罗·莱文森：《新新媒介》，何道宽译，复旦大学出版社 2011 年版。

［7］杨艳斌：《中国新闻网站发展报告》，社会科学文献出版社 2010 年版。

［8］CNNIC：《第 37 次中国互联网发展状况统计报告》，中国网信网 2016 年。

［9］王婷：《我国新闻网站的突发事件信息传播研究——以 2008 年以来人民网、东方网为例》，硕士学位论文，南京师范大学，2011 年。

［10］莫凤群：《公共事件中微博传播研究》，硕士学位论文，湖南大学，2013 年。

［11］范东升：《公民新闻的兴起和启示》，《国际新闻界》2006 年第 1 期。

［12］张君昌：《中国媒体报道突发事件政策法律法规之变迁》，《电

视研究》2009 年第 5 期。

　　[13] 陈华：《互联网站从事登载新闻业务的十年历程回顾与信息服务法治管理路径》，《文化艺术》2011 年第 2 期。

　　[14] 毛亚美：《新闻网站重大突发事件报道的框架分析——以人民网与凤凰网对"7·23 动车事故"报道为例》，《新闻世界》2012 年第 1 期。

　　[15] 黄清源、王毅萍：《社交媒体在突发性群体事件中的作用分析——以什邡事件为例》，《湖北社会科学》2013 年第 1 期。

（载自《新闻研究导刊》2016 年第 6 期）

第四编

文 化 学

城市歌曲流行空间扩张中的去地方化

——以李志的音乐及音乐活动为例

◎ 张　萍

【摘要】 城市歌曲作为城市文化的一种重要载体，其风格、受众、传播方式都对城市传播起着重要的作用。本文以李志的音乐及音乐活动为例，探讨李志如何在探索中发挥南京作为一个地方（place）在赋予音乐特殊性与流行性之上的潜力，如何在传统媒体打造的流行空间中汇聚另一种流行，又如何对流行之外的流行进行扩张，从而打造出"李志—南京—独立音乐—地方情怀"的品牌？本文试从文本样态（内容与结构）、粉丝—明星的交往模式以及乐坛权力网络格局中不同节点（空间）之间的交往路径（拒绝交往与被动交往）三个方面的去地方化对此进行解读。

【关键词】 城市歌曲　去地方化　再地方化　逆向去地方化

2014 年 7 月 26 日，中国民谣诗人、全能创作型歌手、独立音乐人李志在先锋书店的讲座上说，在 26 岁之前，他是一个按部就班地生活着的人，出生在（南京）农村，村子里最普通的家庭，自己念书。也没有人告诉他该怎么生活，也没有人告诉他世界是怎么样的，因为他的父母基本上都是文盲。包括他现在所有的亲戚，加起来一两百人都在老家，过着农民或者打工的生活。在大部分人看来，从事所谓的艺术行业，要么需要家庭背景，要么有相当的天分，要么很有钱，但是他什么都没有。从一个名不见经传的东南大学工科肄业生，到成为一个中国民谣、中国独立音乐乃至整个中国流行音乐产业的标志性人物，李志的转变离不开他对在南京做音乐的坚持，就像他在讲座上所说的："我的想法很简单，我希望未来有越来越多的二、三线城市的音乐爱好者能在自己的城市从事音乐工作，而不是跑到北京。如果每一个城市都有一个像我这样的人，坚持在当地，选当地的乐手，在当地做音乐，中国的非主流音乐不会是现在这样。不是所有人喜欢音乐，然后组乐队，然后跑北京，然后过几天回来。我一直希望，或者说幻想我的所作所为能够让一些人看到希望。什么希望呢？就是在南京也是可以做乐队的，也是可以通过做乐队生活得不错的，在成都也可以，在西安也可以，在广州也可以，不一定非要跑到那个地方（北京）去不可。"正所谓北京之外还有南京，流行之外还有流行。李志如何在探索中发挥南京作为一个地方（place）在赋予音乐特殊性与流行性之上的潜力，李志如何在传统媒体打造的流行空间中汇聚另一种流行，李志又如何对流行之外的流行进行扩张？本文试从文本样态（内容与结构）、粉丝——明星的交往模式以及乐坛权力网络格局中不同节点（空间）之间的交往路径（拒绝交往与被动交往）三个方面的去地方化对此进行解读。

一　地方感的抽象化
——从地方的特质到世界性情感

作为物理区域及其之上的物理建筑空间的结合体，地方（place）具有显著的个性特征（独一无二的经纬度、建筑风格等）；作为人类生活经验的物理容器，地方（place）使居于其中的人们所产生的地方感（the sense of place）则具有普遍的世界情感的意味。地方的独特在于其物理空间的唯一性，具有唯一性的物理空间培育了空间中行为主体的衣、食、住、行的基本物质形态，并通过这种相对稳定的基本物质形态对此空间的使用者进行运动节奏、生理感受、心理结构及审美品位方面的规训。地方不同，催促地方感产生的内容也不同。譬如：老北京听到一句喉腔共鸣的真嗓京剧唱段，内心生得一种快慰；老河南听到一句行腔酣畅、节奏鲜明的梆子，心里自有一番舒坦。不同的是地方以及地方特色所包含的催促地方感产生的具体内容，或是味觉上的"不辞长作岭南人"，或是听觉上的"胡琴琵琶与羌笛"，或是视觉上的"多少楼台烟雨中"，抑或是感觉上的"斜风细雨不须归"。虽然地方感所囊括的具体内容具有地方性，但是地方感本身却超越了地方感的具体内容具有了世界情感的意味。譬如人们对家乡的某地、某人、某事的怀念具有地方性、相异性，但是乡愁却是一种世界性、同一性的情感。地方是最初的记忆，是规训的源头，给予人们安全感和归属感，并由此克服虚无主义带来的冷漠。

李志的城市歌曲立足于地方感的概念所具有的矛盾的张力（地方感的具体内容的地方性与地方感的抽象感知的世界性之间的矛盾），将地方感的具体性抽象化，开辟了城市歌曲作为非主流歌曲的流行空间。

李志 2009 年的专辑《我爱南京》集中体现了他在音乐创作过程中对地方感概念的矛盾张力的有意或无意的使用。李志的这张专辑虽然以《我爱南京》命名，但专辑中的 9 首原创歌曲没有以南京或南京相关建筑、名胜、道路来命名的。"南京"在歌词文本中作为地方的象征在专辑中的一首名为《苍井空》的歌词中间部分出现——"欧米嘎，你可看见昨天黄昏屋顶的云，它多么像你，游移不定。青春啊，让我忘记这故事那身体和昨天的梦。循环的你，问我幸福在哪里？阳光下的你坐上一辆蓝色汽车，抚摸着背包里的玩具陪他哭泣，无处可逃，一片空白。梧桐下的人们，忽明忽暗。欧米嘎，我不是在每个勃起的清晨才想起你，你的样子，他们早就忘了。撕裂吧，如果我没来过这疯狂的荒谬的世界！南京已老了，我就快死了。时常会去假设另一种生活，把一切安排的不像现在遥远。我不该如此伤心啊！孩子们会跳舞，死神也歌唱。从一个城市谨慎着来看我，透过床头的玻璃看着外面。无处可逃，你沉默了。四月的早晨，让人悲伤。青春啊，总是在这样分裂的失落的煎熬的夜晚让人伤心！我多么想你，只能轻轻唱歌。"在《苍井空》这首歌中，李志取消了南京的地方性对歌名的占有权，亦没有在歌词中浓墨重彩地描绘南京作为一个地方的细致模样。李志以青春的身体欲望的指涉物——苍井空作为歌曲名称，将作品的聚焦点由专辑名称的地方性转向拥有地方感的行为主体所把持的（具有世界性的）青春符号之上，在歌曲名称的安排上，李志完成了地方感的地方性到世界性的转变；李志钟爱的南京作为地方符号，在歌词文本中仅出现一次，歌词中地名的作用依托于地名作为一个地方所给予人们的安全感和归属感，它削弱了单纯描述抽象的、概念的、全体的青春所产生的虚无感。有关地方的具体描述的密度不宜过大，因为过多的地方性阻塞了世界性情感的流露，也束缚了地方感的融入。听者所迷恋的是地方所提供的安全感和归属感，以及这种安全感和归属感之上的专属于听者个人的（世界性）地方感（人物情感、生活经验、生存感受等）。在歌词的写作上，李志完成了地方性的安全感与归属感对单纯世界性情感的虚无性的削弱，实现了在提供特定地方的同时包容异质个人的地方感。

二　地方的再地方化
——超越传统媒体空间与流动的人体

新媒体作为技术的一种形式，天然地符合单个行为主体的独立时空的本质。独立的时空本质意味着社群中的每一个人都是作为一个独立的行为主体而存在，确保行为主体的时空独立性（行为与角色的边界的分化、确定以及相应的物理空间资本与社会空间资本的名与实的对应和确立），才能确保行为主体的其他权利的衍生和发展。独立时空的所指，其一，社群中行为主体对公共时空的使用与保护权；其二，行为主体对其社会角色、存在角色构建的时空关系的所有权的持有（独立时空本质的被实践可能性和程度）。从独立空间的角度看，新媒体正是以其虚拟独立空间赋予者的角色赋予了行为主体以不同于传统媒体所包含的自由联结（人体的自由流动）的性质和限度。新媒体天然地包含着区别于传统媒体内在的权力——权利的结构特征和动力偏向，这种结构动力开拓的行为与意识空间为行为主体超越传统媒体空间提供了技术可能。新媒体提供了两种正在实现的可能性：其一，作为公共广场变体的虚拟空间中的公共平台（大范围的群体汇聚成为可能）；其二，个人作为自身平台建设者与拥有者所导向的自由连接（人体的自由流动）。通过新媒体，李志绕过了传统媒体对乐坛的评价体系，同时也避开了传统媒体所反映和建构的流行乐坛的权力格局（空间）；亦是通过新媒体，李志实现了和大范围、多样态的歌迷自由联结（私人交往），打破了南京原有的地方感，建构了一个包含多个异质粉丝的主题性的地方空间。

多数情况下，一个歌手以及他的团队选择通过传统媒体建构自身的形象（这是一个庞大的资本运作的过程），粉丝与歌手的交往依赖于传统媒体（电台播报、电影、电视等）、公共空间（演唱会、粉丝见面会、机场接机处等），这种交往方式淹没了粉丝的个人特征（独立的时空本质），将个性各异的粉丝汇聚成千篇一律的粉丝们，将交往的双向互动变成一方的凝视观望。新媒体出现以后，这种由媒介传播内容建构的"我给，你看"的粉丝—明星的交往模式并没有发生根本的改观。"一对多"交往模式的媒体是横亘在粉丝与明星之间的"内容"发布平台，作为信息发布平台的新媒体没有摆脱传统媒体"一对多"的技术交往路径，新媒体仍然只是镜像而不是桥梁。换言之，新媒体并没有促进粉丝—明星的交往空间超越传统媒体模式达成个人与个人的直接的空间融合（交往），身体在新媒体中仍然是被禁锢的，缺乏流动性的。李志则一反传统粉丝—明星的交往方式，通过与粉丝直接的、私人交往（异质的个体的身体凭借作为桥梁的新媒体开始流动、交往）与不同地方的粉丝重组一个主题性的地方空间（由于一种趣味、一种爱好）。据知乎网友桃喵喵叙述，好朋友 S 与另一个姑娘结伴去玩耍，南京的夏天很热，她们在山阴路上迷失了方向。S 有李志（粉丝称其为逼哥）的 QQ，但是从没联系过，因为不知道真假。于是那天，S 第一次在 QQ 上跟李志聊天："逼哥，我在山阴路上迷路了，怎么办？"很快，李志回复：你们现在哪儿，可以来我家，如此等等。门一开，果然是李志。2013 年 12 月，李志的售票系统出现问题，他一个一个打电话跟买票的人确认信息。一位网友在知乎上说："那时我正在青岛路吃饭，离他第一场演出的半坡村咖啡馆仅几步之遥。我拿起手机，听到那句'喂，请问是××吗？我是李志'我知道，一日粉丝终身粉丝，是逃不掉的了。"传统的粉丝—明星的交往模式依靠明星团队的资本运作打造的公共信息空间，李志的粉丝—明星的交往模式则更多依靠新媒体提供的虚拟公共空间对个体的汇聚力（李志被超越单纯肢体运动范围以外的更多的粉丝知晓）以及"一对一"的自由连接的可能（李志与粉丝之间的线下交往）与歌迷进行个人时—空间之内的直接交往（流动的人体）。通常明星依靠资本在异时空内（私人时—空间与粉丝—明星交往的时—空间并不重合）间接地培养粉丝（流动的信息）李志则是在同一时空内（私人时—空间与粉丝—明星交往的时‐空间大面积重合）直接与粉丝交往，与不同地方的粉丝建构出一个区别于物理地方性的地方空间。

三　逆向去地方化
——拒绝交往与流行潜势的增加

曼纽尔·卡斯特在《网络社会的崛起》一书中预言了（后）现代社会的交往复杂性，描述了网络社会中节点的功能与层级决定着节点在整体网络中的地位的表现。安东尼·吉登斯在《现代性的后果》一书中剖析了以脱域机制为核心的现代社会的技术流动、全球化与自由交往景观。流动性、碎片化、反刚性使得不同国家、不同种族、不同阶层或者不同"圈子"的并存成为社会常态，多元化伴随着大节点—传统媒体的滞存权威与小节点—新媒体的技术意志生发之间持续的、流动的话语—权力、角色—资本之间的动态博弈。这种全球化的博弈景观体现在歌曲流行空间扩张的场域中就表现为以传统媒体为载体的主流粉丝—明星交往空间模式与以新媒体为载体的粉丝—明星交往空间模式之间的分化冲动和博弈（对传统媒体所建构的乐坛评价体系和地位格局空间的逃离与反叛）。由于资本及活动团队的限制，城市歌曲在整体乐坛网络格局中处于非宏大（流行程度）、非高位（权力层级）的地位。以城市歌曲为主题的空间要在歌曲流行空间中拓展自己的领域，在保持自己独立性的前提下，有两种流行空间扩张路径：其一，扩大自身在网络中的流行面积；其二，提高自身在乐坛流行空间中的权力层级（较高的权力层级对较低的权力层级具有示范与吸引作用，由于较低层级对较高层级的模仿与追随，较高层级的一些个性特征会在较低层级中形成流行风潮，较高的权力层级的个性特征被逆向去个性化了，在整体网络空间中变得普遍）。社会学家布劳认为个人或群体获得权力必须具备四个条件：第一，对于他人能够提供给自己的作为交换的利益保持冷淡；第二，对于别人需要的东西加以垄断；第三，防止其他人为满足他们的需要而形成强制力量；第四，别人需要他所提供的利益。对于他人能够提供给自己的利益保持冷淡和对于别人需要的东西加以垄断意味着拒绝与不合作的态度（对传统媒体所建构的乐坛评价体系和地位格局空间的逃离与反叛），防止其他人为满足他们的需要而形成强制力量和别人需要他所提供的利益意味着自身的鲜明个性的保存（李志每次巡演或者音乐节编曲都不一样）和相当实力的发展。

李志对传统媒体持有一种显著的不合作态度，通过拒绝交往获得权力，提高自己在乐坛权力网络空间中的层级，间接地、逆向地增加自身流行的潜势，这是一种逆向的去地方化。李志极少接受媒体采访（从未签约任何唱片公司，不参加任何电视选秀，不接受媒体采访①），但是李

---

① 资料来源：http://ent.sina.com.cn/y/yneidi/2015－04－13/doc－iccczmvun9230227.shtml

志却有属于自己的博客、微博、官网，通过新媒体发声、塑造自身形象、构筑粉丝——明星交往空间。通过新媒体与传统媒体之间凸显的"桥梁"与"平台"之间的效用抗衡，李志对于传统媒体能够提供给自己的可能的影响力的宣传保持了冷淡，对于媒体替李志发声的利益需求加以垄断（李志的声音由李志自己发出）；与此同时，一方面，李志广泛地与同类型歌手交往、合作与结盟；另一方面，李志及其团队又不断在现实空间（live house 等）创造粉丝——明星的直接联结。由此，李志扩大了（城市歌曲）主题空间自身的范围形成更加鲜明的空间性和个性（地方性）以及相对强大的空间生长、抗衡力量。2014 年 7 月 26 日，李志在先锋书店的讲座上说明"我们最近几年保持在平均每年四十场演出，各种类型的。"这说明，李志在对传统媒体构建的乐坛空间的回避中，依然保持了与现实空间的密切接触。2012 年李志北京专场演唱会由老狼做嘉宾，2013 年李志《勾三搭四》演唱会有叶蓓来献唱，2014 南京《i/o》跨年演唱会是朴树给惊喜，2015 年李志人生首次全国馆场级巡演有音乐人万晓利、张玮玮、郭龙、马条、苏阳、声音玩具在助力。通过与现实空间的密切接触以及广泛地与同类型歌手交往、合作与结盟，李志扩大了主题空间自身的范围，不仅形成了更加鲜明的空间的主题性和个性（地方性），也提高了主题性空间的自身实力和权力层级，并由此提升了其（城市）歌曲的流行潜势。由于其流行潜势的增强，李志（城市）歌曲的个性（地方性）看似被加强（更地方化）实则是通过拒绝交往产生的权力层级的提升对"更地方化"的逆向去地方化。

四　正向去地方化
——被动交往与流行空间的拓展

曼纽尔·卡斯特在《网络社会的崛起》一书中描绘了网络社会中的区隔（拒绝）与联系（圈子、合作）之间的辩证关系，区隔与联系并非孤立存在，区隔有益于更好的联系的一面，联系有助于更好的区隔的一面。拒绝交往是为了更好地交往，一味地拒绝交往会取消积累的流行潜势的有效性。2015 年 5 月，李志举办了"看见"2015 全国巡演（这是中国首位独立音乐人靠自己的团队启动运营的全国场馆级巡演）。为了这次巡演，李志打破了诸多"禁忌"（流行潜势的积累）：第一次召开媒体发布会，密集接受采访，甚至默许了曾经深恶痛绝的赠票与黄牛。李志将这看作一次"出轨"，"跟我以前的原则、价值观违背的我都认，就当是一次出轨，我这次就不要脸了，我打自己嘴巴，没关系。今天的不要脸，是为了明天大踏步地更要脸。①"流行潜势（口碑、个性、粉丝—明星交往黏性、同类聚集量）产生以后，空间建构者需要转变与传统媒体的交往策略，由拒绝交往到被动交往的转变，被动主要体现在姿态的被动性上。姿态的被动性（认为与传统媒体合作是对以往自我的一种背叛，是"出轨"）与交往的实在性（与传统媒体的实际的合作）是区隔与联系之间辩证关系的最佳体现。被动性的姿态是合作中的区隔（独立性、自我、个性）的象征，实际的合作是象征性区隔中的现实联系。以城市歌曲为载体的主题性空间的存在并不向空间的建构者提出挑战，向空间的建构者提出挑战的是主题性空间的扩张和可持续性发展（时—空间上的延续）。只要主题性空间谋求时——空间上的延续，就必须考虑区隔中的合作以及合作中的区隔。从一个业余音乐爱好者到一个借钱录制若干质量参差不齐的唱片，再到密集的 live house 的现场演唱者，再到靠自己的团队启动运营的全国场馆巡演的首位中国独立音乐人，李志是在追求主题性空间的时—空上的延续的。"需要通过这种标准的演唱会让每一个环节进步，以高质量演出来提升自己的能力，这种提升在小酒吧里是非常缓慢的，所以我们需要走向场馆。②"

追求主题性空间的时—空延续，李志的音乐活动符合正向去地方化的路径（与传统媒体的被动交往、主动拓展流行空间）。在"看见"2015全国巡演的发布会上，李志表现出了与媒体交往的被动姿态，公开表示这（接受采访）是一次"出轨"。打破诸多"禁忌"（第一次召开媒体发布会，密集接受采访，甚至默许了曾经深恶痛绝的赠票与黄牛）亦作为产生效用的流行潜势为李志赚足话题性（流行性）。此外，李志团队启动运营的全国场馆巡演共设置了六个站点：5 月 23 日深圳站、5 月 29 日西安站、6 月 6 日上海站、6 月 13 日武汉站、6 月 20 日重庆站、6 月 27 日北京站。从音乐活动地理位置的扩散上看，这是李志音乐活动去地方化

---

① 资料来源：http：//ent. sina. com. cn/y/yneidi/2015 - 04 - 24/doc - ichmifpy9589998. shtml

② 资料来源：http：//ent. sina. com. cn/y/yneidi/2015 - 04 - 22/doc - ianfzhnh3824398. shtml

的又一重要表现。这种大规模的、标准的全国巡演演唱会模式正是建立在与（传统）媒体的被动交往上，既是联合又是区隔，既保有了自我又扩张了流行空间。

　　综观李志的音乐及其音乐活动在谋求主题性空间的时—空延续上的表现，我们不难发现"去地方化"在李志发挥南京作为一个地方（place）赋予音乐特殊性与流行性之上的潜力，李志在传统媒体打造的流行空间中汇聚另一种流行以及李志对流行之外的流行进行扩张的重要性。首先，李志的城市歌曲立足于地方感的概念所具有的矛盾的张力（地方感的具体内容的地方性与地方感的抽象感知的世界性之间的矛盾），将地方感的具体性抽象化，开辟了城市歌曲作为非主流歌曲的流行空间；其次，不同于传统的粉丝—明星的交往模式依靠明星团队的资本运作打造的公共信息空间，李志的粉丝—明星的交往模式更多地依靠新媒体提供的虚拟公共空间对个体的汇聚力（李志被超越单纯肢体运动范围以外的更多的粉丝知晓）以及"一对一"的自由交往的可能（李志与粉丝之间的线下交往），与歌迷直接交往（流动的人体），与不同地方的粉丝建构出一个区别于物理地方性的主题性地方空间；再次，通过新媒体与传统媒体之间凸显的"桥梁"与"平台"之间的效用抗衡，李志对于传统媒体能够提供给自己的可能的影响力的宣传保持了冷淡，对于媒体替李志发声的利益需求加以垄断（李志的声音由李志自己发出）。与此同时，李志与其团队广泛地与同类型歌手交往、合作与结盟并且不断在现实空间（live house 等）创造粉丝——明星的直接牵手。不仅形成了更加鲜明的空间的主题性和个性（地方性），也提高了主题性空间的自身实力和权力层级，并由此提升了其（城市）歌曲的流行潜势。由于其流行潜势的增强，李志（城市）歌曲的个性（地方性）看似被加强（更地方化）实则是通过拒绝交往产生的权力层级的提升对"更地方化"的逆向去地方化；最后，2015 年李志及其团队举办的首次大规模的、标准的全国巡演演唱会模式是流行空间在地域上（正向）去地方化的典型表现，而这种去地方化又是建立在与（传统）媒体的被动交往上，既是联合又是区隔，既保有了自我又扩张了流行空间，在乐坛的网络空间格局中是一次被动交往的正向去地方化。

参考文献

［1］段义孚：《经验透视中的空间与地方》，国立编译馆 1998 年版。

［2］彼得·M. 布劳：《社会生活中的交换与权力》，商务印书馆 2008 年版。

［3］安东尼·吉登斯：《现代性的后果》，译林出版社 2000 年版。

［4］曼纽尔·卡斯特：《网络社会的崛起》，社会科学文献出版社 2000 年版。

［5］邵培仁、林群：《时间、空间、社会化——传播情感地理学研究的三个维度》，《中国传媒报告》2011 年第 1 期。

［6］潘忠党、於红梅：《阈限性与城市空间的潜能——一个重新想象传播的维度》，《开放时代》2015 年第 3 期。

［7］李彬、关琮严：《空间媒介化与媒介空间化——论媒介进化及其研究的空间转向》，《国际新闻界》2012 年第 5 期。

［8］关璐、张曼玲：《密闭空间的传播优势分析——与开放空间中的传播效果比较》，《新闻界》2010 年第 2 期。

［9］陈先红：《论新媒介即关系》，《中国传媒大学学报》，2006 年第 3 期。

［10］姜海：《城市空间信息的传播之维——基于框架媒介的传播学分析》，《西南大学学报（社会科学版)》，2014 年第 6 期。

［11］李蕾蕾：《媒介—空间辩证法：创意城市理论新解》，《人文地理》2012 年第 4 期。

［12］李蕾蕾：《当代西方"新文化地理学"知识谱系引论》，《人文地理》2005 年第 2 期。

［13］吴予敏：《"媒介化都市生存"到"可沟通的城市"——关于城市传播研究及其公共性问题的思考》，《新闻与传播研究》2014 年第 3 期。

关于网络恶搞的亚文化研究述评

◎ 赵陈晨　吴予敏

【摘要】 随着网络媒体的发展，网络恶搞现象层出不穷，引起了亚文化研究学者的关注。本文通过梳理这些研究，总结了我国关于网络恶搞亚文化研究的研究路径和基本问题，在此基础上，分析我国网络恶搞亚文化研究的局限，提出了今后值得亚文化研究关注的几个问题。

【关键词】 网络恶搞　青少年　亚文化研究　研究评述

一　问题的提出

"恶搞"这个概念由日本词汇"KUSO"引申而来。国内关于"恶搞"相对权威的定义来自光明网举办的一次专家座谈："恶搞是当前网络上流行的，以文字、图片和动画为手段表达个人思想的一种方式，完全以颠覆的、滑稽的、莫名其妙的无厘头表达来解构所谓'正常'，说白了，就是不好好说话，是历史虚无主义、文化虚无主义思潮一种新的表现形式。"[①] 这一定义描述了恶搞的形式特征，但是也对恶搞现象作了简单的意识形态判决。究竟应当如何分析恶搞文化？有必要对我国学界在亚文化视角下的网络恶搞研究进行梳理。

二　我国对网络恶搞的亚文化研究路径

通过梳理现有研究可以发现，我国关于网络恶搞现象的亚文化研究，

---

① 光明网：《莫让"恶搞"成时尚》，http://www.gmw.cn/content/2006-08/09/content_462377.htm. 2006-08-09.

主要是从社会分析、符号分析和心理分析三个路径出发的。

（一）社会分析路径：通过分析特定亚文化群体所面临的社会背景，揭示出某种亚文化及亚文化群体所具有的消解经典、抵抗权威的特性及其成因。

亚文化是由特定亚文化群体所奉行的一套生活方式、价值追求，他们将自己从主流文化中抽离出来，反抗主流文化。伯明翰学派认为，青少年亚文化的产生和其所体现出的抵抗性，源于社会结构矛盾以及文化矛盾，是对这些矛盾的幻想式解决，分析亚文化的产生应与阶级分析相联系。我国沿着社会分析路径的网络恶搞亚文化研究，基本上延续了这一思路。但由于我国社会的主要矛盾不表现为阶级矛盾，因此大部分研究都通过分析我国在"转型期"所产生的各种"结构性压力"来揭示网络恶搞亚文化产生的原因及其抵抗性。这些分析又是从社会经济背景、文化背景、媒介环境三个方面展开的。

一部分研究分析了我国社会在"转型期"产生的医疗改革、教育改革、房价飙升、大学生就业难、强制拆迁、通货膨胀等结构性压力。面对这些压力，网络恶搞恰好为网民提供了以戏谑方式将现实问题仪式化解决的途径。再加上我国大多数文化作品在内容和风格上有很大的雷同性，诸多宏大叙事的最终落脚点还是主流意识形态，因此作为对一些假大空作品的反讽，网络恶搞应运而生，并体现出展示个性、解构经典、颠覆权威的特点，给人们耳目一新的感觉。可以说，网络恶搞产生于结构性压力，其目的就是对于这些压力的幻想式解决。黄敬宝的《"恶搞"的经济学分析》，分析了我国由计划经济向市场经济转换时对个体利益的强调，以及转型期给人们带来的经济压力，认为这是网络恶搞产生的社会经济背景。

一部分研究指出，网络恶搞产生于后现代文化与主流文化、传统文化的矛盾中，以搞笑的方式消解矛盾。后现代主义思潮对现代文明发展的根基、传统和弊病，进行全方位的批判性反思。后现代主义思潮深刻影响了我国青少年文化，使其呈现出反传统、反权威、反理性、追求个性等特征。而网络恶搞对政治经典、文化权威、家长式专制的消解、抵抗的特征恰恰迎合了这种后现代文化，为它的反主流、反经典提供了一个很好的表达方式。才凤伟、刘彤的研究认为："后现代将与一种民主多元的社会理想相关联，多重话语的出现实际上是对社会中心的消除。从这个意义上讲，网络恶搞也是后现代文化的表现形式，它在很大程度上就是对主流文化圈所珍视的价值的一种反动，突出了大众在文化领域的参与力量。"①

此外，很多研究都指出相对大量的网络媒体的传播载体，为大量网络恶搞作品得以流行提供了自由的环境。网络媒体表现出了"草根性""匿名性"的特点，这为网民参与网络恶搞的制作与传播提供了技术支持，大大提高了受众的媒介接近程度。它还具有"消遣性""娱乐性"的特点，这与网络恶搞幽默戏谑的风格一拍即合，将"快乐至上""游戏人生"的诉求进行到底，消解主流文化的严肃、教育意义。

网络恶搞以搞笑、幻想的方式颠覆经典、抵抗权威，恰恰是人们在特定时代背景下消解矛盾和发泄情绪的心理需要。网络恶搞还赋予网民一种前所未有的话语建构权力。胡疆锋在《恶搞与青年亚文化》一文中对《一个馒头引发的血案》恶搞电影《无极》做了案例分析：《馒头》集中体现了"处于沉默无声的观众和掌握了话语霸权的精英集团（导演、制片人）之间的矛盾"。"极尽嬉笑怒骂，体现了青年亚文化群体、父辈文化、弱势群体与权力集团之间的矛盾。""一部荒诞可笑、'玩世不恭'的'恶搞'作品暗含着强烈的现实批判性，从这个意义上说，《馒头》针对的绝不仅仅是《无极》，它还隐喻着许多尚未化解的社会矛盾，因此受到了社会各界的大声叫好。"②

（二）符号分析路径：研究网络恶搞亚文化的符号特征，通过后现代特有的修辞风格——拼贴和戏仿，撕裂能指、所指惯性结合，并以反讽的意图重新组合。

亚文化之所以能够表达消解和抵抗，关键在于"风格"。这里所说的风格，费斯克等人解释为"文化认同与社会定位得以协商与表达的方法手段"③。赫伯迪格在《亚文化：风格的意义》中也说道："亚文化所代表的对霸权的挑战并不是直接由亚文化产生，更确切地说，它是间接地

---

① 才凤伟、刘彤：《网络恶搞——后现代大众文化的新阵地》，《世纪桥》2007 年第 5 期。

② 胡疆锋：《恶搞与青年亚文化》，《中国青年研究》2008 年第 6 期。

③ ［美］约翰·费斯克等：《关键概念：传播与文化研究辞典》，李彬译注，新华出版社 2004 年版，第 279 页。

表现在风格之中，即符号层面。"① 因此，只有通过分析"风格"，才能更好地揭示网络恶搞亚文化所表现出的抵抗性及形成这种抵抗性的策略。

我们可以将网络恶搞亚文化的风格概括为：通过拼贴和戏仿，以戏谑、讽刺的方式颠覆经典和权威的原本意义，使其经典符号系统内部分崩离析，之后重新建构一套新的符号意义，营造一个夸张、过分的搞笑世界。拼贴是"一种即兴或改编的文化过程，客体、符号或行为由此被移植到不同的意义系统与文化背景之中，从而获得新的意味"②。戏仿是"通过戏谑模仿经典文本、话语颠覆传统，嘲弄权威，揭示被成规和禁忌遮蔽的世界的本来面目"③。对"网络小胖"的恶搞就是一个典型的拼贴例子，他的头像被剪切到各种经典图片里，营造出爆笑的氛围。而后舍男孩对后街男孩的假唱式恶搞则是一个运用戏仿颠覆流行歌手的例子。

也有研究从符号学基本原理出发，指出这些策略的形成是将原本已经固定的能指和所指强行撕裂，然后在一个新的语境里，建构新的能指所指关系。对恶搞者来说，这些原本固定的能指和所指代表了传统的、占据统治地位的文化，而对它的颠覆和戏谑式的重新编码，则是一种话语权力的争夺。

张垠洁的研究通过对网络恶搞代表人物胡戈 2008 年恶搞作品《新闻联播》进行文本分析以及能指和所指的解读，揭示了网络恶搞风格的形成机制："首先大量借用央视符号，以央视的身份及意义为蓝本充分利用其符号系统，如片头音乐、新闻编排模式、演播室背景、播报员姿态等，来实现内容的架构；然后，对央视符号进行边缘化解读，如将 CCTV 变成 CCAV，将'经济工作会议'，庄严的会议现场变成了衣着随意的无业游民在家用客厅的闲谈等。胡戈的恶搞节目打乱了央视现有的符号意义，把草根的日常生活放大到国家大事的立场和高度，用爆笑的娱乐方式挑战新闻节目的严肃性，也颠覆了主流媒体的话语权，而这种风格的形成

---

① ［美］迪克·赫伯迪格：《亚文化：风格的意义》，陆道夫、胡疆锋译，北京大学出版社 2009 年版，第 19 页。

② ［美］约翰·费斯克等：《关键概念：传播与文化研究辞典》，李彬译，新华出版社 2004 年版，第 1 页。

③ 赵涵：《后现代的滑稽戏——论网络时代的戏仿》，《安徽文学（下半月）》2008 年第 1 期。

正是借助了拼贴与戏仿的手法。"①

这些研究揭示了网络恶搞的风格，主要是通过对主流、经典作品的戏谑式解读，来营造一种搞笑、抵抗的氛围，并利用这种风格来争夺更多的话语权力。而这种风格的表达采用的是拼贴和戏仿的策略，利用颠覆、重构已有的能指所指关系来实现，这也是网络恶搞亚文化区别于其他亚文化的特征。

（三）心理分析路径：研究亚文化群体的具体经验和感受，指出网络恶搞提供了一个集体狂欢的方式，同时这种方式恰好迎合了网民的心理特征

网络恶搞从心理上可以说是产生了一种挑战传统经典文化，颠覆等级鲜明的社会秩序，解构权威话语权的快感。巴赫金的狂欢理论认为，人都过着两种生活，一种是日常的、严肃的；另一种是狂欢式的、自由自在的。这种狂欢的发生需要特定的时间（如节日）和空间（如广场），使人们摆脱现实中严肃的等级制度进入一个自由梦幻的非现实世界。从这个意义上说，网络恶搞给受众提供了一个网络的广场，以掩饰日常身份，摆脱束缚，投入到恶搞这个狂欢的舞台。

刘晗从符号政治学的角度，阐释了网络恶搞的狂欢特性："每一个社会、每一种文化都会制定一系列的话语规则来决定生活于其中的人用什么方式来思考、怎样来审视自身、如何建构自己的身份，并以何种方式、手段和态度来与他人开展交流与沟通。因此，人一来到世界，就必然会被抛入到某种'知识型'中。'恶搞'却相反，它对现行的等级制度是去神圣化的，是调侃的。'恶搞'将过去官方文化所认定的那种森严的等级秩序进行颠覆，使过去的那种'合法'的二元对立关系发生倾斜，在具体的话语内容里极尽插科打诨、调侃逗乐之能事，置换了官方文化内容的严肃性。因此，'恶搞'在精神向度与民间的狂欢节具有同构性。它表现出对于正统、权威和秩序感的消解，从自己创造出来的'第二生活'中对自由、平等这些人类的普世的价值理念进行呼唤。从这种意义上说，可以将'恶搞'当作狂欢节来理解，将'恶搞'当作我们人类第二生活

---

① 张垠洁：《草根阶层对主流媒体叙事的边缘解读——对"胡戈恶搞央视新闻联播"节目的符号学分析》，《东南传播》2009 年第 6 期。

来理解，将'恶搞'当成获得狂欢节式的世界感受的一种有效方式来理解。"①

此外，还有不少研究指出了网民的心理特征，概括起来主要有如下几点：承受经济、家庭、心理等各方面压力，需要宣泄；逆反和猎奇心使然；在恶搞作品中寻求认同；展现自我，彰显个性的需要等。也有研究指出，有些网络恶搞的动机是追求一夜成名，而这背后又包含了对经济利益的追求，芙蓉姐姐、小月月的例子就支持了这种观点。

这些研究的贡献在于，从狂欢理论出发，通过分析网络恶搞亚文化群体的心理机制，揭示了网络恶搞亚文化的成因和网络恶搞亚文化群体的心理特点。

三 我国网络恶搞亚文化研究所回答的基本问题

从我国关于网络恶搞亚文化研究的问题意识落脚点，可以整理出以下几点。

1. 网络恶搞文化的文化属性

关于为什么网络恶搞文化属于亚文化这个问题，现有研究大多没有专门的正面论述，但是实际上从不同角度回答了这个问题。网络恶搞文化有自己的立场：与经典、权威、主流文化相区别，通过消解、抵抗形成一种集体狂欢，寻求现实矛盾的仪式性解决。网络恶搞文化也有自己的风格：以拼贴、戏仿为手段，营造出一种夸张搞笑的氛围。网络恶搞有自己的受众群，这里主要指青少年网民，他们表现出了青年人典型的心理特征，并在恶搞中寻求自我认同和表达。

2. 网络恶搞亚文化的特点

网络恶搞亚文化在以下三个方面表现出与主流文化和其他亚文化所不同的特点：一是互文性，主要指它以拼贴、戏仿为手段的搞笑、讽刺风格；二是反主流、反权威，主要表现在它对传统的消解、对主流的颠覆以及对权力的抵抗；三是集群性，主要是指它拥有自己的亚文化群体，这些人来自草根，却共享着共同的价值追求和行为方式。

---

① 刘晗：《"恶搞"的符号政治学阐释》，《学术论坛》2007 年第 5 期。

3. 网络恶搞亚文化得以流行的原因

关于网络恶搞亚文化得以流行的原因，很难有一篇文章能够做出全面的概括，多是从其中的一个方面加以论述。但通过以上的分析可以看到，社会经济、文化的背景、传播技术的发展，网络恶搞亚文化颇具魅力的文化风格，网络恶搞亚文化群体的特征，尤其是承受压力、逆反猎奇、表达自我等心理特征，法律法规的不完善等诸多因素共同促成了网络恶搞亚文化的流行，单从一个方面考察难免片面。

4. 网络恶搞作品何去何从

关于这个问题，现有的研究结论大致相同：鼓励一部分，管制一部分。争议主要存在于网络恶搞亚文化，到底是积极影响大还是消极影响大。鼓励者看到其积极意义，认为在多元化的时代，人们不妨从多元的视角看待社会，而不是陷入盲目崇拜。从传播学的视角看，网络媒体的发展扩大了大众的媒介使用权，使草根阶层能够实现自我表达，改变了"受传失衡"的局面，在此基础上的一些无伤大雅的恶搞作品有利于建立幽默和谐的文化氛围。管制者的主要依据是：网络恶搞作品容易造成青少年是非观、荣辱观的混淆，不利于其人生观、价值观的培养，解构其爱国主义精神、民族归属感、认同感，削弱青少年法制意识，造成不良国际影响等。然而，在学者讨论其正面负面影响的同时，现实生活中的网络恶搞作品正遭受着意识形态和商业资本的双重"收编"。

四 我国网络恶搞亚文化研究的局限

我国关于网络恶搞的亚文化研究，从不同的视角深入分析了网络恶搞亚文化的成因和特点，指出了它的发展方向。但是，其中也存在着一些不足，主要表现在：

（一）混淆了影视恶搞作品和网络恶搞作品，属于亚文化的网络恶搞作品和属于反文化、负文化的网络恶搞作品之间的区别。

一些研究将影视恶搞作品和网络恶搞作品同时置于恶搞亚文化的研究范畴，在讨论其"抵抗性"问题时，举出了网络恶搞的例子，在讨论其"收编"问题时，又举出影视恶搞作品的例子，进而得出恶搞作品具有一定的抵抗性，但正在被意识形态和商业资本收编的结论。这个结论本身没有错，但针对了两个不同的研究对象。这些恶搞影视作品除了具备恶搞本身的搞笑、讽刺特点外，自其诞生之时，就已经丧失了亚文化作为一种文化形态的很多特点。首先，这些影视作品是由专业人士制作的，不具备草根性、平民化特征；其次，这些作品所表现出的搞笑、讽刺特点，根本目的是吸引眼球，而不是以恶搞作为一种风格的自我表达；最后，影视作品作为一种大众文化产品，必须经过层层审查，在这之后，它是否还具备明显的抵抗性是一个疑问。因此本文认为，目前我国的恶搞亚文化研究还不适合把专业人士制作的"恶搞"影视作品纳入进来。

在讨论网络恶搞作品是应该鼓励还是管制这个问题上，鼓励论者举的是《一个馒头引发的血案》这个例子，管制论者举的是恶搞《闪闪的红星》的例子，却没有区分属于亚文化的网络恶搞作品和属于反文化、负文化的网络恶搞作品之间的区别。"从文化学的角度上看，恶搞亚文化不同于同样具有抵抗性的反文化和'负文化'。反文化是亚文化的极端表现，它对正统或主导文化的直接、激进的对抗多表现为政治上的对抗，经常发生在主导文化内部；而亚文化虽然具有越轨性，但主要是象征性的抵抗，它与父辈文化存在着潜在的一致性和连续性，是一种较温和的协商中的抵抗。亚文化也不同于'负文化'，后者是丧失信念后处于绝望状态的破坏行为，特点是颓废和放弃价值，丧失了道德底线，而亚文化却有着自身的价值判断和意义建构。"① 从此可以看出，对红色经典的恶搞，实际上是一种负文化，对此类恶搞应当加以限制和批评。但是以此来说明凡属于亚文化网络恶搞作品都应该被管制则是不合适的。亚文化和反文化、负文化不同，它经常借用大众文化的符号进行拼贴、戏仿，转化为自己的风格，有的时候还成为大众文化的一部分。亚文化的特点之一，就是其与大众文化的"暧昧"关系。本文认为，亚文化范畴的网络恶搞作品，是以亚文化群体的社会存在为条件，以亚文化认同为价值和情感取向的。对于多元化的社会来说，承认并宽容亚文化的存在，是社会具备自我反思能力和自由表达能力的正常现象。

（二）对网络恶搞亚文化群体的描述不够具体，没有指出其独特性。

从亚文化的概念看，"至少包含两重含义：第一，指一种与占主导地位的文化相对、包含于占主导地位的文化之中并试图与之相区别、由某

---

① 胡疆锋：《恶搞与青年亚文化》，《中国青年研究》2008 年第 6 期。

一群体所共享的价值和行为方式；第二，指共享某种亚文化的人群或社群，在此语境下可译为'亚文化群'。这两重含义都表明'亚文化'具有既被主流社会所划定，又有群体自我认同的特征：即，当社会中的某一群体形成了一种区别于占主导地位的文化特征，具有了其他一些群体所不具备的文化要素的生活方式时，这种群体文化便被称为'亚文化'。"①从此可以看出，亚文化群体的研究是亚文化研究的重要组成部分。而从目前已有研究来看，仅仅是从青少年的心理特征出发，对于网络恶搞亚文化群体的描述，认为其具有压力过大，需要宣泄；逆反和猎奇心理；寻求认同；展现自我等特点。而这些特点是所有青少年在这个年龄阶段必然会表现出的共同特点，并不是网络恶搞亚文化群体所独有的，用其分析粉丝亚文化、网络游戏亚文化、摇滚乐亚文化等群体，同样表现出这些特点，对于网络恶搞亚文化群体独特的生活方式等问题目前的研究并不到位。

当然，由于网络媒体的匿名性、虚拟性等特点，并不容易锁定全部的网络恶搞亚文化群体，但是我们可以从恶搞作品的作者出发，通过参与观察的方法，考察他的成长史、生活方式等。这样才能更好地将网络恶搞亚文化群体所表现出的独有特点与这种群体文化相结合，更好地理解这一亚文化的特性。例如，考察这些作者的家庭成长环境、学校教育情况，有没有越轨思想、越轨行为等，有利于我们更深刻地理解其作品的风格和表现出的抵抗性。何况，即使是"无聊的""为了恶搞而恶搞"的作品背后，也包含着特定的社会原因。

（三）浏览近年来的恶搞作品，对经典的解构多，对名人的戏谑多，而对权威的挑战少，网络恶搞亚文化研究应警惕夸大其抵抗性。

"抵抗""风格"和"收编"是亚文化研究的三个关键词。亚文化研究离不开对其文化产品抵抗性的解读。但是我国的网络恶搞作品中，真正包含挑战权威特点的作品很少。大多数是为了恶搞而恶搞，或是自我表达的一种方式，并没有构成所谓"抵抗性"。而且大部分网络恶搞作品也没有对现实问题做出想象性的解决，仅仅是体现了网络恶搞亚文化的搞笑、讽刺风格。以后的研究应多关注其抵抗性模糊的原因。

通过以上几个局限的分析可以看出，我国的网络恶搞亚文化研究

---

① 孟登迎：《"亚文化"概念形成史浅析》，《外国文学》2008年第6期。

可再进一步界定概念：深入恶搞亚文化群体参与式观察，找到所谓"无聊"背后的原因；解读恶搞亚文化作品中的话语权力关系等方面做出努力。

五　值得我国网络恶搞亚文化研究者关注的几个问题

在考察了我国网络恶搞亚文化研究的局限之后，本文进而思考了以下几个问题：如何进一步考察我国网络恶搞亚文化产生和流行的原因？如何更全面地考察网络恶搞亚文化产生的时代背景？如何看待网络恶搞亚文化风格的新特点及其抵抗性衰减？

（一）是"世代模式"，还是"阶级模式"更适合分析我国网络恶搞亚文化产生和流行的原因？

胡疆锋曾经论述过西方的青少年亚文化研究，经历了一个由"世代模式"向"阶级模式"的转变。然而这种转变是否适合中国语境，是一个值得探讨的问题。"世代模式"将各种青少年亚文化产生的根源归结于年龄的因素和与上一代人之间的代沟。"70后""80后""90后"是对这些年轻人的形象称呼，"70后"的壮志未酬、"80后"的青黄不接、"90后"不知什么时候被贴上的"非主流"标签，"阶级模式"把各种青少年亚文化产生的根源归结于社会阶级、地位。这种观点认为处于同一阶级的青少年具有一致性，强调由于阶级地位不同所形成的亚文化类型也不同。

"世代模式"和"阶级模式"在西方的青少年亚文化研究中都受到过相应的重视，但近年来西方学者把更多的关注投向了"阶级模式"。胡疆锋阐述过这种转变，他指出了这种转变的三个原因："第一，青年亚文化和父辈文化共享着相同的阶级体验；第二，'二战'后支配阶级和次属阶级的矛盾依然存在；第三，亚文化是次属文化对工人阶级困境的想象性解决。"[1]

---

[1] 胡疆锋：《从"世代模式"到"结构模式"——论伯明翰学派青年亚文化研究》，《中国青年研究》2008年第2期。

上述分析概念放在西方社会背景下显然是成立的。然而在我国，网络恶搞亚文化却处于独特的中国语境中。首先，在中国的社会意识形态环境下，主流意识形态依然占据着绝对的领导地位。中国社会虽然存在着深刻的结构性矛盾，但在现有体制下，并不表现为不可调和的阶级矛盾，具体到我国的网络恶搞亚文化，虽然有着一定的抵抗性，但远没有西方的恶搞作品那么明显。像《一个馒头引发的血案》这种带着明显挑战权威意识的网络恶搞作品，也终究是昙花一现。而更多的网络恶搞存在于诸如恶搞经典、恶搞明星等例子中，这些作品并不是属于"官二代""富二代"或者"弱势群体"，而是属于"70后""80后""90后"这些年青一代。对于这部分网络恶搞，主流意识形态表现出了更大的包容性，如果仅从"阶级模式"分析，难免有些牵强，造成夸大其抵抗性的结果，同时也不利于支持、鼓励我国网络恶搞作品的生存和发展。

其次，中国正处在经济高速发展、社会结构与文化结构深刻转型时期，因此代际间的经济水平、地位、观念、生活方式等，都有着明显的变化，我国的青少年亚文化和父辈文化享有不同的体验。网络恶搞作品的创作动机并非直接来源于阶级冲突，而是对父辈文化的叛逆。因此，在描述我国的网络恶搞亚文化产生的原因和亚文化群体的特性时，不仅要重视西方的"阶级模式"，同时还应该把"世代模式"作为一个重要视角。

（二）全球化对亚文化的影响

讨论当今任何的政治、经济、文化、社会问题，都离不开全球化语境。随着全球化浪潮的冲击，带来的是世界经济的高度依存，强势文化和弱势文化的博弈，文明以及价值观的冲突等，这些都构成了新的、全球化语境下的时代背景。在这个背景下，大众文化、流行文化、民族文化都面临着前所未有的变化，更何况是亚文化。

目前我国的恶搞亚文化研究还不适合把恶搞影视作品纳入进来。这与西方情况有所不同，《辛普森一家》《南方公园》这两部世界知名的恶搞文化产品，以幽默、戏谑的方式嘲弄了美国社会及文化的方方面面。这些恶搞作品通过网络传播到我国，成为我国网络恶搞亚文化的模仿对象。

（三）西方的后亚文化理论趋向

受后现代主义思潮的影响，青少年亚文化也显示出了与过去不同的特点，如身份的碎片化、个人主义的强调、多元价值的体验等。后现代的亚文化研究理论从传统的社会分析中脱离出来，更加注重研究个体的亚文化实践。亚文化研究的关键词也从"阶级""抵抗""风格""收编"转向了"生活方式""文化资本""族群""场景"。有学者指出："伯明翰学派以前看重的那些因弱势身份——如无产阶级、青少年、有色人种、女性或同性恋等，聚结在一起的亚文化群体，在身份极度混杂和变异的当下消费文化时代，已经失去了自身所能依附的现实社会基础，也自然失去了开展仪式抵抗的英雄精神"①。这或许可以解释为什么网络恶搞作品的抵抗性正逐渐消失。然而，后亚文化理论也遭到了质疑，批判者认为它过于关注后现代的经验，而忽略了权利、结构性矛盾、阶级基础对文化的决定作用。因此有人说"在目前的青年研究中，我们既没有经验也没有理论基础去声称已经有一种理论方式能够了解世界各地所有形式的青年文化"②。所以，我国的网络恶搞亚文化研究也应该结合实际情况，不断改进完善。

六　结语

通过对研究路径的梳理可以看出，我国关于网络恶搞的亚文化研究是基本按照社会分析路径、符号分析路径和心理分析路径的思路推进的，沿着这三条路径，现有研究基本描绘出了我国网络恶搞亚文化的景观图，出现了不少有价值的研究成果。这些研究成果从不同方面回答了网络恶搞亚文化的文化属性、特点、成因及发展趋势等基本问题。但是我们也应该看到，现有研究也存在着概念混淆、考察不深入、结论不客观等问题，这些是今后的研究应该补充的地方。

在此基础上，本文思考了我国网络恶搞亚文化研究应该关注的几个问题。首先，在考察网络恶搞亚文化产生和流行的原因时，我们不能只重视结构性压力对青少年的影响，更要从代际冲突中，找到在青少年这个年龄层面上，网络恶搞亚文化群体表现出的特点及其原因。其

① 孟登迎：《"亚文化"概念形成史浅析》，《外国文学》2008年第6期。
② 马中红：《西方后亚文化研究的理论走向》，《国外社会科学》2010年第1期。

次，在考察网络恶搞亚文化形成的社会历史背景时，不能只分析我国国情，而应该关注全球化对我国社会、经济、文化、政治的全方面渗透及此对网络恶搞亚文化群体的影响。最后，针对目前一些网络恶搞亚文化现象放弃"集体式狂欢"而更强调"个人表达"的现象，我们应该更多地关注后现代主义思想对亚文化的影响。

（载自《现代传播（中国传媒大学学报）》2011 年第 7 期）

新世纪青春电影的青年亚文化分析

◎ 姚园园

【摘要】 新世纪青春电影不断出现，已成为一种现象。本文运用伯明翰学派的青年亚文化理论和文本分析法，研究新世纪青春电影的青年亚文化特征，及其呈现出的青年亚文化仍将在保持自身特色与最终被收编的张力中继续发展的趋势。

【关键词】 青春电影　青年亚文化　抵抗　收编

新世纪以来，青春题材的电影不断涌现，电影仿佛进入了"青春期"，如《80 后》《致青春》《小时代》《一座城池》……电影的青年化趋势契合了青年亚文化的发展，青春电影背后蕴藏着抵抗与收编的亚文化风格，已成为青年亚文化书写的一个重要载体。

青春类型影片是相对严格地限定在"第六代"导演或"新生代"导演的影片，是以年轻人为题材和表现对象，主要观众对象也以年轻人为主，同时具有青年文化性的电影（陈旭光，2007）。韩琛（2011）认为成长的青春是这类电影密集表现的一个主题，青春电影具有明显的青年亚文化特征。本文研究的新世纪青春电影指的是新世纪以来由一批"新生代"新锐导演创作的以"反叛青年"为主角，以中国青年人的青春经验和成长历程为主要内容的电影。在"第六代"导演大量青春创作的基础上，"新生代"导演借鉴之并更加注重对自身经历的青春和对当下青年人生活状态的描绘。其中，很多电影的名字都有"青春"的标签，如《青春期》《正青春》《致青春》《青春荷尔蒙》《青春派》等。

一 青春电影的发展

回顾中国青年电影发展史，1988 年中国荧屏首次出现了以"反叛青年"为主角的青年影片，标志着青年亚文化在中国初步形成（周学麟，2012）。90 年代，随着市场经济的发展，青春电影逐渐商业化，对青年人的书写手法也越来越成熟，特别是"第六代"电影，如张元的《北京杂种》（1993）、管虎的《头发乱了》（1994）、姜文的《阳光灿烂的日子》（1994）、路学长的《长大成人》（1997）等，对于青年亚文化的书写已非常成熟，成长的青春成为其密集表现的一个主题，摇滚乐、暴力、秽语、嬉皮士、朋克、文身等青年亚文化符号成为"第六代"导演们信手拈来书写青春的重要元素。"第六代"青春电影主要描述了"文革"时期的青春，80 年代和 90 年代的青春，其"反抗"的亚文化特征已经非常显著。

新世纪青春电影紧跟"第六代"电影的步伐，一批"新生代"新锐导演仍然看好青春题材。与之不同的是，他们更加青睐现实主义创作，开始着力表现他们自己的青春经历和成长故事，但其中也包含了对当下社会青年现状的种种隐喻，让观众觉得虽然讲的是过去的事，但是仿佛今天还在发生着。例如肖央的《老男孩》（2010）、李芳芳的《80 后》（2010）、郭雷的《青春荷尔蒙》（2012）、赵薇的《致青春》（2013）、张洋的《我们都是坏孩子》（2013）、郭敬明的《小时代》（2013）、刘杰的《青春派》（2013）等。

新世纪青春电影主要描述的是"80 后""90 后"的青春，充满了青春气息，表达方式轻松简单。网络新媒体的发展伴随着他们的成长，网络文化引起了"新生代"导演的关注，并成为其表达的重点。他们多是独生子女，备受家长溺爱，他们的"叛逆"性格更为突出，说话和做事都追求"非主流"。而在与社会的关系上，他们接受主流社会教化，而缺乏独立的话语表达，处于边缘化的位置。描述他们生活状态的新世纪青春电影也呈现出新的青年亚文化特征。

二　理论视角和研究方法及意义

在新世纪青春电影蓬勃发展的现实和学术研究相对欠缺的背景下，本文主要以伯明翰学派的青年亚文化理论为研究视角，运用文本分析的研究方法对青春电影展开分析，进而归纳出其鲜明的青年亚文化特征。

"亚文化"（subculture）的概念由美国芝加哥学派在 20 世纪 40 年代中期首次正式使用。亚文化是相对于主流文化处于边缘地位的一种文化，青年亚文化（youth subculture）是亚文化的一种特殊形式，是青年群体在都市化条件下，因生理、年龄等原因而产生的相对独立的精神需求、生活方式、行为模式、价值观念等。① "伯明翰学派"（Birmingham School）以雷蒙德·威廉斯和斯图亚特·霍尔为领袖，研究的亚文化主要是青年亚文化。伯明翰学派关注的青年亚文化现象，除嬉皮士是中产阶级亚文化外，其余如无赖青年、牙买加小混混、光头仔、足球流氓、摩登派、朋克等基本上都是工人阶级亚文化，通过研究工人阶级青年边缘群体和弱势群体的生活方式，挖掘出了亚文化对资产阶级主导意识的抵抗意识和颠覆意义，揭示了亚文化风格的美学意味和被收编的宿命。伯明翰学派研究的青年亚文化中有些风格已恍如隔世，而那些亚文化还保存在人们记忆当中，以不同的变体在我们的生活里不断出现。

如伯明翰学派所述，工人阶级青年亚文化的风格主要体现在休闲消费领域。当下流行的青春电影作为青年亚文化书写的重要载体，具有内在的社会性和意识形态性，可为"局外人"提供观察和研究青年生活、思想和行为的"权威"文本。② 因而本文主要运用文本分析法，把新世纪青春电影当作"文体"，试图分析电影的主题、叙事和审美意蕴等，并对电影的对白、音乐、镜头和画面进行视觉影像分析，以此了解社会现状，并研究青年一代的生存状态和思想情况。

---

① 关静宇：《新世纪台湾青春电影对青年亚文化的书写》，《新闻世界》2012 年第 10 期。
② 周学麟：《表现青年：青年电影研究和新中国青年电影发展》，《当代电影》2012 年第 4 期。

三 青春电影的特征

新世纪青春电影中，"新生代"导演借助性、暴力、文身、朋克、摇滚乐等文化符号，极力书写为主流文化压抑的青年亚文化。这些元素都与理性的成人社会格格不入，却是青年人表达对主流社会、主导文化的抵抗情绪的特殊方式。下面从五个维度展开对新世纪青春电影的青年亚文化特征的论述。

（一）网络文化的密集呈现

"80后""90后"的青春成长伴随着网络技术的发展，时下流行的网络文化是这批"新生代"新锐导演所表达的重点，这也是他们与"第六代"青春电影的最大不同之处，也是新世纪青春电影书写青春亚文化的创新所在。

下图是电影《青春荷尔蒙》中的一个画面。通过一种类似动漫的方式表现大学男生们看到美女的内心所想。

这是一种网络御宅文化的呈现。"御宅族"一词起源于日本，指对动漫、游戏产品及文化极度痴迷的青少年族群。他们通过对动画、漫画、游戏内容的消费、交换、模仿和生产，创造出风靡全球的御宅文化。"御宅族"一词流行到中国之后，又催生出"宅男宅女"等词。此外，青春电影中还有大学生们组团队玩网游、整个宿舍同学一起看 AV 的画面，呈现出当下网络社会青年人越来越依赖网络的"御宅文化"现状。在新世

纪青春电影中大量出现了青年网民使用的网络语言，比如"你妹啊""2B""我擦"等，恶搞、吐槽、弹窗比比皆是，这些都是青年亚文化的最新表现形式，新世纪青春电影将之夸张呈现出来，从而制造出一种巴赫金式的网络语言的狂欢，去消解权威的主流文化。

（二）肆意挥霍的荷尔蒙

鲍德里亚认为，身体的地位是一种文化事实。对身体的态度可以表征出不同的文化价值取向。青春期总是伴随着懵懂的爱情和身体的冲动。在荷尔蒙的作用下，青年男女开始关注自己的身体，对主流文化身体禁忌进行了颠覆性的狂欢。在新世纪青春电影中，身体的狂欢被用来书写青年亚文化的反抗。

《青春荷尔蒙》中大学男生把苍井空奉为"上帝"，还有一男生通过妓女来判断自己的性取向。导演把这些主流话语禁止言说的行为呈现在公众面前，显示了从道德律令和本能欲望的紧张对峙中所获得的自由，进而营造出一种类似巴赫金所说的冒犯式的狂欢。电影《我们都是坏孩子》中，一群"90后"高中女生去夜店疯狂，她们还是未成年人，却模仿成年人穿着，个个吸烟，甚至去"一夜情"体验身体的快感，而当遇到坏男人时，她们内心无比害怕，还装作一脸的镇定。然而这次去夜店的经历为她们以后的种种不幸种下了苦果，有的破坏人轮奸后因绝望而自杀，有的幼稚到牺牲自己的第一次来替同伴报仇，最后痛哭欲绝、悔恨不已。还处于青春期的她们肆意挥霍荷尔蒙，用一种最幼稚也最极端的方式即身体的消费，来冲破主流文化的压抑，来表达对成人世界主导的价值观的不满。

（三）权威形象的颠覆

青年人处在社会权力体系的边缘位置，青年一代因为和父辈一代、成人社会的隔膜而产生的彷徨心态和反抗行为，反映了两代人之间的文化冲突。新世纪青春电影中对于主流文化和权威形象的颠覆，青年人对父辈权力的反抗，正是表现出了这样的青年亚文化。

《青春荷尔蒙》中的男老师就是一个被颠覆的典型形象。电影的开头就是一位老师在训斥几个男学生，然而当一位美女走进办公室来送外卖时，他色眯眯地盯着美女，这是对大学老师形象的颠覆，却充满了亚文化的反讽意味。电影《我们都是坏孩子》中有一幕是女老师在思想教育课堂上训学生。几个女生把一个受伤的男生带到宿舍留宿，虽然违背了学校规定，但她们也没做什么太大的错事。女老师丝毫不留情面，严厉批评，代表着主流社会价值观。一个行为叛逆，喝得醉醺醺的女生站起来反驳道"假如你的女儿被骂，你能答应吗"，这是青年人对理智的成人社会的公然反抗，也是对主流文化、主流社会价值观的强烈抵抗。

（四）残酷的暴力与死亡

新世纪青春电影中常常会通过大量暴力的镜头，通过身体的受伤、受虐和施虐甚至死亡意识，来书写青春的无比残酷，其中蕴含了这种"身体伤害"的青春主题。在电影《致我们终将逝去的青春》的人物形象大学生小北身上，集中体现了青年亚文化抵抗的风格。小北被商店老板诬陷偷东西，她觉得自尊心受到了极大的伤害，又对于保卫处给予的说法也不满时，就在一气之下冲回商店乱砸一通，这些暴力镜头表达出弱势青年对社会现实的不满和控诉。青春暴力是对成人社会象征秩序的语言暴力、规则暴力和权力暴力的反抗。① 小北那充满了叛逆和抵抗意味的青春暴力行为，与青年亚文化的抵抗性风格不谋而合。

在《我们都是坏孩子》中，不幸遭遇轮奸的女生，手持水果刀冲向操场，本想报复伤害她的男生，不料伤及他人。这种因累积的怨念转而报复的越轨行为，以及她最后选择在浴缸割腕自杀，都是用一种极端的行为表达着对社会的不满。编剧写这一段故事考虑了前不久的"李某某案"，很少受社会关注的未成年人让所有人惊呆了。被主流社会边缘化的青年人身上表现出的与现存社会道德体制的不和谐，常常具有潜在的颠覆性和危险性，② 是青年人反抗主流文化的一种极端的表达方式。

（五）永恒的青春之歌

青春电影中不乏青春的音乐。"第六代"导演早已懂得借助摇滚音乐来表达年轻人的心声。高亢的嗓音、嘈杂的电声、狂欢的现场演出在1980 年后期的中国具有强烈的意识形态反抗性质。③ "新生代"新锐导演同样看到了激情奔放的青春音乐那轻快的节奏、直白的歌词，恰恰契合了处于社会转型期的青年的文化心理，是一种可以很好表达青年人精神

---

① 韩琛：《后革命时代的青春期小史——论青年亚文化与"第六代"电影的青春叙事》，《东方论坛》2007 年第 3 期。

② 陈旭光：《"第六代"电影的青年文化性》，《北京电影学院学报》2004 年第 3 期。

③ 韩琛：《后革命时代的青春期小史——论青年亚文化与"第六代"电影的青春叙事》，《东方论坛》2007 年第 3 期。

走向的艺术符号。

电影《致青春》中阮莞和前男友要去听的音乐会，主角就是山羊皮的摇滚《So Young》。而电影中给人印象最深的一幕则是郑薇勇敢打断老师，不理会事先安排好的节目程序，自己走上台又蹦又跳地唱起了《红日》。《红日》的歌词包含一种青年对命运的抗争感，"命运就算颠沛流离/命运就算曲折离奇/别流泪心酸/更不应舍弃"，这种抗争也是对主流文化和现有的社会权力体系的一种反抗。而郑薇打断老师唱《红日》的勇敢和冲动既是对社会既定秩序的抵抗，也是表达自己对爱情、对美好事物的向往。

而新锐导演十一度青春推出的微电影《老男孩》的歌词里则充满了对青春易逝、岁月蹉跎的感伤和无奈：画面中已是中年的两个老男孩依旧不忘最初的梦想满怀激情地歌唱，鲜艳的红色缎带在空中飘扬着。"生活像一把无情刻刀/改变了我们模样/未曾绽放就要枯萎/我有过梦想。"可以说，追求梦想是所有青春电影的一个永恒的话题。青春音乐中表达出的面对残酷社会现实的失落感和不愿屈服的执着热情，清晰地书写出青年人内心的顽强抵抗。

四　抵抗与收编

如前所述，作为青年亚文化的重要载体，新世纪青春电影似乎总能自觉地与商业文化和主流意识形态保持距离，通过大众传播媒介将青年亚文化输送给广大受众，试图逐渐渗透到社会主流文化当中，让主流社会对边缘化的青年群体产生更大的宽容度。①

亚文化的广泛传播是社会的反面力量通过商品化被重新纳入社会的过程。其前卫性必然伴随着流行性和通俗性，这样才能在青年人的文化生活中传播和不断扩散，这也是商业资本能够与它结盟的最主要前提。但这样做的结果是，亚文化本身的颠覆性和反抗性必然会逐渐式微，亚文化通过商业化和大众化的批量生产后，会逐渐变为流行工业中的一分

---

① 关静宇：《新世纪台湾青春电影对青年亚文化的书写》，《新闻世界》2012 年第 10 期。

子，从而丧失掉其原有的文化符号的意义。①

随着市场经济的发展，影视产业整体开始积极向商业文化和主流意识形态靠拢，青春电影这片净土也会或朝着商业化发展或迎合主流意识形态，而呈现出最终被收编的发展态势。下面具体分析以这两种形式被收编的青春电影：

（一）朝青春消费发展的商业化的世俗、庸常和时尚的青春电影

"新生代"新锐导演群在继承"第六代"电影抵抗性的同时，颇有创新地展现了网络文化的强大抵抗能力。即便如此，也面临着被体制所接纳的现实。年轻的"新生代"导演在商业意识和文化担当中摇摆不定，市场、票房、迎合大众口味成为制作青春电影考虑的要素，而过去那种鲜明的青春反抗色彩，逐渐走向了世俗、庸常和时尚。

在这样的创作构思下，青春俨然成为一种对于以都市为背景的物质和文化消费的载体，②青春电影形成了一种统一的消费行为，即大众对电影所表现的时尚的消费。上图是郭敬明执导的影片《小时代》的海报。这部电影以经济发达的上海这座时尚都市为背景，剧中有着人物清秀的脸庞、亮丽的装扮、时尚的穿着、华丽的布景。在这里，青春已然退后，化身成为一种消费。"新生代"新锐导演都着力呈现当下社会年轻人的时尚、前卫、挑战传统的生活方式，新闻事件和焦点人物，却不自觉地把

---

① 杨柳：《消解与恶搞的狂欢——国产小成本喜剧电影与青年亚文化》，《北京电影学院学报》2010 年第 2 期。

② 陈旭光：《"第六代"电影的青年文化性》，《北京电影学院学报》2004 年第 3 期。

青春引向了消费。

（二）经过国家意识形态洗礼的具有青春抚慰性的青春电影

新世纪以来，电影业也被纳入国家体制内，电影内容须经国家相关部门层层审核，公映的影片多会弘扬社会主旋律，宣传国家意识形态。青春电影也不例外。如前面所举的电影《80 后》，以一种宏大的史诗叙事手法，以沈星辰从 20 世纪 80 年代至今的成长故事为主线，涵盖了 2003年的"非典"、2008 年的北京奥运等国家大事，勾勒出中国社会现代史20 年间的巨大变化。但是在这些国家大事前，边缘化的青年人显得微不足道，这种渺小感、无力感和自我认同的茫然充斥其中。

美国学者斯蒂芬尼·扎切莱克认为青春喜剧片满足了青少年心想事成的实用主义心理。青春电影多选择在贵族学校、艺术院校拍摄，华丽的衣着、条件很好的宿舍、食堂，这比大学生的实际生活环境强之百倍。比如，在最近上映的电影《小时代》中，女主角们个个衣着时尚，随意发简历就找到了很好的工作，从此麻雀变凤凰，混迹时尚圈，穿梭于上流社会中间，这些都仿佛游离现实之外，却满足了青年人渴望改变、实现梦想的实用主义心理。此类影片是一种包含国家意识形态的青春抚慰性的电影。

结　语

伯明翰学派研究了"二战"后的英国青年亚文化。当下中国青春文学的百盛不衰，青春电影的凶猛发展之势，或许恰恰是对英国那段历史的呼应。新世纪以来，青春电影已经成为青年亚文化书写的一个重要载体。网络文化的密集呈现、肆意挥霍的荷尔蒙、权威形象的颠覆、残酷的暴力与死亡、永恒的青春之歌是新世纪青春电影的青年亚文化特征的主要表现。但是，随着市场经济的发展，影视产业整体开始积极向商业文化和主流意识形态靠拢，青春电影这片净土也会或朝着商业化发展或迎合主流意识形态，而呈现出在保持自身特色与最终被收编的张力中继续发展的趋势。

（载自《东南传播》2014 年第 1 期）

边缘人群的主流化呈现

——美剧中的同性恋亚文化

◎ 黄　康

【摘要】 本文从"外形、身份和地位""性别认同、婚姻""出柜问题""生育问题"和"艾滋病等疾病问题"这几个方面分析美剧中的同性恋亚文化呈现，发现美剧因其以市场为导向的价值观使得其对"同性恋"这一边缘群体的呈现表现出了融入主流文化的特点。

【关键词】 同性恋　亚文化　文化研究　美剧　电视

同性恋对于现代人已经不再陌生，这个非常具有争议性的群体和话题随着人类社会的产生而一直延续至今。作为一种客观存在的社会现象，同性恋话题一直以来受到文学、绘画、电影等艺术形式的关注①，而电视剧这一艺术形式从其产生开始，就因其大众化和普及性的特点而逐渐成为通俗文化的代言人，目前在全球范围内，美剧因其精良的制作，引人入胜的剧情及超高的收视率成为影响度最深、影响面最广的电视艺术形式之一。同性恋亚文化是美国社会非常重要的文化现象，在内容形式多样的美剧中，同性恋角色并不鲜见，甚至部分美剧的主角为同性恋，其故事情节也是针对同性恋而展开。根据美国同性恋反诋毁联盟（Gay & Lesbian Alliance Against Defamation）每年发布的"同志上电视（Where We Are on TV）"的年度报告显示，2010 - 2011 年，所有美剧中的近 600 个角色中，同性恋或者双性恋角色增加到 23 个，占总数的3.8%。从数据上来看，可能会让人形成一种边缘文化大行其道，同性恋进入核心领域的假象，但是实际情况却是，他们的形象仍然是根据

---

① 吴倩、吴佩英：《华语同性恋电影叙事方式之演变》，《延安大学学报（社会科学版）》2005 年第 1 期。

占主导地位的社会群体的价值观和行为模式来建构的。在面向更大规模观众前，他们往往以正面的、值得同情的形象与主流文化相契合，而现实社会中同性恋群体的潜在问题只有一小部分能最终进入观众的视野。

一 外形、身份与地位的呈现

美剧中的同性恋角色中，演员大都高大英俊，是社会经济地位非常高的人士。他们从事着律师、医生、警察等受人尊重的职业，拥有非常高的品位。同性恋角色的社会关系也非常和谐，身边的朋友、同事们对于他们是同性恋的事实也泰然处之。作为非常受同性恋人群欢迎的美剧《绝望主妇》中的一对常驻角色，BOB 和 LEE 在剧中是一对男同性恋伴侣，BOB 是一位身材高大的律师，一个人的收入足以使他和他的伴侣 LEE 住在郊区昂贵的别墅里，而 LEE 在剧中是一位房产经纪人，工作时间非常自由，他大部分时间花在与邻居主妇们聊天上了。此外，剧中多次表现他喜欢看音乐剧而 BOB 喜欢看足球的矛盾冲突，通常他们解决这种矛盾的方法就是，BOB 去和他们的男性邻居们一起去看球，LEE 则和主妇们去看音乐剧。通过这样的剧情编剧除了表现 LEE 的高品位外，也表现了他们被邻居们接纳的事实。此外，美剧《兄弟姐妹》中的同性恋角色 Kevin 和 BOB 一样也是一位白人律师。美剧中的大部分同性恋角色之所以设置成社会经济地位高的，有着正统职业如律师、警察、医生等的白人，无非是为了契合美国人心中正统男性的标准，进而从外形与社会地位上实现同性恋人群的主流化呈现。

二 身份认同、婚姻

有学者认为，电视加强了性别特质、家庭角色、消费习惯和特征的社会刻板塑造[①]。对于同性恋群体来说，这是一个在社会上刻板印象非

---

① 陶黎宝华、邱仁宗：《价值与社会》，中国社会科学出版社 2001 年版。

常严重的一个群体，同性恋的"娘娘腔"就是之一，而在美剧中呈现的"娘娘腔"类型的同性恋角色也有着可观的数量。美剧《丑女贝蒂》中的同性恋角色 Mike、《设计人生》中的 Carter 都是喜欢翘兰花指，声音尖细，举止行为非常女性化的角色。同时在剧中，他们也是非常自信的角色，骄傲地向这个世界，这个社会展示他们自己，所以美剧中的"娘娘腔"角色可以说既是社会刻板印象的反映，又被编剧们进行了细心的处理，使得观众们在欣赏电视剧的同时不会与既有的认知产生冲突。在美剧中成对出现的同性恋伴侣中，大部分都是一位阴柔，一位阳刚。美剧《绝望主妇》中的伴侣 BOB 和 LEE，BOB 被描绘成一个络腮胡，身材高大的传统男性形象，而 LEE 则要瘦小一些，而且皮肤白皙，举止温柔，他和 BOB 在一起就像一个小女人形象一般，LEE 作为男性的阳刚被取而代之。婚姻历来都是男女结合的制度，随着各种权利运动的兴起，人们的道德观念日益趋向多元化、自由化，加之现代婚姻中"丁克"现象的出现，以繁衍为目的的传统婚姻式微，社会对于同性婚姻包容程度加大，于是同性恋者作为一个小数群体，也开始追求结婚的权利。美剧对于这类情况也有体现。《兄弟姐妹》甚至有好几集是讲同性恋角色 Kevin 和 Scott 筹备同性婚礼和婚礼的盛大场面。美剧如此也是为了契合以异性恋为主导的社会的一夫一妻的婚姻观和性别观。

三　出柜问题：父母、家庭能否接受

"出柜"的意思是公开自己的性取向，仅用来承认自己是同性恋。"出柜"问题是同性恋群体要面对的非常严重的挑战，即使在美国社会，如何让自己的朋友和家人接受自己是个同性恋的事实也是个非常棘手的问题。从美国建国之初到现在，人们普遍都信仰基督教，而同性恋在传统的基督教教义中是不可容忍的行为，所以美国民众也普遍反对同性恋行为。随着工业的发展，社会的进步，特别是性革命的兴起，同性恋团体、女权主义等少数团体进行权利斗争，催化了人们思想的解放，人们的性道德和观念开始变得自由化和多样化①。这些变化同样反映在美剧当中，而且不少美剧对于这方面的呈现都有一个历时性的特点。在美剧《兄弟姐妹》中的同性恋角色 Soul 是在年近六十才向家人公开他是同性恋这个隐藏在心中数十年的秘密。他之所以选择晚年出柜，原因是在他年轻时的社会不能容忍同性恋这种行为。剧中多次闪回 Soul 年轻时的挣扎，他不愿父母伤心，害怕邻居们的目光，他最终还是选择保守这个秘密，直到近年来对同性恋群体越来越宽容的社会环境的出现，这个保守了多年的秘密才得以让家人知道。可是他父母都已经去世了，可以说 Soul 这个多少有点悲剧性的角色，既衬托了该剧中另一对同性恋伴侣 Kevin 和 Scott 能生活在这个开放的时代里的幸福，也反映了美国社会数十年来的改变，对于同性恋看法的变化。在美剧《绝望主妇》中，当 Bree 得知自己的儿子是同性恋时，她难以置信，甚至认为是处于青春期的儿子的叛逆行为。随着时间的流逝，她也开始理解他，支持他，表现了一位同性恋母亲从挣扎到接受再到祝福儿子幸福的历程。非常有意思的是，美剧中很少出现父母对于出柜的子女不支持的情况，他们大都表现出了理解和宽容，这或许是一个皆大欢喜的结局，可以让电视机前有同样问题的父母们知道，原来面对出柜的子女，也可以会有温馨的结局，这也体现了电视的抚慰功能。

四 生育问题

虽然传统婚姻中的繁衍后代的目的式微，但是孩子对于一个完美家庭来说是不可或缺的，有非常多的美剧将同性恋伴侣的生育问题作为一个情节高潮来展示，此类情节也非常的类似，主要是表现领养儿童或者人工授精过程中遇到的各种困难，以及他们在处理这些问题上的冲突。《绝望主妇》中的同性恋伴侣 BOB 和 LEE 也想要孩子，女主角 Gaby 差点成了他们的代孕妈妈，最后他们选择了领养，整个过程还算顺利。而《兄弟姐妹》中 Kevin 和 Scott 曾经尝试通过人工授精拥有自己的孩子，该

---

① 孙媛媛：《论美国同性婚姻合法性——兼论美国性道德观念与婚姻制度发展趋势》，《法制与社会》2008 年第 8 期。

剧展现了他们从代孕母亲的选择到精子的提供者再到人工授精不成功整个过程中的巨大分歧与矛盾，同时也表现了同性恋家庭拥有下一代的巨大困难，最后他们选择领养了一个 10 岁的女孩。非常戏剧化的是，其实他们的人工授精是成功的，只是代孕母亲不忍心将自己怀胎十月的孩子交给 Kevin 和 Scott，她隐瞒了自己怀孕的事实，跑到另一个城市把孩子生下来并准备自己抚养。当 Kevin 和 Scott 知道这个事实的时候，他们既愤怒又高兴，而他们领养的 10 岁的小女孩也知道此事，她错误地感觉她的两个父亲对她疏远了，于是开始表现出了各种非正常的举动，比如不上学、孤僻不说话等。此刻，因为生育问题，这个同性恋家庭乱套了。这部美剧展现的各种矛盾对立既折射出同性恋家庭孕育下一代的艰辛，也反映了人工授精、领养儿童面临的社会问题。

五　艾滋病等疾病问题的呈现

作为艾滋病高危人群的同性恋者，无论美国还是中国社会上的很多认识都是直接将同性恋等同于艾滋病。同时，艾滋病也是社会对这个群体的恐惧最大的来源之一。所以因为这个主题的敏感性，大部分美剧在涉及艾滋病这个话题上剧情都是简单处理，甚至鲜有涉及。而仅有的几部涉及艾滋病话题的美剧也尽量把剧情冲突安置在不同的年代。在美剧《兄弟姐妹》中，五十多岁才出柜的同性恋者 Soul 偶然得知他曾经有过一夜风流但因世俗看法而没有走到一起的伴侣患上了艾滋病时，这个消息如晴天霹雳一般让他难以承受，连续多日他都生活在对于艾滋病的担忧当中，最终他选择了去抽血验证，当得知自己感染艾滋病后，他却表现得非常平静，他选择出柜后跟感染他的男友在一起生活，直至终老。该剧虽然涉及艾滋病与同性恋这一敏感题材，但 Soul 的悲剧性却被编剧或多或少的归结为 Soul 年轻的那个时代对同性恋群体的不包容。并且呈现给观众的同性恋艾滋病患者也是两个因时代而生遗憾的耄耋老人，观众的感觉或许是谴责那个时代，而对两位老人，他们或许更多的是同情。大部分美剧之所以没对艾滋病与同性恋群体进行过多的描绘，原因是一方面因为该话题的敏感性，其中的界限很难把握，如果处理不好，或许会招来美国同性恋组织的抗议，而美国的同性恋群体是非常有影响力的。

另一方面，正是由于美剧对于同性恋群体的主流化的呈现方式，诸如艾滋病等非公众主流的话题也就鲜见于银幕了。

同性恋人群越来越多地从以往的阴暗角落走出来，开始向整个世界大声地表达自己的诉求，而好莱坞则在这一运动中义不容辞地承担起了旗手的角色。但是高度产业化运作的美剧，以收视率为核心的理念使得美剧对于同性恋问题的表达必须采取温和的方式的同时，又要有戏剧化的冲突融入其中，而主流化叙事框架下的情节就非常符合这点要求。所以呈现在我们面前的美剧中的同性恋群体是与主流文化接轨的同性恋亚文化。社会建构理论认为："媒体不仅反映现实，而且塑造现实。"美剧以一种将其融入主流文化的理念选择性地建构了同性恋这个群体的"社会知识"和"社会影像"，美剧观众们透过这些影像或许会认为，他们（同性恋）没什么特别的，就此电视完成了它"旗手"的使命，同时也得到了诸如同性恋反诋毁联盟等美国同性恋组织的赞赏。

参考文献

［1］吴倩、吴佩英：《华语同性恋电影叙事方式之演变》，《延安大学学报（社会科学版）》2005 年第 1 期。

［2］陶黎宝华、邱仁宗：《价值与社会》，中国社会科学出版社 2001 年版。

［3］孙媛媛：《论美国同性婚姻合法性——兼论美国性道德观念与婚姻制度发展趋势》，《法制与社会》2008 年第 8 期。

（载自《今传媒》2013 年第 4 期）

从"碧山计划"窥探我国艺术
介入乡村建设现状

◎ 尚莹莹

【摘要】 中国的乡村建设一直备受关注，尤其近十几年来，从政府到民间掀起了乡村重建的热潮，这其中艺术家们通过艺术实践主动参与的乡村建设独树一帜。艺术家们如何将看似与农民不相关的艺术介入他们的生活改变乡村面貌，如何处理与当地农民之间的关系等，引起社会普遍关注。独具敏锐气质的艺术家们目睹了城市乡村变迁，他们以艺术介入的方式在复兴乡村传统文化、乡土空间再造以及对当地进行符号化传播上努力着。

【关键词】 艺术介入　乡村建设　碧山计划　空间再造

一　前言

乡村建设在中国古已有之，"最早的实践始自河北定县翟城村的米氏父子，1902 年便在村里开展识字运动、公民教育和地方自治"①，是中国乡村建设的先行者。到了 20 世纪 30 年代已成为一项广泛的社会运动，"全国各地乡村建设团体超过 600 个，乡村建设实验区、实验点达 1000 多处。当时的刊物也大量出现关于乡村建设的报道和评论"②，其中包括著名的梁漱溟的邹平模式、晏阳初的定县模式等，给后人的乡村建设提供

---

① 欧宁：《躬耕者：乡村建设在中国》2012 - 10 - 11. http：//www. zgxcfx. com/Article/71130. html.

② 刘佳婧：《修己与安人艺术的乡村建设理想》，《艺术与设计》2014 年第 6 期。

了行动和研究的借鉴和依据。改革开放后的城市化运动以及先富带后富的理念彻底将代表落后、愚昧的乡村排除在主流建设之外。在这一阶段，中国乡村建设不仅没有得到发展，相反大规模的破坏性改造将农村置于毁灭边缘。农民外出，许多传统文化逐渐没落，有资料显示"中国近10年每天消失80个自然村，部分村庄仅剩1人"①。因此，农村问题重新得到关注，从政府到民间掀起了乡村重建的热潮，这其中艺术家们通过艺术实践主动参与的乡村建设独树一帜，引起社会普遍关注。这种介入，是艺术家以一种主动的姿态干预乡村建设，在中国语境下拥有特殊的含义。"介入，不是简单地对应于社会，或简单地图解或描述社会，而是将艺术家的自由与独特的思考加入到所针对的社会现象、社会环境、社会问题、社会体制中"②。

艺术介入乡村实践既是其自身发展的需要也有其时代原因。"农民在现代社会是一个弱势的群体，在乡建过程中是被剥夺的对象，需要我们知识分子、社会各界的干预去支持，但是这个干预的过程则需要激发出农村本身的内在的精神方面的动力，而艺术在改变人们的认知上具有先天的优势。艺术形式可以打开我们对原有世界新的想象和道德认知的感觉，它使我们对原来的事物能够打开一个新的视野、新的界限"③。此外，艺术参与社会实践的过程也是其自身发展的需要，艺术与中国社会现实问题联系越来越密切，未涉及农村符号的艺术并不能称之为中国的当代艺术。作为中国最为庞大也最难以解决的农村问题，艺术与农村的结合既是文化身份的选择也是其逐渐承担的社会功能。"如果将中国农民、农村排除在当代艺术的视野之外，我们是否还有足够的理由在当代艺术的前面冠上'中国的'这一字样"④。因而，艺术介入乡村实践不仅是我国乡村建设的一条新的尝试道路，更是当代艺术中国化的必经之路。

---

① 《中国近10年每天消失80自然村　部分村庄仅剩1人》，《杭州网－都市快报》2012年10月28日。

② 王春辰：《"艺术介入社会"：新敏感与再肯定》，《美术研究》2012年第4期。

③ 李人庆：《乡村建设仅依靠农民本身是不行的，艺术在其中的作用》2014年8月31日。

④ 孙振华：《当代艺术与中国农民》，《读书》2002年第9期。

二 艺术介入乡村模式探析

（一）前行中的"碧山计划"

作为徽文化和徽商发源地之一的黟县位于安徽南部，碧山是黟县一个拥有 2900 多人口的村子，同中国其他农村一样，落后的经济和生活上的不便加剧了人口的流失，越来越多的年轻人正在逃离乡村进城务工，只剩下一些老年人继续留守在村里。曾经别致的徽派古民居、鳞次栉比的古牌坊，如今俨然成为一栋栋危房。"今天的碧山村已看不到什么昔日辉煌的证据，碧山曾经的几十座宗祠和牌坊大多在革命的年代中损毁，如今仅存三座汪氏宗祠，而古民居建筑群则是在近二十年的经济发展过程中被破坏的"[①]。2007 年，一个偶然的机会，艺术家欧宁与左靖来到碧山，开启了一段艺术进驻乡村的实验。经过四年的考察，2011 年"碧山计划"正式起航。这是一个"针对目前亚洲地区紧迫的城市化现实和全球农业资本主义引发的危机，试图摸索出一条农村复兴之路"[②] 的计划。在欧宁与左靖的努力之下，碧山从一个古建筑濒临破坏殆尽边缘的徽州村庄转而成为新型的艺术介入乡村建设的实验基地，甚至一度被推上舆论的风口浪尖。短短 3 年时间，"碧山计划"让其从一个默默无闻的小村庄转而成为在国内拥有一定知名度的艺术村庄试验田。

（二）国内乡村的艺术实践

在国内艺术介入乡村实践中，许多乡村的艺术实践正如"碧山计划"的艺术实践一样，艺术家们以艺术介入的方式在复兴乡村传统文化、乡土空间再造以及对当地进行符号化传播上努力着。

1. 传统文化的复兴

当今中国农村面临的问题纷繁复杂，越来越多的年轻人涌向城市，不仅造成城市人口饱和，也带来城市发展问题。农村只留下儿童老人，乡村建设举步维艰，因而挽救逐渐消亡的农村、积极开启新农村建设成

---

① 孙云帆：《碧山计划三年记｜欧宁：我宁愿走得慢一点儿》2014 - 12 - 18. http：//www. pento. cn/pin/30944219.

② 欧宁：《碧山共同体：如何创建自己的乌托邦》，《当代艺术与投资》2011 年第 2 期。

为各地重塑农村面貌的选择。在遍地开花的新农村再造中，许多地方照搬城市发展模式，忽略乡村原有的生态环境。为了提高农村居民生活水平，原本错落有致的农村别院整齐划一，一排排楼房拔地而起，乡村生态环境遭到破坏，将农村再建等同于城市再造。而乡村重建区别于城市建设最大之处在于独有的"农村乡土文化"，农民对土地的依赖，几千年来沿袭下来的传统文化，如语言服饰、民居建筑、节日习俗等，这些才是农村发展的灵魂所在。许多农村政府只顾眼前现实利益，对乡村传统文化置之不理。这些被当地政府和居民忽略的传统文化，正是艺术家们积极参与乡建的突破口。在他们的实践计划中，复兴当地传统文化成为重要目标。

"碧山计划"并不只是一个艺术计划，它的出发点是对中国过度城市化导致农业破产、农村凋敝、农民失权、城乡关系失衡等现实的忧虑"①，艺术家欧宁与左靖带着重建碧山、复兴碧山传统文化的愿望开始了对碧山的改造。在"碧山计划"中，为了了解当地历史文化特别是散落民间的传统手工业的现状，他们决定发起"黟县百工"的调研项目，"主要目的是对黟县全境所有村庄现存或已消失的民间各行各业进行全面普查，通过走访和拍摄记录，建立起一个黟县传统手工业的数据库，为引进外来力量激活当地生产提供一个基本资料"②。

除此之外，通过艺术家们的努力，碧山恢复和重建了消失已久的乡村公共生活——碧山丰年庆，村民身着原始风味的"稻草装"表演祭祀舞蹈"出地方"。"这种象征性的仪式，正是为了接续当地的祭祀传统，期望恢复和重建这种由来已久的乡村公共生活，并赋予它新的内涵"③，是为了给公众建构一种"习惯性记忆"，保尔·坎纳顿提出，"在已有条件反射的心理状态下，一旦仪式的要求出现，人们很容易做出相应的反应，在频繁的实践中，习惯记忆使人们不假思索地想起恰当的仪式动作或语言，也就是说在习惯性记忆中，过去积淀在身体中"④。因而，可以

---

① 乡院资讯｜碧山计划. http：//mp. weixin. qq. com/s？biz = MjM5MTk4MTA5NA = = &mid = 201689594&idx = 1&sn = 0d0dfac9239cad588b48462c7fc1e960&3rd = MzA3MDU4NTYzMw = = &scene = 6 #rd2014 – 11 – 11.

② 与书结缘的 BLOG，2014 年 8 月 15 日。

③ 欧宁：《到农村去！碧山丰年祭》2011 年 8 月 21 日。

④ 景军：《神堂记忆——一个中国乡村的历史、权力与道德》，吴飞译，福建教育出版社 2013 年版。

想象，碧山丰年庆的回归不仅是为了重建公共生活，更是为了抢救可能失去的对农村公共生活的记忆。

为了将碧山的传统文化赋予新的生命色彩，欧宁带着他的艺术家考察黟县传统手工业，希望这些朋友能将现代设计的巧思、理念与当地的传统技艺融合创造出新的富有生命力的作品，激活传统技艺及乡村经济。在他们的努力下，诞生了第一届丰年庆作品，如梁绍基的作品《水之祭》、陈飞波以废料设计制造的家具系列、刘庆元和杨小满的作品《碧山刻记》、邱黯雄的录像和竹编作品、小马+橙子根据渔亭糕传统模具设计的"碧山丰年庆"模具等，一切展览场馆因地制宜，最大限度地利用碧山闲置的公共空间，这些富有徽州传统文化的作品既是融入现代的一次尝试，也让更多观展人意识到传统技艺的无限活力。

"碧山计划"中，无论是"黟县百工"，还是"碧山丰年庆"都带有浓重的徽文化色彩，一系列的艺术实践是为了将徽州传统文化在现代文明中葆有生机，在国内其他艺术介入乡村实践中，恢复当地传统文化是艺术家们参与乡村建设的主要动力。在"许村计划"中，发起人渠岩从一开始就确立了"艺术推动村落复兴与艺术修复乡村"的目标，许村地理位置比较偏、交通不便，属于非常原始的村落。他认为保护乡村传统文化要"有意识去保护建筑，建筑是一个物质的形态，重要的是它的文明价值，就是它的承载家族香火的空间"[①]，通过乡村修复计划完成延续农村文化体系的目标，传承乡村信仰。

2. 乡土空间的再造及延伸

空间是一个哲学概念，既有物质化的形态也有精神上的含义。大卫·哈维在前人基础上将空间概念总结为：绝对空间、相对空间、关系空间。绝对空间等同于我们所说的物质空间，存在标准化并且可测量；相对空间在某种程度上是"参照物"在起作用，是一个事物相对另一个事物来说所形成的空间，是一种具有历史情感性的空间；而关系空间更注重的是一种社会"关系"，事物与事物、人与人、人与事物之间形成的空间过程，注重的是空间创造后所形成的记忆，是一种情感的感知，如认知、想象、共享。作为空间存在的乡村，在城市化进程的扩张下，村庄样貌不复往日，它的变迁不仅是形态上的破败，亦是贫穷落后的标签，

---

① 《艺术复兴乡村之实验——许村和碧山》，2014 年 8 月 31 日，雅昌艺术网专稿。

是年轻人逃离的"地狱"，但却是现代人乡愁的寄托和延续。无论在碧山、许村还是遥远的台湾，对乡村空间的改造都成为乡建的重中之重。

"在乡村文化重建中，最重要的是空间建设，譬如说祠堂，它就是公共空间，但有一定局限性。它是某一家族的公共空间，只容许本家族的人进入，而不是所有公民。把乡村的宗法制度、家族祠堂的概念转化成公共空间，这个意义是非常重大的"①。在艺术家的介入下，碧山的空间功能具有多样性，年老失修的祠堂被改造成具有生活气息的先锋书店、咖啡厅等供人休息的公共空间，将村民曾经养牛蛙时搭建的临时休憩场所改造成"蛙舍 wow"，成为一个以实验探索为方向的艺术空间；许村在渠岩的带领下将废弃的旧影视基地作为具体的修复实验，建造成许村国际艺术公社，成为艺术家创作中心、图书馆和资料室；一直以来，台湾的乡建成果斐然，在对乡村空间改造中，建筑师谢英俊独树一帜，他对现代建筑美学有着自己独到的看法，提出的"永续建筑，协力造屋"的理念成为台湾"9·21 地震"重建的代名词，将自己的设计理念成功运用到乡村灾后的重建中，"他设计的'环保'和'可持续'建筑超越房屋的概念，展现了自然与人文环境共建的过程"②。传统的乡村空间单一而落后，在现代文明的冲击下尤其破败不堪，农民一心想要逃离，空间建造无人问津，任其毁灭。在艺术的介入下，除了对乡村原有空间的修复再造，艺术作为推动乡村空间的有效方法之一，承担着新的社会启蒙与文化普及的价值。如李公明在 20 世纪初提出的"新宣传画运动"的概念。他们在粤西阳西县农村的学校外墙和农村文化室外墙上创作了宣传壁画。内容包括"农村村委会的财政公开、解决土地问题、农民的普法教育以及农民应该建立自己的社会组织——农会等内容"③，借此对乡村存在的问题加以批判介入，引发农民思考。

列斐伏尔认为："空间是一种包容了物理空间和精神空间的社会空间，空间的生产与人的社会生活内在融合，随社会生产的发展而变动，

---

① 韩荣，胡项城：《乡村建设文化中的公共艺术——访上海戏剧学院教授胡项城》，《公共艺术》2013 年第 4 期。

② 《外滩画报》2010 年 1 月 19 日。

③ 《新农村建设的艺术探讨：艺术与乡村"的批判与介入》2014 年 9 月．http：//www.sh1122.com/news/151512_201409.html.

成为一个包含各种社会矛盾同时又蕴含无限可能的流动性的过程"①。在艺术家们的改造下,咖啡馆、先锋书店、展览馆等这些城市才具备的精神空间移植到农村,这种公共空间的开放性丰富和拓展了农民与艺术之间的关系,在没有艺术介入下的旧村改造简单而仓促,从公共设施、生活区功能到整体视觉形象都无美感,艺术家们对乡村空间的改造不仅是对农村物质财富和文化财富的保护,更可以将现代城市理念带入农村唤醒人们处于景观中的体验。"行为决定空间,空间影响行为,城里的人可到乡村,乡村的文化精神可以传到城里,只有这样,现代社会才会更加完整"。

3. 符号化传播

在对乡村的艺术实践中,如何借用艺术的方式带动当地发展,激发更多农民参与艺术实践热情成为艺术家们的目标。在乡村艺术建设中,艺术家们利用在当代艺术圈积累的资源,为乡村聚拢人气,并举办一系列艺术活动为乡村打响知名度,从而吸引更多人关注乡村建设,以艺术的名义将乡村名声传播出去。身为策展人的欧宁、左靖,他们将"碧山计划"中的"黟县百工"从黟县山村走向国际舞台,参加了国内外的展览,如香港深圳双年展、新西兰展等,不仅传播艺术家的乡建理念,更将徽州传统文化带向更广阔的舞台,身负传承徽文化使命的"黟县百工"影响力正逐渐扩大,也让碧山这个名不见经传的徽州农村成为社会众议的主角。

在国外成功的乡建实验中,日本的越后妻有最为有名。为了改变家乡民不聊生的萧条景象,"出生于此的策展人北川富朗基于对故乡的情怀和对公共艺术的反思,决定以'人性'为重,让土地和民众成为创造的出发点,主导最具本土风格的'大地艺术祭'"②,自2000年举办以来,吸引众多国内外知名艺术家前来创作并留下大量经典之作,成为亚洲最有意义、最成功的公共艺术节之一,每一届都吸引着近20万人次参观,对当地的经济起到了实质帮助,大地艺术祭的成功举办将原本贫穷落后的越后妻有成功推上了国际舞台。日本越后妻有的成功案例对国内的艺术乡建实践有着重要的参考意义。2011年,首届许村乡村艺术节启动,

---

① 刘先颖:《列斐伏尔〈空间的生产〉理论评述》,硕士学位论文,黑龙江大学,2012年。
② 韩多妮:《回归大地——越后妻有大地艺术祭》,《明日风尚》2009年第7期。

邀请艺术家定期来许村创作和生活，并将作品永久留在许村，以此带动社会关注和旅游收入，逐渐复活乡村经济，增加农民收入。艺术节的举办，如一次面向世界的邀请，艺术家们在乡村创作的具有地方特色的作品再一次成为宣传当地的窗口，从而完成艺术乡村的符号化传播，借着艺术节的东风，复苏当地经济。如今，碧山、许村已经成为艺术介入乡建的标签，而"黟县百工""许村艺术节"等则成为"碧山计划""许村计划"的符号。碧山传统手工艺品丰富，在艺术家的介入下，徽州民间90种手工艺品记录在《黟县百工》，艺术家们将现代设计理念融入传统工艺，对其进行再创造，从而形成独具特色的碧山手工艺作品，成为碧山区别于其他乡村的标签。在艺术家们的努力下，通过艺术节、艺术展、工艺品的传播，借助作品的力量将乡村艺术实践传播出去，吸引更多人关注乡建，带动当地经济发展。

在国内乡建中，通过举办艺术节、艺术展打响农村知名度，带动当地旅游发展的实践并不少见，但效果往往并不如人意，热闹的艺术节之后，一切恢复原本的模样，农民在其中只是"表演性的参与"，并未对乡村发展起到实质性帮助。在乡建中，与当地的人文景观与自然景观相一致，沉浸当地生活、体会民情，突出地方性，完全的照搬和模仿只能是昙花一现，劳民伤财。

三　讨论与总结

有学者认为艺术介入乡村实践是一种对"国家力量主导乡村统一改造模式的不信任，国家行政力量总是为了效率和政绩而不顾其他"，艺术应承担起相应的社会责任，正如德国当代艺术家博伊斯所认为的那样："艺术是治疗社会创伤的手段，艺术的社会责任就是直接干预社会生活。"艺术介入乡建的过程，正是其承担社会责任的过程。但这个过程并非一蹴而就，需要乡建主体间的协作与妥协、理解与认同，需要政府的支持、农民的积极参与。

日本"越后妻有"开展之初，难度远大于碧山，艺术家们与村民同吃同住，教他们如何认识艺术，如何将作品在大地展出，经过艺术家们的努力宣传，策展委员会迅速壮大，"包括了其他非艺术范畴的官方机构，如渔农及森林部、国家土地及运输部和外事务部，能让非艺术人士参与规划、执行、讨论及检视，大众层面因而扩阔"①，这种体验教化的过程亦是自我认同与凝聚的过程；在"昆山再造"计划书中亦明确地写着"第一阶段几个家庭他们之间的一种协作，他们又是用这种协作产生出来的幸福感去抵抗经济（发展）的整齐划一的生产模式"②；丽江工作室的"壁画项目"将艺术家分配到农户家中，由农户提供墙面，艺术家需与农户协商完成壁画等；在"白庙计划"中，每天平均有 15~20 个艺术家或相关人士在白庙开展"改造"工作。"有的要做一周，有的需要两天，有的需要一天做完。我们尽量不改变艺术家绘画的风格，他自己跟村民交流，然后用草图或者照片给村民看，跟他们沟通，他们打起来也可以，深度地让他们体验这个，捆绑在一起，让他们彼此沟通"。在中国艺术介入乡村建设过程中，目前所实施的乡建计划主要由艺术家主导完成，需要开展更多的艺术实践调动村民的积极性与创造性，有村民参与的乡建方能建成"共同体"。

在乡建过程中，农民的教育程度以及对艺术的理解程度极其有限，他们思考的不是艺术理念的成败，而是"为什么来了那么多城里人，我们却一个钱也没赚到？"。民国时期晏阳初开展平民教育运动时，他认为中国的大患是民众的贫、愚、弱、私"四大病"，主张通过办平民学校对民众首先是农民，先教识字，再实施生计、文艺、卫生和公民"四大教育"，从而培养出"新民"。在目前我国的乡村建设中，这个问题依然存在。欧宁在采访中说村民们不相信艺术家会无条件没有任何利益需求地帮助他们，所以村民们最开始一直喊他"欧老板"。由于农民的受教育程度有限，农民想要赶快脱贫致富，多赚钱，只注重眼前利益，艺术传播较为困难；在乡建另一主体政府眼中，艺术家参与乡村实践是请城里的"老师"来"打造我们、包装我们"，建立农耕文化博物馆，"打造文化村、休闲度假村的建设"。但这并不是艺术家们最初的出发点，对碧山计划的艺术家来说将乡村打造成第二个西递宏村旅游区是乡村建设的灾难。"我一直很反感这个，但好像农民就希望这样，现在每天都在纠结"。乡

---

① 文凤仪、莫一新：《城市雕塑以外：日本越后妻有"大地之艺术祭"公共营建行动引起的反思》，《雕塑》2007 年第 2 期。

② 曹明浩：《曹明浩自述——关于"昆山再造"》，《99 艺术网专稿》2012 年 8 月 8 日。

村建设并非将农村打造成旅游景区，同质化的乡村旅游建设只会让农村失去原有的样子，乡村被打造成一种"商品符号"。

乡村建设涉及方方面面，不仅艺术家、村民、政府、民间组织甚至社会财团，而对于碧山来说，现有的重建多归于艺术家的私人资源，艺术家被放大的主体性也引来外界批评，认为这不是艺术介入乡村而是艺术家介入乡村，艺术家极力将乡村按照自己的理想国打造被认为是不当的乡土迷恋，是对"'乡村'真实生存状态的知识匮乏"，"乡村"是一种贴近土地的实实在在的生活氛围，不应被幻想为一种'世外桃源'"。乡村建设主体当地农民、政府与艺术家之间理念上的矛盾成为"碧山计划"前进的阻力，这不仅是介入艺术家需要思考解决的问题，更是中国遍地开花的艺术介入乡村建设者的问题，艺术家的一腔热血和对艺术的执着理念并不能完全适应中国的农村大地，是"自上而下"的通过艺术的方式努力改变千百年来乡村形成的生活习俗和审美习惯还是"自下而上"变通艺术方式融入当地农村，都需要艺术家们与乡建主体农民以及当地政府共同协商，达成一致，为中国乡建寻找新的出路。

参考文献

[1] 欧宁：《躬耕者：乡村建设在中国》2012 - 10 - 11. http：//www. zgxcfx. com /Article/71130. html.

[2] 刘佳婧：《修己与安人艺术的乡村建设理想》，《艺术与设计》2014 年第 6 期。

[3]《中国近 10 年每天消失 80 自然村　部分村庄仅剩 1 人》，《杭州网 - 都市快报》2012 年 10 月 28 日。

[4] 王春辰：《"艺术介入社会"：新敏感与再肯定》，《美术研究》2012 年第 4 期。

[5] 李人庆：《乡村建设仅依靠农民本身是不行的，艺术在其中的作用》2014 年 8 月 31 日。

[6] 孙振华：《当代艺术与中国农民》，《读书》2002 年第 9 期。

[7] 孙云帆：《碧山计划三年记｜欧宁：我宁愿走得慢一点儿》2014 - 12 -18. http：//www. pento. cn/pin/30944219.

[8] 欧宁：《碧山共同体：如何创建自己的乌托邦》，《当代艺术与

投资》2011 年第 2 期。

　　［9］乡院资讯∣碧山计划 . http：//mp. weixin. qq. com/s？biz = MjM5
MTk4MTA5 NA ＝ = &mid = 201689594&idx = 1&sn = 0d0dfac9239cad588b4
8462c7fc 1e960&3rd ＝ MzA3MDU4NTYzMw ＝ = &scene ＝ 6 # rd 2014 -
11 - 11.

　　［10］与书结缘的 BLOG，2014 年 8 月 15 日。

　　［11］欧宁：《到农村去！碧山丰年祭》2011 年 8 月 21 日。

　　［12］景军：《神堂记忆——一个中国乡村的历史、权力与道德》，吴飞
译，福建教育出版社 2013 年版。

　　［13］《艺术复兴乡村之实验——许村和碧山》，2014 年 8 月 31 日，
雅昌艺术网专稿。

　　［14］韩荣，胡项城：《乡村建设文化中的公共艺术——访上海戏剧
学院教授胡项城》，《公共艺术》2013 年第 4 期。

　　［15］《外滩画报》2010 年 1 月 19 日。

　　［16］ 《新农村建设的艺术探讨：艺术与乡村"的批判与介入》
2014 年9 月 . http：//www. sh1122. com/news/151512_ 201409. html.

　　［17］刘先颖：《列斐伏尔〈空间的生产〉理论评述》，硕士学位论
文，黑龙江大学，2012 年。

　　［18］韩多妮：《回归大地——越后妻有大地艺术祭》，《明日风尚》
2009 年第 7 期。

　　［19］文凤仪、莫一新：《城市雕塑以外：日本越后妻有"大地之艺
术祭"公共营建行动引起的反思》，《雕塑》2007 年第 2 期。

　　［20］曹明浩：《曹明浩自述——关于"昆山再造"》，《99 艺术网专
稿》2012 年 8 月 8 日。

（载自《美与时代（城市版)》2015 年第 8 期）

深圳市电影金融的模式探索

◎ 刘　辉　邓颖翀

【摘要】电影，作为一种能满足人民日益增长的精神文化需求的艺术形式，依托着庞大的电影工业的产业化生产。在电影产业生产链中，从制作到发行再到放映，无一不需要技术和资本作为强大支撑。而本文试图以资本的角度作为切入点，通过对 2015 年深圳市电影产业中运用金融手段，如并购、私募股权基金和众筹来进行融资的现状进行研究，探析这种创新模式过程中折射出的问题，揭示出当前深圳市电影产业发展中的不足，为电影金融和深圳市电影产业提供发展方向。

【关键词】电影产业　金融　模式探索

随着我国电影市场的不断扩大和电影产业的高速发展，电影产业与资本都寻求着建立更加密切的合作关系。一方面，电影制作成本的不断攀升，以及越来越多的企业开始涉足电影制作，使得传统的资金来源途径，如政府出资、银行贷款、电影企业自有资金、行业外资金直接投资等已经不能满足我国电影产业的资金需求。另一方面，电影产业的高风险、高回报率的特征契合着资本追逐利益的本性。特别是当下中国经济增速持续放缓，股市低迷，资本进入寒冬。与此同时，电影市场却以其截然相反的惊人表现，呈现出一派欣欣向荣的景象。

国家新闻出版广电总局公布的票房数据显示，截至 2015 年 12 月 3 日晚 21 时，2015 年全年城市影院票房收入为 400.5 亿元，年度票房首度超过 400 亿元，较上年同期增长 47%。其迅速发展背后的原因，是娱乐产业的"口红效应"，抑或是中国电影产业已逐渐成熟，迎来产业发展规律中的黄金时期。毋庸置疑的是，电影市场还远远没有达到饱和的状态，而且在未来的几年内，还将持续高速地增长。目前官方和市场普遍认为，中国电影市场将在 3 年内超过美国，成为全球最大。普华永道于今年发布的《2015—2019 年全球娱乐及媒体行业展望》中预计，从 2014 年到 2019 年，中国的票房收入将以 15.5% 的复合年增长率从 43.1 亿美元上升至 88.6 亿美元。因而被传统电影融资模式排除在外的众多投资者想要借此机会，进入电影市场分一杯羹，电影金融的模式恰好为此提供了通道。

这种资本大举进入电影市场的行为也并不单纯是资本市场的运作结果，它享有着政府利好政策作为支撑和保障。2014 年 6 月 19 日，财政部、国家发改委、国土资源部、住建部、中国人民银行、国家税务总局、国家新闻出版广电总局七部门下发的《关于支持电影发展若干经济政策的通知》中，明确提出要对电影产业实行金融支持，并对电影产业实行税收优惠政策；2015 年 12 月 1 日，广东省财政厅、省新闻出版广电局等八部门出台了《关于支持广东省电影发展若干经济政策的通知》，从加大电影产业发展支持力度、加强电影专业人才队伍培养、落实电影产业税收优惠政策、实施电影产业金融支持政策、实行影院建设差别化用地政策和保障电影发展政策组织落实六个方面，出台了 28 项具体政策，大力推动广东电影产业发展。而且明确提出创新电影产业金融服务模式，支持电影企业直接融资，探索建立电影产业投资模式；深圳，作为国内文化产业发展浪潮中的先锋城市之一，早在 2011 年出台的《深圳文化创意产业振兴发展政策》中明确了文化创意产业发展的十大重点领域，其中就包括影视业，并明确了支持影视业发展的具体措施。

深圳市金融业增加值、金融业总资产规模一直稳居全国大中城市第三位，与北京、上海并列为内地金融业第一梯队，具有对各方资金聚集和调拨的能力。特别是前海深港合作区建成后，作为中国金融改革创新示范区，以各种优惠政策与条件，鼓励金融模式的创新，成为培育金融发展的一片沃土。但是深圳的影视产业长期停滞，在创作和影像影响力上十分薄弱。究其原因，正在于传统影视业薄弱，缺乏吸引人才的土壤和氛围。但当下影视金融业的新格局，则为深圳发展影视文化提供了全新的思路。但是，电影产业与金融在相互结合的过程中难免会暴露出些许问题，相互磨合的过程有利于促使它们寻找到各自更加规范的良性的发展模式与合作模式。下面，笔者将针对当下电影产业中新兴的三种金融融资方式：并购、私募股权基金和众筹，进行具体分析。

一 并购

（一）电影产业并购基本情况及成因

并购（Merger&Acquisition，M&A），是指一家企业用现金或者有价证券购买另一家企业的股票或者资产，以获得对该企业的全部资产或者某项资产的所有权，或对该企业的控制权。据 wind 资讯数据统计，截至 2015 年 12 月 7 日，中国文化传媒行业共发生并购事件 165 起，其中电影产业共发生 67 起。相较于"并购市场元年"的 2013 年文化传媒业共发生的 32 起并购案，2015 年，电影产业的并购呈井喷式的发展，其原因主要有四点：

1. 国家对并购重组企业进行政策上的扶持。如《关于进一步优化企业兼并重组市场环境的意见》《上市公司重大资产重组管理办法》以及《上市公司收购管理办法》等政策的出台，标志着资本市场并购重组简政放权时代的开始。

2. 影视企业大多通过借壳的方式实现曲线上市。除了规模较大、发展较为完善的华谊兄弟、华策影视、光线传媒等少数电影企业，中小型电影企业的自身条件使得它们很难通过从 A 股或新三板上市的途径来实现融资。且 IPO 排队冗长，部分准备登陆 A 股的影视企业退而选择通过被已上市的公司收购的方式来解决融资问题。

3. 电影产业内部企业通过同行兼并的方式来实现资源的优化配置及完善产业链的布局。如 2015 年，长城影视股份有限公司以 8.4 亿元收购上海微距广告有限公司、诸暨长城国际影视创意园有限公司和西藏山南东方龙辉文化传播有限公司，以 2.5 亿元收购玖明广告 51% 的股权，以 1.29 亿元收购浙江中影 51% 的股权。公司将传统的影视业务与扩展业务，即电视媒体广告服务、社区媒体广告运营、影视基地娱乐开发协同发展，公司产业链得以延伸，可促进公司自身影视业务的发展，提升公司综合竞争力。

4. 传统行业的企业通过对影视企业的并购实现业务转型，为企业注入新的活力。如 2015 年初，主营金属制品的江阴中南重工股份有限公司以 10 亿元收购大唐辉煌，正式跨入大文化产业。在这起并购发生前的两年来，中南重工业绩波动幅度较大，通过收购优质的文化传媒资产，公司实现多元化发展战略，将优化和改善其原有的业务结构和盈利能力，降低宏观经济波动对其业绩的影响程度，提升抗风险能力，盈利能力从而得到提升。

（二）2015 年深圳市电影产业并购事件分析

1. 并购事件描述

综观电影产业中的所有的并购事件，可将其归纳于两种并购形式中：一是传统产业资本跨界进入电影行业，这是当前电影产业并购中呈现出的一大趋势与特点；二是行业内企业间的合并。2015 年深圳市发生的两起电影产业并购事件，恰好是对这两种形式的反映。

（1）宝诚股份：收购中联传动与淘乐网络，进军影视制作与游戏生产

宝诚股份主要从事钢材贸易业务，但由于国内钢材价格持续低位运行，公司业绩不断下滑。2014 年 10 月份，宝能系通过协议转让的方式将控股权转让给大晟资产。大晟资产入主后便立马对宝诚股份重组，以 20.05 元/股的价格，非公开发行不超过 1.23 亿股，募资不超过 24.6 亿元，收购中联传动和淘乐网络全部股权。对于宝诚股份来说，注入盈利能力较强，发展前景广阔的影视剧的投资制作与发行、演艺经纪、游戏及影视周边衍生业务，实现了上市公司主营业务的转型，可从根本上改善公司的经营状况，增强公司的持续盈利能力和发展潜力，提高公司的资产质量和盈利能力。对于淘乐网络和中联传动来说，实现了借壳上市。与 A 股资本市场的对接，可进一步推动它们的业务发展，提升其在行业中的综合竞争力和行业地位。借助资本市场平台，能拓宽融资渠道，为后续发展提供推动力。收购方与被收购方理论上实现双赢。

（2）善为影业：购买千朗传媒，延伸产业链

善为影业主要以网络销售平台为基础，影院运营策划为辅助，提供电影票务 O2O 服务。善为影业以发行股份及支付现金的方式购买千朗传媒 100% 股权，整体交易作价 1.03 亿元，其中以发行股份方式购买千朗传媒 76.74% 的股权，即股份对价 7920 万元（对应善为影业股份 396 万股）；以现金方式购买千朗传媒剩余 23.26% 股权，即现金对价 2400 万元。同时，善为影业拟向非公开发行股份募集 2700 万元配套资金，其中 2400 万元用于支付本次交易的现金对价，剩余的 300 万元用于补充公司

流动资金。对于善为影业而言，公司虽然已在新三板挂牌，但是目前公司仍存在业务较为薄弱、收入利润较少等问题，而千朗传媒业务较为稳定、盈利能力较强，与千朗传媒合作，可提升善为影业的公司业绩，拓宽自身业务，增强在电影产业链的盈利能力，提高公司在电影行业相关业务领域的核心竞争力。同时千朗传媒在电影宣传发行领域的业务资源，可与公司原有业务产生协同效应，促进公司业务增长。

2. 并购事件分析

（1）电影金融支撑体系缺失，影视企业估值系统混乱。在宝诚股份对中联传动的并购案中，对 2013 年、2014 年 1－11 月净利润分别为641.81 万元、2929.75 万元的中联传动的首次估值高达 8.45 亿元，虽然在第二次公告中将其估值降至 6.04 亿元，但可从这一举动中看出评估公司中缺乏针对影视公司的专业的规范的评价体系，也揭示出电影工业化尚未发展成熟，没有对中联传动业务中的影视版权、剧本创作、旗下的明星等估值中可参照的行业标准。

（2）产业链发展模式是影视公司提高行业竞争力的统一发展策略。无论是传统行业转型进入影视行业，还是影视公司在本行业寻求立足之道，它们的发展模式都是不断扩大业务，延伸至电影产业的每个环节。如已成为行业巨头的华谊兄弟，形成了兼具电影、电视剧、影院、音乐、游戏、时尚、广告和文化旅游的全娱乐产业链，其中每个板块间可相互协作，提高了效率，减少了成本，实现资源的合理优化配置。

（3）并购带来了影视行业的多元化发展。初次进入影视行业的传统企业、通过并购扩充实力的中小型影视企业，给影视行业带来创新与活力，也使得影视行业内的竞争加剧，有利于打破"寡头"垄断发展的行业现状。

二　私募股权基金

（一）电影私募股权基金概况

私募股权基金（Private Equity Fund）是指通过非公开形式募集资金，并以股权或准股权方式投资于非上市公司的投资基金，目的是经过投资管理，并通过上市、并购或管理层回购等方式，出售持股获利。影视私募股权基金，有别于以往由政府主导融资，直接投资于主旋律电影制作或影视基地建设的基金，它主要投资于影视公司的股权或者电影项目；与公募基金不同的是它向特定投资者和投资机构以非公开的形式进行资金募集，门槛更高，对于单个投资者来说，起投金额不得低于100万元人民币。电影私募股权基金的投资者分为两种类型：有限合伙人（Limited Partner，LP）与普通合伙人（General Partner，GP）。LP 的投资是私募股权基金的大部分资产来源，他们并不负责基金的操作与管理，对该基金承担有限责任；GP 由负责管理基金的投资机构担当，其出资占基金规模比例较小，通常负责基金的日常运作，对该基金承担无限责任。据中国基金业协会数据披露及各大基金机构主动披露的数据统计，截至 2015 年12 月，深圳市设立的私募股权基金中，在设立初期定位于影视投资方面的基金共有 9 只，具体情况如表 1 所示：

（二）电影私募股权基金兴起的原因

首先，从基金管理人的角度来看，私募股权基金的发行成本降低、条件逐渐宽松，且盈利颇丰。根据《基金管理公司投资管理人员管理指导意见》、《中华人民共和国证券投资基金法》以及《证券投资基金管理

表 1　2015 年深圳市成立的电影私募股权基金信息

	基金名称	基金管理人	开始募集时间	目标规模	投资方向
中国基金业协会中公示的私募基金	敏雪价值成长基金	深圳市前海合兴永盛基金管理有限公司	2015.7.1	5 亿元	下设子基金："纳华电影专项基金"和"明星影视专项基金"，投资于米伦文化传媒公司的股权
	鑫火九州影视基金	深圳市鑫火资本投资管理有限公司	2015.7.15	2000 万元	拟投资电影：《碟中谍5》《恶棍天使》《大唐玄奘》
	鑫火九州影视基金二期契约型基金	深圳市鑫火资本投资管理有限公司	—	—	—
	金色木棉——锦风 1 号影视投资基金	深圳市金色木棉投资管理有限公司	2015.8.19	—	分散投资于电影、电视剧、网络剧等同类型影视作品

续表

	基金名称	基金管理人	开始募集时间	目标规模	投资方向
中国基金业协会中未公示的私募基金	峰云天下影视专项基金	深圳市前海合兴永盛基金管理有限公司	2015.9.3	2000万元	投资于峰云天下影视公司的股权
	同盈影视基金	深圳市同盈股权投资基金管理有限公司	—	—	投资于电影《708090》
	建元轩桐影视基金	深圳市建元盛世投资基金管理有限公司	—	3000万～5000万元	主要捕捉中国影视：二级市场上公司的定增、新股申购；并购基金等创新领域投资
	深圳动产资本集团专项影视基金	深圳市动产资本集团	2015.8.15	1亿元	与亚日传媒签订合作协议，以设立专项影视基金的方式，投资制作以超跑为主要主题的深圳首部亿元3D电影《速度警察》
	北电红土影视文化投资基金	深圳市创新投资集团（基金发起人）	2015.8.12	20亿元	该基金定位为泛文化投资基金，投资领域包括影视项目和影视公司的股权投资，其中项目投资不低于影视基金总额的60%，股权投资不高于基金总额的40%

公司管理办法》的规定，管理型基金公司投资基金管理的要求为：注册资本（出资数额）不低于3000万元，全部为货币形式出资，设立时实收资本（实际缴付的出资额），对于单个投资者的投资额度要求为100万元以上。一般的私募股权基金，基金管理人每年将收取2%的管理费，且在收益分配时，通常从基金净值以上的收益中提取20%作为回报，在私募股权基金目标规模本身较大的基数上，基金管理公司收获的利润也相应丰厚。所以，私募基金的设立数量激增。

其次，影视行业自附宣传效果，电影私募基金设立后，传播速度快，产生的社会效应大，为基金管理公司解决了产品推广的问题。且电影私募基金通常在院线电影上映后就按票房提取分红，其投资回报的周期较短，迎合了投资者希望快速实现回报的需求。

再者，中国电影产业尚未完善，相较于投资于单个电影项目或者好莱坞常见的以投资组合的形式，投资多个电影计划打包而成的项目，其项目选择过程中评估及担保等电影金融支撑体系的缺失，使得这类投资的价值难以预估，风险控制难度大。而电影私募股权基金多投资于影视公司的股权，在项目选择的过程中，只需要对被投资公司的整体状况进行尽职调查，这并未涉入过多电影产业与金融相结合的部分，属于现有金融体系尚能实现的流程范围，风险相对可控。

还有，深圳市政府在影视行业发展中的支持力度不够，这种身份的缺场留给民间资本进场的机会。

（三）电影私募股权基金中隐藏的问题

1. 电影私募股权基金存在诸多不规范之处。如表1中介绍的状况可看出，私募公开说明的募集资金规模数量庞大，且都有着宏大的投资计划，然而真正募集到的资金有多少，投资计划是否实现？由于私募可不公开信息披露的特殊性质，投资者很难判断其是否是基金公司牟取私利的手段，他们仅着力于资本的筹集而忽视资本在电影产业中的参与与运作。若使这种别有企图的资金进入电影产业，对于电影市场只能起到搅局的作用。

2. 影视公司的发展，依托于完整的产业链模式，根植于文化与政策的支持，这些都是深圳市影视行业发展的薄弱环节。合兴永盛（深圳）投资控股集团董事长陈宇飞先生在访谈中说："深圳市不缺资金、影视类的技术及人才，但是电影产业的发展，不仅需要北京和上海这样有深厚电影文化环境中培育出来的行业意识，还需要政策、财政等作为支撑。深圳的影视行业中至今还没有一个实力较强，有代表性的企业，行业的进一步发展需要寻找到一个突破口，我们希望通过股权投资一家影视公司的形式，助其建立一套完善的电影产业链，在同行中形成竞争力，以资本的形式来探寻一种发展的可能。"

3. 电影产业中的优质的企业和影视项目不缺资金，缺的是更多的协同资源。然而当下深圳市电影私募股权基金局限于单纯的现金流支持。如华谊于2015年8月17日公布定增方案，宣布以24.73元/股完成非公开发行合计 14557.22 万股，募资近 36 亿元，发行对象为阿里创投、平安资管、腾讯计算机及中信建投。其中，阿里巴巴带来了"娱乐宝"、电商平台、影视业务等资源，可与华谊兄弟打造以传统媒体、互联网、金融等方式相结合的全新互动体系；腾讯通过腾讯文学、游戏 IP 领域与华谊电影 IP 间相互合作，有利于打通双方 IP 权利的流转，促进双方共建互联娱乐网生态圈；而平安资管和中信建投则帮助其进行资本运作。深圳市电影产业的壮大，正需要这样的强资本注入。

三　众筹

（一）电影众筹模式探索与特点

众筹（Crowdfunding），一般指某公司或个人为了进行相关项目的创作、开发，而公开向公众进行的筹资。我国现有的金融监管要求所有众筹项目"不能以股权或资金作为回报，项目发起人更不能向支持者许诺任何资金上的收益"。这一特殊前提，使得电影产业无法由众筹来实现大规模的融资，这时，电影众筹带来的更多的是营销方式、市场调研方面的创新。

我国最早出现的电影众筹案例是 2014 年 3 月 26 日，由阿里巴巴推出的"娱乐宝"。截至 2015 年 12 月，娱乐宝已推出十五期，共计 30 款娱乐产品，其中包括 24 个电影项目的在线众筹。实际上，"娱乐宝"背后对接的产品是国华人寿的"国华华瑞 1 号终身寿险 A 款产品"，其通过"投连险—信托—投资"的投资模式将资金输出给制片方，本质上，投资者相当于购买了一款理财产品。但是对于制片方，通过这个平台，获取了各城市预售票的数据，掌握到不同城市的观众的喜好程度，使得制片方能进行更准确的市场投放。

与上一理财型众筹模式不同的是，今年最受瞩目的电影众筹案例是《西游记之大圣归来》的私募型众筹。其导演通过微信朋友圈，以非公开的方式从 89 位朋友中筹得 780 万元的资金，投入到影片宣传中。这 89 位投资者主要来自金融圈、上市公司和电影圈中，他们利用各自行业内的资源，主动为影片进行户外广告的投放宣传并多次包场观影，为影片提供口碑宣传。

然而，在影视发展尚且薄弱的深圳，众筹首先以最寻常普遍的模式，为影视企业进行融资。《华南众筹平台行业发展报告》中的数据显示，截至 2015 年 11 月中旬，全国已有 300 余家众筹平台，华南地区的众筹平台已达 67 家，稳居全国第二。其中就有 47 家平台位于深圳，报告指出，深圳对整个华南地区众筹行业的发展发挥着举足轻重的作用。深圳的众筹平台呈现出各有分工，专业细分的特点，其中众投邦专注于新三板企业，投壶网专注于医疗大健康，博纳众筹专注商业地产，而专注于投资影视项目的，是：大家投。截至 2015 年 12 月，"大家投"中上线的影视投资项目共三个都属于影视剧且皆以完成，分别为《爱的速递》、《女人花似梦》和《花开如梦》，总融资规模为 2357 万元人民币。

将众筹与艺人经纪、影视发行整合发展的深圳开拍网科技有限公司，对电影众筹进行了又一次创新。投资者可通过开拍网的网站对其旗下的艺人进行投票，票数最高者可参演其自制的网络短剧。截至 2015 年 12 月，其线上共有五个影视项目，其中一个已完成，资金募集总规模为 123，888 元人民币。

（二）电影众筹的问题

1. 电影众筹项目质量参差不齐，缺乏电影评估体系的介入。电影众筹项目只要得到众筹平台的通过便可上线融资，其中没有统一的标准，投资者只能通过对投资平台和电影项目公开的信息进行常识性的判断，从而做出投资决策。娱乐宝中个人的投入金额有 1000 元上限，投资风险几乎没有。但是如《西游记之大圣归来》和大家投中起投额有数万元的限制的情况，投资者对于项目要进行更进一步的考量，需要科学严谨的评估来为风险做出估量和防范。

2. 电影众筹后台的大数据分析与实际情况产生差池，在市场调研方面的作用有待观察与验证。如 2014 年 9 月 22 日，百度金融联合中影股份、中信信托和北京德恒律师事务所推出的"百发有戏"，总共募集了 1800 万元投入于《黄金时代》的制作中，依靠百度大数据预测出来的票房与最后影片的爆冷形成巨大的落差。

3. 大家投和开拍网的电影众筹模式侧重于融资功能，而对于像《西游记之大圣归来》中资本附加影视产业链资源的情况，值得学习与借鉴。

四　总结和展望

对于电影产业与资本的相互结合，在并购、私募股权基金和众筹这三种电影金融模式中有存在着相类似的问题：电影金融支撑体系，特别是评估体系的缺失；附有协同资源的资金的难以寻觅；电影产业链尚未完善等。只有解决这些问题，才能逐渐地实现电影的产业化发展。这种产业化并不意味着同质化的生产，而是电影市场能够变得更加包容和有序，拥有众多行业资源的巨头能保持高质量的商业电影的生产，通过正常的市场竞争，以内容获取观众和市场。同时，那些敢于做出不同类型尝试的中小型企业在创新金融模式的支持下，有资格进入市场获得一定的生存空间。传统影视发展薄弱的深圳，恰好可以凭借其较强的金融体系及良好的文化产业的培育环境，以电影金融作为突破口，在政府政策的支持下，打造出自己独特的影视品牌与产业。

（载自《深圳蓝皮书深圳文化发展报告（2016）》2016 年 7 月第 1 版）

类型的生产空间和风格因素

——日本黑帮电影分析

◎ 刘　辉　邓颖翀

【摘要】本文考察了类型的动态过程，并以日本黑帮类型片在20世纪60年代和90年代的两次出现为例，分析黑帮类型的独有生产空间和风格因素。笔者把日本黑帮片与美国、中国香港进行对比，认为亚洲社会独有的社会结构决定了日本黑帮电影特有的类型形态，而中国当下影业的发展也有探索这种类型的需要。

【关键词】类型　黑帮片　北野武　铃木清顺

从电影的生产体制上看，类型生产是基本的范式。而黑帮电影（gangster genre）则是其中不可缺少的一支，在美国、日本、中国香港等主要的商业电影体制中，都在历史中或者当下形成发达的电影文化。但是，与崇尚角色正直、结局完美、线索清晰的大部分故事内容不同，黑帮电影是一种动态的、暧昧的故事空间。它涉及影像文本之外的社会现实逻辑，而这种逻辑又与法制、意识形态、文化空间以至电影审查发生直接的关系。例如，在当下发达的中国电影产业，黑帮片的生产仍是一种禁区。

因此，黑帮片的生产有着一个有趣的命题：黑帮片的发达是否与一个国家的黑帮文化发达有着必然的联系？而本文考察的日本黑帮片在某种意义上就成为这样一个案例。在中国的抗战电影中，臭名昭著的"黑龙会"在多重文本中出现，对应的是民族富豪的霍元甲、陈真和精武门。多部电影和电视剧拍摄过这个题材。那作为一种历史性的描述，中国从元末的白莲教、明末的洪门到近代的小刀会、义和拳，在香港的电影中也有着多重的体现。黑帮类型电影的故事逻辑和人物性格有着超越类型文本的特色，如果从商业电影的超越现实和心理实现的角度来讲，黑帮电影具有一种在现代才会有的复杂现代性，而美国的黑帮片也是在 20 世纪 50 年代黑色电影（film noir）出现才会有所超越，直至 70 年代经典性的《教父》出现，核心就在于黑帮教父维托·唐·科莱昂（Michael Corleone）多重的人性层面。而在 1999 年播出的美剧《黑道家族》（Sopranos）被称为美国最伟大、最革新的连续剧，讲述的也是一个类似科莱昂的黑帮老大托尼–瑟普拉诺（Tony Soprano），如何处理家庭关系和黑帮社会的矛盾关系。

日本黑帮片（ヤクザ映画）具备黑帮类型所有的因素，并发展为自身的文化风格和影像特色。它出现在 20 世纪 60 年代，由东映、日活两家公司发展，并迅速发展为当时的流行文化，出现了铃木清顺、石井辉男等一批著名导演，也出现了《昭和残侠传》（1966）系列、《绯牡丹博徒》（1968）等一批著名作品，形成独特的时代风格和影像记号；而更重要的是，两位天才导演北野武和三池崇史对这种类型进行了重构，赋予更多的时代解读和人物形象，《奏鸣曲》（1993）、《新宿黑社会》（1995）以一种 CULT 文化的形式席卷西方世界，超越同期香港的吴宇森和徐克，超越此前代表亚洲的香港功夫片，成为一种主要的亚洲电影代表，影响了塔伦蒂诺、伊斯特伍德、贾木许等一批美国导演，甚至产生了"暴力美学"的流行文化潮流。因此，从对比的纵向看，日本黑帮片作为一种亚洲电影，在情感逻辑上仍旧遵循"义理人情"的规律，与西方黑帮片的角色性格和叙事结构截然不同；从对比的横向看，日本黑帮片经过 60 年代和 90 年代两次兴起，成为跨越商业类型的艺术因素，是亚洲电影中不多的进入西方世界主流的类型范畴，其中综合了香港 80 年代以来的黑帮片、60 年代的武侠片等多种因素。因此，作为一种动态的类型考察，在类型生产与社会空间的双重结构中考察一种既有的商业类型，并以此作为平台，判断和考察当下中国电影类型成产的文化空间，是本文论述的基础点。

一 日本黑帮类型生产的外在结构：历史与社会

（一）20 世纪 60 年代——黑帮片的产业结构和社会动因
片厂时代，日本电影就模仿好莱坞 30 年代的黑帮片，例如松竹的小津安二郎的《那夜的妻子》（1930）、《非常线之女》（1933），基本从叙事方式到镜头语言，都有十分多的借鉴和照抄之处。这可以看作日本黑帮片的一个源头——对于好莱坞黑帮电影的接受和本土化的移植。甚至于在战后，黑泽明拍摄了突破性的《泥醉天使》（1948），讲述帮会头目松本和冈田的内斗，基本具备了后来日本黑帮片的因素。但这些电影可以看作日本黑帮电影真正出现前的萌芽时期，是早期武士题材电影的一种变形，而并不具备典型的类型特色。

真正意义的日本黑帮类型片出现在 60 年代。东映公司感受到战后日本经济发展的社会变更，尝试学习当时的好莱坞黑色电影。导演石井辉男拍摄了《花、暴风雨、暴力团》（1961），最早使用了后来成为黑帮片代表演员的高仓健，饰演赌徒石浜伸夫。这个角色冲动而又反叛，已经不同于以往的黑帮角色，具有了现代性的人格色彩。这部影片连续拍摄了 11 部续集，一直到 1967 年，片中刻画了现代黑社会帮派的生活。《花、暴风雨、暴力团》成为这种类型的突破之作。

60 年代是日本黑帮片的黄金时代，发展为一种特有的"仁侠黑帮电影"（或"仁侠映画"），传统的武士形象已经基本消失，突出的是新型的人物性格。第一部真正意义的"仁侠电影"是 1964 年 7 月的小沢茂弘导演的《博徒》（东映制作，鹤田浩二主演）。这部电影获得了巨大的反响，推动了东映公司从 1965 年开始制订大量拍摄黑帮片的方针。

1964—1967 年，日本黑帮片大量出现，新的类型市场确立，形成一套拍摄体制——都是东映公司制作低成本影片，主要导演有小沢茂弘、加藤泰和内田吐梦，主要演员是鹤田浩二、高仓健和藤纯子。到了 1965—1966 年，有两部意义深远的黑帮片出现，确立了 60 年代黑帮片的类型特质：《网走番外地》（石井辉男导演，高仓健主演）和《沓挂时次郎：游侠一匹》（加藤泰导演，渥美清主演）。这两部电影获得极大的社会影响和票房成功，前者在 3 年间拍摄了 8 部续集，后者则获得了极大的艺术突破。

1968—1971 年，黑帮片发展到第二阶段——早期影片奠定了影迷和文化基础，更多的制片厂投入黑帮片制作，制作成本也相对提高。1967年，东映公司甚至制作了 37 部黑帮片，占全年 55 部总产量的一半多。而山下耕作导演的《绯牡丹博徒》（1968，藤纯子主演）和内田吐梦的《人生剧场：飞车角与吉良常》（1971，鹤田浩二、藤纯子主演）被认为是这一时代的经典之作。日活、松竹、东宝、大映也纷纷推出自己的黑帮片类型，这一时期达到了黑帮类型片的高峰。

60 年代的"仁侠黑帮"类型奠定了黑帮片的第一种形态，它多以续集的方式，反复强化这种类型角色和影像符号的稳定，如《日本侠客传》在 1964—1971 年间拍了 11 部，《网走番外地》在 1967—1972 年间拍了 8 部，《博徒》在 1967—1972 年间 10 部，《昭和残侠传》1967－1972 年间拍了 9 部，《绯牡丹博徒》在 1968—1972 年间拍了 8 部。东映是这种类型的发起公司，也取得了最大的票房和艺术成就。排名第二的是日活公司，发展出独特的"无国界动作"的类型特色，直接在人物形象和影像方式上模仿好莱坞黑帮片和西部片，代表作是斋藤武市导演的《拿吉他的漂泊者》（1959，小林旭主演，1959—1962 年共 9 部）和《手枪无赖帖：电光火石的男人》（1960，赤木圭一郎主演）。

日活公司的"无国界电影"无法持续，在 1963 年后也开始发展"仁侠黑帮"类型。值得一提的是，在日活，"仁侠黑帮"发展出特有的视觉风格。成为著名电影导演的铃木清顺，[①] 与日活公司的关系十分紧张，并最终走上公堂，惊动一时。矛盾正在于铃木清顺的黑帮片风格在日活不足的制片经费下，形成特有的奇幻视觉风格，公司高层觉得难以接受。例如在他的代表作《杀手烙印》（1967，宍户锭主演）中，杀手因为一只蝴蝶落在狙击枪边，便难以继续。如他所说，在"无钱、无意义"的状态下开始了黑帮电影的制作。他与日活公司之间的动态关系，及其形成的独特 CULT 电影幽默、黑色、荒诞的风格，对于今天考察 60 年代黑帮电影极具代表性。

60 年代黑帮片的出现，是战后日本经济发展，社会思潮变动的结果。一份来自社会学的调查分析，"各行业都面临被保护和勒索的问题，因此这一时期出现了大量的社团组织，在 1963 年达到高峰，共有 5216 个社团 184091 人"。[②] 作者彼得·希尔分析，社团间的竞争导致大量的暴力事件出现，1963 年 48.4% 的刑事案件都是抢劫、人身伤害和谋杀。这种情况

---

① 直到今天，铃木清顺电影仍在西方世界广泛传播，2015 年 10 月 9 日至 12 月 20 日，在华盛顿 DC 的亚瑟·M. 赛克勒美术馆和洛杉矶的汉莫美术馆，正在举办"铃木清顺作品回顾展"。

② Peter B. E. Hill, The Japanese Mafia: Yakuza, Law and the State, Oxford University Press, 2003, pp. 45 –46.

下最终形成了7个大型的社团。社会现实是黑帮片出现的动态因素，如同著名电影类型研究学者史蒂文·尼尔所说，每一种电影类型有着不同的对于社会—文化的冲突和表现机制，"法律和秩序在黑帮类型和侦探类型中切实存在，但音乐片中就不会有"。① 而这种来自现实的因素构成了类型电影行程的动态因素，或可以称之为艺术活力。因此，60年代日本黑帮片的出现有着产业、观众和艺术家之间的互动关系。事实上，黑帮电影的打斗场面吸引了年轻的男性观众，面对个人英雄主义和武士道精神的糅合，因此获得了巨大的票房效应。这种心理上的满足，可以分解为三个步骤：

1. 这些电影让观众感受到真实的暴力；

2. 观众在电影中自我认同英雄角色；

3. 社会和政治的时代性，在这个经济发展的时代，年轻人往往处于社会的底层。②

从这个角度看待60年代黑帮片的出现，是一个动态的类型生产过程。而这个过程不仅仅在于60年代兴盛一时的"仁侠黑帮"，还在于在历史过程中的几次类型革新，从而一直到新世纪后，在艺术上取得了突破。

（二）20世纪70年代——黑帮片的几次类型革新及其带来的动态性

类型的流行有着时间性，外因是社会的潮流和热点，内因则是创意和天才。"仁侠黑帮"在70年代初已经露出疲态，一种在思想上更加虚无和反叛，在影像上突出记录形态的影片出现，即"实录映画"，而1973年的《无仁义之战》的票房成功确立了黑帮电影的类型形态转折。

60年代黑帮人士美能幸三在周刊上发表了自己的黑道经历，东映公司决定由深作欣二导演"无仁义系列"电影。《无仁义之战》改编自真人真事，摒弃了"任侠黑帮"电影中正邪分明、二元对立的人物设定，着重对人物贪婪、卑鄙一面的刻画，如美军强奸妇女、议员买凶杀人、黑道贩卖毒品、街头火并、兄弟因利反目等。任侠片中较少表现出的暴力场景在深作的作品中篇幅巨大，杀人、斗殴场面的残暴和血腥用纪录片

---

① Steve Neale, Genre and Hollywood, Routledge Press, 2000, pp. 221–222.

② Mark Schilling, The Yakuza Movie Book: A Guide to Japanese Gangster Films, Berkelyey: Stone Bridge Press, 2003, p. 24.

式的镜头展现，描绘出残酷的现实黑帮生活。朝鲜战争、民主运动等历史事件，穿插于故事中。讲述了"二战"结束后，退伍军人广能昌三从一个街头混混到黑社会老大的成长史，同时也是三十年来广岛黑帮的战争史、广岛的发展史。从刚开始时的昭和二十一年，广岛街头破败杂乱，到后来繁华的街景；黑帮成员也从身穿军装到日本传统的打扮，再到最后穿着笔挺的西装。几十年来的变化丝丝入扣地在影像中展现，散发出浓浓的现实气息。在拍摄手法上，深作通过画外音、提示字幕、报刊摘编，特别是手持摄影等纪录片的拍摄方式，营造出别具一格的距离感和现实感，体现出"实录"在内容与形式上的相得益彰。

东映彻底放弃"仁侠黑帮"的制作，高仓健、鹤田浩二等人的明星地位马上下降，《无仁义之战》在以后 2 年内连续制作了 5 部。黑帮片的这次影像变形可以看作一种传统类型的正常波动，从最早《博徒》的兴盛到基本类型的消解，再到革新类型的出现。事实上，这次变革意味着黑帮类型的时代环境已经消失，观众口味发生了急剧的变更。70 年代出现的"实录映画"远远达不到 60 年代"仁侠映画"的流行程度。黑帮类型很快在 70 年代后半期就消失了，其他的日活和大映公司也不再拍摄此类影片。

"不同的类型拥有不同特色、背景、冲突和处理意识形态的方式。科幻电影的时空是未来，面对是'他者'的危险和侵入；黑帮片则直面当下，遭遇社会生存和经济压力下的冲突"。① 黑帮片的出现和消失有着战后冷战环境和经济发展的必然性，而它的消失则有着新的条件——例如类型元素的陈旧、新型家庭 VCD 市场的出现，都影响了青年男性观众的兴趣。黑帮片更多分解为各种因素，融入新类型的创作中。从 70 年代末到整个 80 年代，黑帮片基本消失，仅在 1986 年以女性视角拍摄的《极道之妻》系列电影重新出现，形成一种亚类型的文化更新。

某种意义上，如果不是 90 年代两位导演的出现，黑帮电影类型就彻底扫入历史尘埃，如同大部分历史上的商业电影类型一样，鲜少有人关注。这两位革新者是三池崇史和北野武，前者拍摄了从《新宿黑社会》（1995）开始的"黑社会三部曲"；后者的《奏鸣曲》（1993）也成为一时的经典。90 年代以来日本电影在国际上取得的关注，主要来自这两位

---

① Steve Neale, Genre and Hollywood, Routledge Press, 2000, p.227.

导演，从而大大提升了传统黑帮类型的文化地位。

因此，本文的第一个研究小结在于：传统类型的再次出现，意味着什么？回顾亚洲电影的历史，商业类型多被放置在关注的边缘，它是否成为电影文化仅仅在于是否纳入今日的电影艺术领域，例如中国的武侠片。往往，时代性或时尚性（zeitgeist）① 成为解释这一现象的主要方式，但时代精神的契合如何在类型生产中二次出现？譬如好莱坞经典的歌舞片、西部片，在今日以经典方式重现（1992 年的《不可饶恕》、2001 年的《红磨坊》），也无法形成类型工业的重现。

传统以来的类型研究往往在工业和理论间游离，但不可否认的是好莱坞体制下的制作方式。固化的研究往往在分析类型稳定性中包含的原始仪式（ritual）和类型因素，而忽视了类型发展中的动态性。这种动态性，在类型的二次出现中得到最为典型的体现：除了前文提到的时代背景和社会思潮之外，另外还有个因素在于天才的出现。传统商业类型的稳定结构，往往囿于市场和观众的习惯性期待，缺乏革新的动机，而只有在类型的二次出现中，传统类型的因素才能够具有重新赋予意义的灵活空间和机会，三池崇史和北野武的黑帮类型对于传统的继承和革新，在新的时代性上达到平衡，并实现了艺术上的突破。日本黑帮电影的类型元素从 60 年代已经稳定，而这些稳定的类型因素，如何以新的仪式化的方式重新影像展现，成为 90 年代以来日本黑帮片重新获得成功，并赢取了国际影响力的关键。

二　日本黑帮类型的内部结构：
类型元素和时空转换

日本黑帮片是一种独有的亚洲电影类型，他虽受到美国黑帮电影（gangster film）和黑色电影（film noir）的影响，但是它自身形成的类型结构是独特的。从社会学意义讲，"日本黑帮从根本上不同于意大利黑

---

① 黑格尔术语，在后的文学和艺术领域深有影响，指一个大时代的文化和时尚精神。

帮。……它的历史和现有模式源于日本自身的特性"①。因此，在电影上的表现如同保罗·施瑞德尔所说，"美国黑帮片关于社会新闻的头条大事，而日本黑帮片则是源于传统武士电影，关注'人情'和'义理'，……这是日本黑帮电影两个主要的主题，这不是'人情义理'一个，而是截然分开的两个主题。只有从这个角度，才能解释黑帮电影出现的原因和它发展的可能性"。②

黑帮类型有着成熟的、稳定的类型结构，从视觉元素、叙事结构、角色性格到故事结局，都具有十分严格的范式。人物、冲突、解决和主题都是在行业规范中预设的。它的特色在于黑话、肢体语言、特有的习惯和具体的仪式感、刺青和穿着方式。保罗·施瑞德尔评价："大约有20多种日本黑帮电影的范式，也不是每部电影都有，但起码有6—10种。在这种框架中，编剧的工作极其简单，就是重新组合一下顺序和场景。"③这是一套十分典型的大制片厂式的类型生产模式，不同黑帮片的生产就在于时代背景、场景、帮派名称、人物关系的改变，这些符号化的类型元素有：

1. 监狱出来的主角；
2. 坏二号密谋篡权；
3. 坏头领的手下欺凌民众；
4. 赌博的场面，而赌场的房间总有一张白色的桌子，扑克牌是各种鲜花的颜色；
5. 入行朝拜祖师的仪式；
6. 身体刺青的画面展示；
7. 歃血为盟的仪式化场面；
8. 底层民众生活的低俗玩笑情节；
9. 主角和反一号最终的情义大冲突；

---

① Peter B. E. Hill, The Japanese Mafia：Yakuza, Law and the State, Oxford University Press, 2003，p. 6.

② Paul Schrader："Yakuza - eiga：A Primer（1974）", Alain Silver, James Ursini ed, Ganster Film Reader, Limelight Editions Press, 2007，pp. 65 - 69.

③ Paul Schrader："Yakuza - eiga：A Primer（1974）", Alain Silver, James Ursini ed, Ganster Film Reader, Limelight Editions Press, 2007，p. 73.

10. 切手指场面；

11. 坏帮派老大陷害好帮派老大，主角在整个过程中保卫好老大；

12. 黑帮老大临终前，在床头交代后事；

13. 决斗场面；

14. 拯救纯真歌伎的情节；

15. 主角在死去老大墓前发誓报仇的场面；

16. 爱人或歌姬央求主角不要再冒险的场面；

17. 最后，主角步入街头，准备搏杀的气氛描绘；

18. 最后的杀戮，达到故事的高潮。[①]

这一套类型元素在 60 年代已经成熟，并在以后的时间内发生了跨地域的影响力。例如 70 年代香港出现的赌片，80～90 年代出现的黑帮片，都吸取了其中很多因素。最具代表性的是香港导演麦当雄、麦当杰兄弟，其《省港旗兵》（1985）、《黑金》（1997）从影像风格到人物塑形都深受影响，例如《黑金》中梁家辉饰演的黑社会老大从浴池中站起，背后一条巨龙的刺青文身场景，是日本黑帮电影常见的画面。美国塔伦蒂诺的电影《杀死比尔》系列（2003），有着多次的场景照搬。

但是，这种工业体制下的类型生产在艺术上的评价是低下的。铃木清顺的意义则在于日活低成本制作环境中，他在影像和故事中体现出了奇诡想法，在后世产生了独特的共鸣。从本质上讲，对于黑帮类型元素在艺术上的更新和升华，在于三池崇史和北野武的重新定位和塑造。

三池崇史可以看作日活早期"无国界电影"的继承者，电影中的人物迷失在某种无国家、跨类型的空间，塑造出无国籍帮派片。这是三池的多元文化主义的表达，也如四方田犬彦在 90 年代末期指出，这是为了回应日本的"多元国族性"和逐渐分离的电影文化。[②] 而在影像上，他赤裸裸的体现人体切割的暴力美学，是对黑帮片的又一次发展和开拓。《杀手阿一》（2001）中，阿一把人头劈成两半，割舌头，挖眼，把针穿透两

① Paul Schrader："Yakuza - eiga：A Primer（1974）"，Alain Silver，James Ursini ed，Ganster Film Reader，Limelight Editions Press，2007，pp. 74 - 75.

② ［日］四方田犬彦：日本映画のラディカルな意志，东京：岩波书店 1999 年版，第 145 - 228 页。

耳间，井喷式的鲜血，遍布满地的器官。影片里充斥着令人瞠目咋舌，恶心作呕的暴力镜头，挑战着观众的承受极限。暴力背后，依旧是对人性的思考，隐藏着绝望与矛盾的文化内涵。三池的影片多着墨于灰暗、颓废、堕落边缘的人群在极端恶劣的环境下，心理状态是如何崩溃和变异的。

而北野武才是真正将日本黑帮电影重新蜕化的天才式导演，他首先从根本上否定了"仁侠黑帮"传统的义理和人情的冲突模式，或者"实录黑帮"的纪实色彩，他形成了一种极度个人主义的影像表现方式，极简化的剪辑、对话、表情，对比的是直接的暴力、喜悦，从而形成一种视听效果和感官刺激，从《奏鸣曲》（1993）、《大佬》（2000）到《极恶非道》（2010），他的这套影像风格充斥着个人化的世界描绘和人性展现，从而不断在国际电影节上获得观众，成为一种超越民族性而达到人性哲思的普遍化程度。而来自黑帮的暴力，是所有冲突的基础，这也是北野武在所谓"暴力美学"上所实现的超越。

在时空转换的过程中，北野武和三池崇史实现了对于类型元素的升华和提高，从而将一种历史上的商业类型，转化为一种文化符号和传统价值，成为一种代表性的亚洲文化符号，饱具普世的、现代性的色彩。日本黑帮片的发展是一种在时间的维度中，以天才作为中介，实现的类型超越和稳定，并将类型的动态化过程充分展现。这一过程，也包容着亚洲文化作为一种原始符号，在现代媒介意义上的传播和重构，

日本黑帮片所能延伸的思考，在于中国拍摄此类题材的空间。如玛莎·诺其森所分析，世界电影有四种典型形态的黑帮电影——美国、欧洲、香港和日本①，各有在文化、社会与类型上的不同。中国香港从20世纪80年代以来，发展出以吴宇森、杜琪峰电影为代表的黑帮电影体系，既有历史和文化的特色，也形成独特的类型范式。但这种题材仍是目前中国内地电影的一个禁区，直接原因正是黑帮社团与黑帮电影的关联性。

---

① Martha P. Nochimson, Dying to Belong: Gangster Movie in Hollywood and Hong Kong, Blackwell Publishing, 2007, pp. 8—11.

结　语

考察日本黑帮电影的类型发展进程，是从一种东方式的文化共性上看待所谓的"义理人情"关系，把儒文化作为一种维系的纽带，在电影叙事中寻找情感推动的逻辑。从这个角度审视这个当下中国创作的禁区，更是一种意识形态的开放与否的探索，在艺术和现实之间的对比性中，容许多大的创意和思考空间？

（载自《当代电影》2015 年第 12 期）